政治学

Understanding Politics

新川敏光
大西　裕
大矢根聡
田村哲樹

有斐閣

本書のコピー，スキャン，デジタル化等の無断複製は著作権法上での例外を除き禁じられています。本書を代行業者等の第三者に依頼してスキャンやデジタル化することは，たとえ個人や家庭内での利用でも著作権法違反です。

はしがき

　かつて政治学の教科書といえば，個性的で難解なものが多かった。政治学という学問が日本ではまだ未分化であり，制度化されていなかったため，教科書は執筆者の職人芸の見せ所であった。それはそれでなかなか味わい深く，印象に残るものも少なくないが，政治学の入門書というよりは，初学者を撥ね付けるゲートキーパーのごときものも少なくなかったように思う。幸い，近年ではそうした問題は大幅に改善された。政治学の専門分化が進み，大学の教科書売り場に行けば，分野別，テーマ別，さらには目的別に，丁寧かつ平明に記述された教科書がずらりと並んでいる。章末ごとに，練習問題があったりする。

　有斐閣は，そのような教科書の標準化に最も尽力してきた出版社の一つである。その有斐閣から，Ｓシリーズの『政治学』の後継になるような教科書を作れないかという企画が持ち込まれた。Ｓシリーズというのは，教科書の現代化（刷新）を切り拓いた画期的なシリーズであった。しかし，すでにその後継に当たるアルマ・シリーズが質量ともに非常に充実しており，今更の感がなくもなかった。そこで事情を詳しく聞くと，あえてアルマ・シリーズとは異なるコンセプトの教科書を単発で出版したいという。そこで，「学生にわかった気にさせない，でも考えるヒントになるような教科書なら作ってみたい」と，半ば断られることを期待しながら応えたところ，好きなようにやってよいという。そのような経緯から本書は生まれた。

「考えるヒントになる教科書」というだけでは，何のことかわからないので，もう少し説明しよう。私たちが日常的に政治について語る場合，特に明確な政治や民主主義の定義をしているわけではなく，それで何の不都合も感じない。しかしいざ政治なるものをきちんと考えようとすると，そもそも何が，どこまでが政治なのかはよくわからなくなる。時代によって，また国によって政治の意味するところは変化するし，一つの国の中でもさまざまな考えがある。政治をどのようなものとして考え，定義するのかということ自体が，実は（新たな）政治を創出する政治的行為であるともいえるのである。

政治というものは可変的であり，その解釈が政治というものを新たに創り出す作用をもつ。このことは，観察者を観察対象から切り離すことができないという社会現象一般に当てはまる命題であり，原理的に逃れようのない問題ではある。しかし，今日では観察対象と観察者の間に適度な距離をとるためのさまざまな工夫がなされている。たとえば，政治学はテーマや方法別に専門分化されてきている。専門分化それ自体は，学問の発展として当然のことであり，望ましいことであるが，そのことによって新しい問題も生まれる。すなわち個々の研究からは，政治というものの総体としてのイメージがとらえづらくなってくる。

政治は，いうまでもないが，学問的研究対象であるだけではなく市民生活の一部であり，要といってもよい位置を占める。そして，これもいうまでもないことであるが，大学で学ぶほとんどの学生は政治学者にはならないが，市民として政治に，好むと好まざるにかかわらず，かかわって（巻き込まれて）いく。そのような生活者としての市民にとって役に立つ政治学とは，専門としての政治学とは自ずと異なる視点をもつように思われる。それは，自ら政治を考え

る手掛りを提供するようなものなのではないだろうか。すでに述べたように政治とは何であるかがあらかじめ確定されないとすれば，今を生きる市民の政治理解のためにハウ・ツーものを作ることはできない。考えるヒントとなる政治学とは，可変的な政治に対応し，自らが考える能力を磨く教養となるものであろう。

　しかし教養などというと，あわてて補足説明が必要になる。大学では教養教育の重要性ということがしばしば叫ばれるが，そのことは裏を返せば，教養教育がいかに軽視されてきたかを物語っている。大学では一般教養と専門の区別があり，教養という言葉は専門から一ランク下の感覚で使われることが多い。しかし実は専門研究職に就くごく限られた学生を除けば，ほとんどの学生にとって大学で学ぶことは，政治学に限らず，すべて市民生活を営むうえで教養となるものである。教養とは，単なる知識ではなく，血肉化された知識である。いかに幅広い知識や情報を有していても，それを糧に自らの思考や行動を組み立てることができなければ，教養とはならない。情報やハウ・ツーの知識はどんどん古くなっていくが，新しい情報や知識の受け皿となる教養は，使えば使うほど磨かれ，生涯を通じて衰えることはないだろう。

　とはいっても，筆者たちにそのような教養が備わっていると，うぬぼれているわけではない。むしろ，日々教養の不足を痛感しているというのが正直なところである。したがって本書は，教養としての政治学であるとはいわないし，いえない。筆者たちに，複雑な政治現象のすべてを把握し，掌で転がして見せるような名人芸はできない。筆者たちがめざしたのは，わからないことをわかったように思わせることではなく，多様な見解の矛盾や対立の構図を明らかにし，そこから考えるヒントを引き出すことである。もちろん概念の分類や整理は行うが，それは認識や理論の統合をめざすものでは

はしがき　　iii

なく，あくまでも読者が自ら考える一助にすぎない。

　専門の政治学をめざす学生たちもまた，ぜひ本書を手にとってほしい。政治学者もまた一市民にほかならないし，なによりも政治学者として専門の研究を深めていくうえで，政治の複雑性，多元性，多義性を知り，己の専門の限界を自覚することが重要である。限定された分野を実証的あるいは理論的に探究しながらも，それがどのように全体（それ自体が確定された所与のものではない）の理解につながるのかを絶えず考える必要がある。とらえきれないものを前に畏怖し，なお思考を継続する精神こそが，研究者としての原点である。

　本書の扉を開けてくれたのは青海泰司氏であったが，その後完成に至るまで伴走してくれたのは，岩田拓也，岡山義信の両氏であった。筆者たちの都合で生じた大幅の遅延にもかかわらず，両氏は辛抱強く付き合ってくれた。青海氏，岩田氏，岡山氏，そしてこのようなわがままな教科書の出版をお許しいただいた有斐閣に心より御礼を申し上げる。

　　2017 年 10 月

　　　　　　　　　　　　　　　　　　　　　　　著 者 一 同

著者紹介

新川　敏光（しんかわ　としみつ）

1990 年，トロント大学大学院政治学研究科博士課程修了（Ph. D. in Political Science）。

現在，法政大学法学部教授。

専門は，政治過程論，比較政治学。

主な著作に，『幻視のなかの社会民主主義──『戦後日本政治と社会民主主義』〔増補改題〕』（法律文化社，2007 年），『福祉国家変革の理路──労働・福祉・自由』（ミネルヴァ書房，2014 年），ほか。

大西　裕（おおにし　ゆたか）

1993 年，京都大学大学院法学研究科博士後期課程中途退学。博士（法学）。

現在，神戸大学大学院法学研究科教授。

専門は，行政学，比較政治学。

主な著作に，『韓国経済の政治分析──大統領の政策選択』（有斐閣，2005 年），『先進国・韓国の憂鬱──少子高齢化，経済格差，グローバル化』（中公新書，2014 年），ほか。

大矢根　聡（おおやね　さとし）

1989 年，神戸大学大学院法学研究科博士後期課程単位取得。博士（政治学）。

現在，同志社大学法学部教授。

専門は，国際関係論，国際政治経済学。

主な著作に，『国際レジームと日米の外交構想──WTO・APEC・FTA の転換局面』（有斐閣，2012 年），『共振する不安，連鎖する米

v

中対立』（編著，千倉書房，2025 年），ほか。

田 村 哲 樹（たむら　てつき）

1999 年，名古屋大学大学院法学研究科博士課程後期課程修了。博士（法学）。

現在，名古屋大学大学院法学研究科教授。

専門は，政治学，政治理論。

主な著作に，『熟議民主主義の困難——その乗り越え方の政治理論的考察』（ナカニシヤ出版，2017 年），『日常生活と政治——国家中心的政治像の再検討』（編著，岩波書店，2019 年），ほか。

目　次

はしがき　i

1　政治の世界――――――――――――――――　1

1　政治とは何か　2
政治の両義性(2)　　政治の目的(4)

2　権　　力　10
多次元権力(11)　　制度的権力(15)

3　支配と服従　22
権威(22)　　社会契約(23)　　支配の正統性(26)　　シティ
ズンシップ(29)

4　国 民 国 家　32
国民国家とは何か(32)　　ナショナリズム(37)

2　政 治 体 制――――――――――――――――　43

1　民主主義政治体制　44
民主主義とは何か(44)　　自由民主主義論(46)　　実証的民
主主義論(49)　　民主主義と政治的なもの(50)

2　福 祉 国 家　52
福祉国家とは何か(52)　　福祉国家の類型(53)　　福祉国家
発展の政治(57)　　管理された自由主義体制(61)

3　ポスト福祉国家　64
環境変化(64)　　新自由主義(67)　　ワークフェア(68)
新たな合意と対立(70)

4　非民主主義政治体制　72
全体主義(72)　　権威主義(74)　　体制転換(76)

vii

3 政治過程 ——————————————————— 87

1 代議制民主主義　88
代表性と説明責任(88)　　選挙制度(91)　　議会（1）——意思決定の方法(94)　　議会（2）——提案と審議(95)　　議会（3）——採決(96)

2 政党政治　97
インターフェースとしての政党(97)　　議員にとっての政党(98)　　市民にとっての政党(101)　　市民と政党組織(103)　政党組織の変容(105)

3 中間団体　107
中間団体と政治(107)　　団体の代表性(109)　　団体の偏在性と普遍性(112)　　団体の説明責任(114)　　レント・シーキングの発生(115)　　団体の変容(116)

4 市民参加とマスメディア　118
参加の形態(118)　　参加の要因(120)　　非制度的な参加の要因(121)　　マスメディアの政治的役割(123)　　マスメディィアの影響力(124)　　アジェンダ設定機能(126)　　ソーシャル・メディア(129)

4 リーダーシップと行政 ——————————— 135

1 執政長官　137
執政長官と議会(137)　　首相と大統領(139)　　執政長官の憲法的権限(141)　　政党のもつ意味(142)　　執政長官の専制(146)

2 中央-地方関係　147
民主主義の学校としての地方自治(147)　　地方政府の設計(148)　　分権のもつ意味(150)　　代議制民主主義に与える影響(153)　　地方政府間の競争(155)　　地方分権のパフォーマンス(156)

3 官僚制　159

官僚制の特徴(159)　　政治家との違い(160)　　政治家による統制(162)　　信託者としての官僚制(165)　　行政責任論(167)

4　政策実施　168

公共サービスの提供者(168)　　いかなる機関に政策実施を委ねるか(170)　　現場知を抱え込む——第一線公務員論(172)　外部の現場知を活用する——NPM, NPO など(175)　　調整役としての幹部公務員の重要性(177)

5　国際政治————————————————— 181

1　国際政治とは　182

政府なき政治, 社会なき政治(182)　　リアリズムとリベラリズム(185)

2　対立の世界　192

パワーと錯誤(192)　　安全保障のジレンマ(194)　　現状維持勢力と現状変更勢力(196)

3　協調の世界　197

相互依存(197)　　理念の伝播(199)　　対外行動過程の多元化(201)

4　国際秩序　202

秩序化の条件——集合行為問題, 調整問題(202)　　勢力均衡と覇権安定——対立の世界の秩序(204)　　国際制度と国際規範——協調の世界の秩序(211)

5　国際正義　218

戦争と格差の修復(219)　　冷戦後の正義と介入(222)

6　近代政治の限界————————————————— 231

1　近代政治の特徴　232

ギデンズの近代論(232)　　本章における「近代政治」(233)

2　近代政治の変容　237

国民国家の変容(237)　　自由民主主義の変容(239)　　福祉
国家の変容(242)　　公私二元論の変容(246)

3 ポスト近代政治の規範的構想（1）　248
──ポスト国民国家とポスト自由民主主義

ポスト国民国家の規範的構想(248)　　ポスト自由民主主義の
規範的構想(255)

4 ポスト近代政治の規範的構想（2）　262
──ポスト福祉国家とポスト公私二元論

ポスト福祉国家の規範的構想(262)　　ポスト公私二元論の規
範的構想(267)

7 政治学への招待───────── 279

1 政治学的思考　280
距離の問題(280)　　理想主義 vs. 現実主義(283)

2 現代政治分析　288
記述と因果関係(288)　　神学論争(292)

3 政 治 理 論　295
政治理論とは何か(295)　　政治理論のバリエーション(296)
経験的政治学との関係(298)　　理想主義と現実主義の協奏
(303)

事項索引　305
人名索引　313

＊ 執筆に際し，直接引用したり参考にしたりした文献を，各章末
に一覧にして掲げた。本文中では，著作者の姓と刊行年のみを，
（　）に入れて記した。
　　　例）（大嶽・鴨・曽根 1996）
　　　　　大嶽秀夫・鴨武彦・曽根泰教 1996『政治学』有斐
　　　　　閣 S シリーズ。
＊ 引用に際しては，原則として，送り仮名はそのままとし，漢字
は新字体を用いた。

1 政治の世界

　政治とは何かを一言でいうのは難しい。相反するいくつものイメージが，同時に頭に浮かぶからである。議会や内閣という制度から話を始めるとわかりやすいかというと，実はそうでもない。制度とは決してあれこれ指示できるものではなく，私たちの意識と行動の中で維持・再生産されるものである。政治を含むすべての社会現象は，一見わかりやすそうに思えても，すべて概念的に把握するしかない。したがって政治学を含む社会科学全般を学ぶ際には，概念に対する感覚を研ぎ澄ます必要がある。

　政治現象に付随する曖昧性やわかりづらさを無理やり解消し，概念を一義的に定義しようとすれば，政治の政治たる所以が零れ落ちてしまう。政治に対する対立・矛盾するイメージを消し去ることなく慎重に腑分けし，それらの連関を明らかにすることが，政治の世界を理解する第一歩である。

1 政治とは何か

政治の両義性

政治という言葉が喚起するイメージは多様であり，時には矛盾する。肯定的にとらえれば，政治は人間の営みの中で最も崇高な活動であり，社会全体にとって善きものを実現する営為であるといえる。しかし他方では，政治には負のイメージや評価が常に付きまとう。たとえば「あの人は政治的だ」とか，「あの人は政治をやる」といえば，その人がやり手であるというだけではなく，裏表があり，油断ならないとか，権謀術数を用いるといった否定的なニュアンスが込められている。

とはいっても政治学の入り口で，社会の中に流布する夥しい「政治」のイメージをすべて理解する必要はない。政治学が対象とする政治とは，とりあえずは公的領域で発生する現象（制度や行動）と考えてよい。公と私の境界は現実には曖昧であり，また私的領域の現象が公的意味をもつ場合もあり，両者を峻別することはおよそ不可能である。しかし，政治を公的領域にかかわる現象として限定的にとらえる（裏を返せば，私生活を非政治的領域としてとらえる）ことから，近代的な意味での政治は始まる。

とはいえ公的領域に政治を限定したからといって，政治に関する対立する見解や矛盾するイメージが消えるわけではない。政治は社会全体にとって善きものを実現すること，たとえば公共の利益（公益）を実現する営為であると考えてみよう。しかし，たとえ公益を実現するのが政治であることについて合意が形成されたとしても，どこまでを公益とみなすかについて，すぐに争いが生じるだろう。また公益を実現すると考えられる活動は多々あるので，何から着手

すべきか，各々の活動にどれだけの予算と人員を配分すべきかについて，やはり争いが生ずるだろう。このように，たとえ公益の実現を図るのが政治であるという合意が成立しても，そこには絶えず対立・紛争が生ずる可能性がある。政治において合意と対立・紛争は，表裏一体なのである。

　合意と対立・紛争のうち，合意もしくは合意に基づく共同行為を政治の本質とみなす見解を**理想主義**と呼び，他方対立・紛争を本質とする見解を**現実主義**と呼ぶことにしよう。理想主義においては，政治は本来いかにあるべきかという理想を想定し，それを実現する条件や方途を考える。これに対して現実主義は，対立や紛争こそが政治に共通する特徴であるととらえ，誰がいつ，いかに勝利するかに関心をもつ。

　政治学の伝統の中には，こうした大きな2つの流れが今日にいたるまで認められる。理想主義といえば，古代ギリシア時代のプラトンによる哲人王の議論がよく持ち出される。現実主義といえば，ただちにルネッサンス期に登場したマキアヴェッリの『君主論』が想起される。今日においては，理想主義は正義や共通善を語る政治哲学の中に，現実主義は実証的政治学の中に色濃く反映している。

　現実主義は，理想に対する懐疑をもって現実を直視しようとする立場であるから，政治が公益を実現するものであるという建前以上に，紛争という現実に着目し，その紛争の背後には，政治的アクターたちの自己利益があると考える。たとえば政治家は公益の実現ではなく，自らの再選を第一に考えるし，官僚であれば組織の権限や財源の拡大をめざし，圧力団体は自分たちの利害関心を政策決定に反映するために活動していると想定される。

　とはいえ理想や信念が，現実政治と無縁なわけではない。たとえばアイディアや理念が，自己利益を正当化する手段として用いられ

1　政治とは何か　3

ることがある。この場合は理想や信念は単なる方便といえるが，そうではなく，それらが本当に政治行動の動機づけになることもある。たとえばテロ行為は，その行為自体は許されるものではないにせよ，彼らなりの信仰や信条体系への帰依から生まれると考えられる。そこまで極端でなくとも，たとえば普通選挙が実現した背景には，自由にして平等な個人の自己陶冶を信じる啓蒙主義思想がある。

　したがって現実主義と理想主義とは，相互排斥的なものではない。理想を実現する条件を実証的に研究することはできるし，理想が実証研究の指針となることもある。現実を無視した理想主義は空想・妄想に陥るし，他方理想を欠く現実主義は方向性を欠く現状追随主義に堕す危険性がある。理想主義と現実主義は，政治の世界を理解するうえで，どちらも欠かせない視点なのである。

政治の目的

全体利益　政治の目的は多様である。とりわけ今日の政治は，国防，国内治安から経済，社会保障にいたるまで，あらゆる分野にかかわるといっても過言ではなく，多様な政治活動の中に目的の共通性を見出すのはきわめて困難である。また，政治はさまざまな社会現象と結び付いているため，それらから政治の目的が影響を受けることもある。このような政治の広がりと複雑性を考えれば，政治の目的を一義的に確定することは難しい。したがって，ここで考えてみたいのは，政治の目的すべてではなく，政治の核となる目的である。

　政治がいかに多岐にわたるとしても，そこには私的領域の活動，たとえばその典型ともいえる経済活動とは異なる固有の目的があるはずである。もしそれがなければ，政治を独立の領域として取り扱う必要はなくなる。最終的に両者の峻別は不可能であるにせよ，ま

表 1-1　財の分類

	競合的	非競合的
排除可能	私有財	クラブ財
排除不可能	共有財	公共財

ずは政治の目的は経済活動のそれとは異なるという前提から出発しよう。

　一般的に経済活動は私的領域の活動であり，個人はそこにおいて私有財を自主的に交換し（水平的交換を行い），自己利益の最大化を図るホモ・エコノミクス（合理的経済人）であると想定される。これに対して政治においては，全体の利益，あるいは公益がめざされるという。公益は，場合によっては私益の総和であると考えられることもあるが，ここでは経済において実現される財が**私有財**であるのに対して，政治で実現される財は**公共財**であるという前提から出発しよう。

　公共財とは何か。誰もが同時にその便益を享受できて（競合性がない），対価を支払わない者を排除できない（排除可能性がない）場合，そのような財を公共財と呼ぶ。公共財は，市場で商品として取り引きされることが困難な財である。たとえば水や空気のような自然環境，秩序や安全といった社会環境は，生きていくために不可欠の価値，財であるが，競合性も排除可能性もないため，そのままでは市場における商品価値（交換価値）をもたない。政治の目的は，このような私人間の経済活動では提供できない公共財を提供することにある。

　しかし私有財と公共財との間には，どちらか一方に分類するのが難しい財も多数存在する。たとえば競合性はないが排除可能性があるような財（クラブ財：娯楽施設，有料配信サービス，有料駐車場など），

排除可能性はないが競合性があるような財（共有財：漁業資源，共同利用できる森林，牧草地など）というものがある。これらを，**準公共財**と呼ぼう。

映画館や図書館などはクラブ財と考えられるが，映画は営利目的で作成・上映されることが多いのに対して，図書館は公営の場合が多い。他方共有財は，誰でも好きなように利用させると，資源が枯渇してしまうので（「共有地の悲劇」），利用できる者や資源の利用条件（魚であれば捕獲高）を制限する必要がある。共同管理によって制限が自主的になされる場合もあれば，政府が規制する場合もある。このように準公共財については，対応が市場に委ねられる場合と共同管理や公的規制に服する場合，どちらも見られる。それでは政治が介入する場合とそうではない場合には，どのような違いがあるのかを考えてみよう。

図書館，学校，病院などは，民間で提供することも可能であるが，教育や医療は，社会的基本財とみなされ，今日では政治が直接的もしくは間接的にそのアクセスを保証すべきであると考えられることが多い。他方娯楽施設の利用は，個人の嗜好の問題と考えられるので，市場原理に委ねられる。このように準公共財の場合，その性格に応じて，広く公共の利益や社会秩序維持，すなわち公共性の実現を図るうえで不可欠と判断される場合には，政治がその実現に関与することが求められる。

しかし実は，競合性があって，排除可能性のある財，すなわち純粋な私有財であっても，政府が提供する場合がある。たとえば社会保険といわれるものは，医療保険にしろ，年金保険にしろ，提供される財は個人に対する給付であり，私有財である。にもかかわらず，それらの財は，今日ほとんどの先進諸国では公的に提供され，政府予算の大きな部分を占めている。各国政府は財政逼迫に悩み，部分

的に市場原理を導入しながらも，社会保障制度を全面的に民営化する動きは見せていない。なぜ政府は，財政難に直面しても，これらの私有財を提供し続けるのだろうか。

　個人で民間保険に加入し病気に備える，あるいは老後に備えるというのは，自立自助の精神からいって望ましいことではあるが，民間保険においては高いリスクを抱える人は保険加入を拒まれるか，たとえ加入を認められたとしても，保険料が高く設定される傾向がある。さほど保険料が高くなくとも，負担を嫌って加入せず，いざとなると困るというケースが多発することも考えられる。民間保険は任意であり，「加入する，しない」は本人の自由だからである。さらに民間保険の場合，将来の給付の保証という点で，どうしても不安が付きまとう。

　こうした点を考えれば，潜在的に誰もが必要になる年金や医療サービスについては，少なくともその基本部分については，公的に提供することが望ましい。生きていくための最低限の生活保障が受けられないということになれば，社会不安を引き起こし，**公共性**が脅かされる。したがって，今日ではほとんどの国において，各人の支払い能力と必要に応じた強制加入の公的社会保障プログラムが存在する。

　以上のように，目的から政治を見れば，その中核に公共財の実現があるが，実は準公共財，さらには私有財であっても，それらの財を提供することが，公共性の実現にとって望ましいと考えられる場合，直接的あるいは間接的に政治がその財を提供する。どのような私有財が公共性の実現にとって重要と考えられるかは，まさに政治的決定の問題である。

　部分利益　政治の目的が公共の利益や公共性の実現にあるという考えに対して，そもそも政治は特定個人や集団の利益に奉仕す

るものである，あるいは社会の部分利益が争う場であるという考えがある。こうした現実主義の考えを，ここではマルクス主義，エリート主義，多元主義という3つの古典的理論に依拠して紹介しよう。

マルクス主義の立場からすれば，あらゆる歴史は階級闘争の歴史であり，経済発展の段階に応じて支配階級が異なる。資本主義経済においては支配するのは資本家階級であり，彼らの利益が第一に守られる。そこにおける政治とは，私有財産制をはじめとする資本家階級に有利な社会的秩序を守り，正当化するものである。マルクス主義においては，政治は経済に規定され，国家は資本家階級の支配の手段・道具となる。しかしマルクス主義では，社会主義革命によって資本主義経済が打倒されれば，プロレタリア独裁（労働者階級独裁）という過渡期を経て，階級支配は終焉すると考えられた。

政治は少数者による支配であると考える点では，**エリート理論**はマルクス主義と共通している。ただしエリート理論によれば，少数者は経済的な支配階級の代表や代弁者ではなく，自らが権力を握る自立的エリートである。エリート理論は，デモクラシー（民衆の支配）は幻想にすぎないと考える点でも，マルクス主義と同じである。しかしエリート理論は，少数支配はあらゆる社会に共通に見られる現象であり，いかなる政治体制においても消滅することはないと考える。政治体制が変わっても，支配するエリートが交替するだけなのである。エリート理論の代表的論客の一人，**パレート**は，これを「**エリートの周流**」と呼んだ（パレート 1975）。

エリート論者としては，パレートの他に，**モスカ**，**ミヘルス**がよく知られるが，彼らはいずれも自由民主主義体制に対して懐疑的，もしくは否定的であり，1920 年代にイタリアに台頭したファシズム運動に好意的であり，時には積極的に加担した。したがってエリート理論といえば，反民主主義というイメージが強いが，実はエリ

8　1　政治の世界

ート理論は，アメリカの実証的政治学に大きな影響を及ぼしている。

20世紀前半にアメリカ政治学を牽引し，政治科学化を推進した功労者の一人である**ラスウェル**は，1936年に『政治——誰が，いつ，いかにして得るか』という小著の冒頭において「政治学は，影響力とそれをもつ者たちの研究である」と宣言し，「影響力をもつ者たちとは，得るべきほとんどのものを得る者たちである。得る価値は，服従，所得，安全の3つに分類できよう。ほとんどを得る者たちとは，エリートである。その他は大衆である」（訳文一部変更）と記している（ラスウェル 1959）。

利益調整メカニズム　ラスウェル以降，とりわけ第二次世界大戦後，アメリカの実証的政治学の中で支配的となる理論は**多元主義理論**と呼ばれる。政治を担うのはエリートであるという考えが強かったにもかかわらず，なぜそれがエリート理論ではなく，多元主義理論と呼ばれたのかといえば，そこではエリートは一枚岩ではなく，多元的であり，競合していると考えられたからである。エリートたちは，自分の，あるいは社会の部分利益を実現するために行動するにせよ，彼らの間に競合関係があり，特定の利害が政治を支配するわけではない。政治は，社会のさまざまな部分利益を調整するメカニズムなのである。

多元主義理論は，1950年代に起こったCPS（community power structure）論争によって彫琢されていった。エリーティスト（elitist）と呼ばれる社会学者たちは，アメリカの都市政治において少数のトップ・エリートの支配する権力構造が見られると主張したが，**ダール**を筆頭とする政治学者たちは，政治的決定にかかわるエリートは争点ごとに異なり，一枚岩の権力構造は存在しないと反論した（→第7章 **1**）。

エリーティストたちは，古典的なエリート論者たちとは異なり，

1　政治とは何か　9

アメリカ民主主義のルーツである地域政治が少数のエリートによって支配されていることを警告したのであって，実は反エリート主義者なのである。他方多元主義者たちは，ラスウェルの主張に沿って政治を行うのは少数のエリートであることを前提に，エリート間にある競合・交渉・妥協・調整こそが民主主義政治であると考えたのである。したがって彼らは，修正エリート主義者と呼ばれるのがふさわしい。

　以上のように，マルクス主義，新旧2つのエリート理論，多元主義理論を比べると，各々政治のとらえ方は異なるものの，いずれも政治が少数によって行われることを認めている。また彼らは，政治エリートは，自分たちの，あるいは社会の部分利益を代表しているだけであるという現実主義の立場に立つ。ただしマルクス主義と2つのエリート理論は一枚岩のエリートを想定するのに対して，多元主義理論においては，エリートたちの競合関係が重視される。

2　権　　力

　政治を目的ではなく，手段から考えてみよう。政治の手段といえば，まず頭に浮かぶのが**権力**である。経済活動の手段・媒体が貨幣であるのに対して，政治の手段・媒体は権力であるといわれる。そして貨幣と同じように，権力もまた自己目的化されるといわれる。しかし政治の特徴はその手段，すなわち権力にあるといわれても，問題は解決しない。権力もまた非常に多義的であり，論争的な概念だからである。本節では，代表的な権力論を取り上げ，それらの関係性を理解しよう。

多次元権力

直接的影響力　政治学において最もよく知られた権力の定義は，**ウェーバー**によって与えられている。彼によれば，権力とは，「社会的関係のなかで抵抗に逆っても自己の意志を貫徹するおのおののチャンス——このチャンスが何に基づこうとも——を意味する」（ウェーバー 1953: 84）。すなわち，権力とはある行為者が自らの意志を実現する可能性として存在する。そしてその意志は，社会的関係の中で実現されなければならない。自然の中で自分の望むすべてのことを実現する可能性があったとしても，ウェーバーにとってそれは権力ではない。あくまでも社会の中にある可能性でなければならない。また権力を確認するためには，抵抗を排すること，すなわちそこに利害の対立や紛争が前提とされていることにも留意しよう。

ウェーバーの権力観は，形を変えて，アメリカ政治学に引き継がれた。ダールによれば，「もし A の働きかけがなければ B はそうしなかったであろうことを B にさせうる限りにおいて，A は B に対して権力を持つ」（新川 2014: 263）。ダールは，紛争というウェーバーの権力定義における重要な契機を強調し，権力をはっきりと行為者に帰属させ，権力関係とは A が B の行為選択を変更させうる場合に生じるという。

B の行為が A の作用によって生まれたと合理的に推論されるためには，A の働きかけが B の行為に先行しており，しかも A と B の行為の間に直接的な関係が確認されなければならない。またダールにとって A が B に対して権力をもつというのは，A が B に対して影響力を行使するということと同義とされ，権力と影響力は交換可能な概念になっている。それに伴って，ダールの関心は「もつ」という可能性や能力の次元から，二者関係による直接的影響力行使という行為レベルへと移行することになる。このようなダールの再

定義によって，ウェーバー流の権力概念は観察可能な行為を分析する操作的概念として，アメリカ政治学の中に広く浸透していくことになる。

　行為論としての権力論が効果を発揮したのは，前述のCPS論争においてであった。エリート論者たちが権力構造を見出すために使った方法は，コミュニティ政治の内部事情に詳しい者たちの情報に基づいて有力者の名前をリストアップし，その上位に位置する者たちの間で誰が権力をもつかを相互指名させることによって権力者を確定していくというもので，声価（評判）法と呼ばれた。これに対して，ダールは，権力関係の測定は，評判ではなく，観察可能な直接的な影響力行使によって行われるべきであると批判した。

　ダールは，権力を権力資源と権力行使に分け，権力資源をもつことと権力（＝影響力）行使とは別であり，後者こそが権力分析の対象であると主張した。紛争が生じている複数の事例（争点）において誰が影響力を行使したかを観察し，もしどの事例においても同じアクターが影響力を行使していれば，そこに権力者なり，権力構造なりが確認されるが，そうでなければ，権力関係は個々の事例によって異なる多元的なものであり，事例の文脈を超えた権力構造のようなものは存在しないことになる。

　権力の2つの顔　　ダールは，このように権力を政策決定における直接的影響力と同一視するに至った。評判ではなく，行為レベルで権力関係を観察すべきであるという主張は，実証的政治学の中で大きな支持を得たが，他方でそれはウェーバーの定義が示していた「可能態としての権力」を捨て去るものであったため，権力論としてはその狭隘性が批判されることになった。

　権力＝直接的影響力という考えに対する批判として，最もよく知られているのが，バクラックとバラッツによる「権力の2つの顔」

12　　1　政治の世界

論である（Bachrach and Baratz 1962）。彼らは，権力には決定作成への影響力という顔の他に，もう一つの顔があると指摘した。政策決定の議題となる争点は，あらかじめ選択されたものである。すなわち多くの争点は，議題になる前に排除されてしまう。しかもその排除はランダムに行われるわけではなく，一定の偏向に基づいて行われるというのが，バカラックとバラッツの考えである。決定作成の前に争点が排除される過程が，**非決定作成**と呼ばれる。

　非決定作成という考えには，ダールの権力観の中に収まる面とそれを超える面との両方が含まれる。ある行為者が自らの影響力を行使して，特定の争点を排除したとしよう。これは，影響力が政策決定の前段階において，いわばゲートキーピングとして作用したということであり，観察可能である。したがってこの種の非決定作成を研究するためには，事例研究を決定作成過程だけではなく，その前，つまりアジェンダ（議題）設定過程にまで広げればよいのであって，これについてはダールの権力観と手法で十分対応できる。

　しかし非決定作成が観察可能な行動からではなく，制度のもつ偏向によって生ずるとすれば，つまりそこに紛争や意図に基づく行為が観察されないとすれば，ダールのいう意味での権力は存在しないことになる。したがって，もしこのような非決定作成を権力としてとらえようとするのであれば，行為レベルを超える権力作用を射程に収める必要が出てくる。しかしバクラックとバラッツは，そのような方向に研究を発展させず，多元主義者の批判を受け入れ，非決定作成を争点排除の決定として狭くとらえ直した。その結果，彼らのいう非決定作成は，議題設定研究の嚆矢となったが，理論的には多元主義を超えるものにはならなかった（新川 2014: 272–274）。

　しかし実はダール自身が，権力＝直接的影響力という考えを逸脱する議論を展開している。ダールはニュー・ヘイヴン市において複

2 権　力　13

数の争点を分析し，影響力を行使するアクターは争点ごとに異なるという結論を得たが，実は市長は事例横断的に強い影響力を行使していた。これについて，ダールは，選挙で選ばれる市長は，常に有権者の選好を考慮して決定している，すなわち自らの意思を実現しているわけではないと考え，市民は市長に対して間接的影響力を行使していると主張した。ダールによれば，有権者の**「予想される反応」**（政策に対して有権者がどのように反応するかという予想）に基づいて市長は決定を下すのである。しかし「予想される反応」，間接的影響力という考えは，行動から直接観察されたものではない。

<u>三次元権力</u>　　権力＝直接的影響力行使という権力観を修正するうえで，決定的に重要な役割を果たしたのが，ルークスの「三次元の権力」論である。ルークスのいう一次元の権力とは決定作成権力，二次元の権力とは非決定作成権力であり，三次元の権力とは，Aの存在や行動とは無関係に，Bが自らの利益に反する行動をとる場合に生ずる権力である。つまりルークスは，バカラックとバラッツの「2つの顔」論が当初示唆していた行為レベルを超える権力作用を，あらためて，より自覚的かつ大胆に主張したといえる。

ルークスは，**「真の利益」**に反する**虚偽意識**を植え付けられている場合に，三次元の権力が作用すると考える。しかし何が真の利益であり，正しい意識であるかを客観的に判断することは難しい。明らかに自分にとって不利益となる行動をとる場合，たとえば自爆テロのような行為は，「虚偽意識」に囚われ，当人の「真の利益」に反しているといえそうであるが，自らの生命を信仰や信念のために捧げる行為は，その者の属する共同体の価値観からすれば殉教であり，「真の利益」に合致しているのかもしれない。

このように「虚偽意識」であるか，「真の利益」にかなうかどうかは，ものの見方，価値判断にかかわる問題であって，それに関し

て誰もが納得するような客観的基準を見出すことはできない。そもそも第三者がBにとって何が「真の利益」であるかを判断し，それに従わなければ「虚偽意識」に囚われていると批判するのはパターナリスティックな考え（よけいなお世話）であり，Bの自由を侵害するものといえる（もちろんBの自由が保障されている社会を前提としての話であるが）。

以上のように，ルークスの「三次元権力」論は，行為レベルを超えた権力という視点を取り入れた点で高く評価されるが，彼の三次元権力の定義は，そのままでは問題が多い。そこで行為レベルを超えた権力という問題を，制度的権力という観点から再検討してみよう。

制度的権力

制度と権力　行為レベルを超えた権力現象を理解するために，交通整理に当たる警察官を例にとって考えてみよう。行為レベルでは，ドライバーBが直進したいのに，警察官Aの指示に従って止まったとすれば，AがBに影響力を行使したといえる。しかしAは警察官としての役割を果たしている限りにおいて，Bに対して権力をもっているにすぎない。A個人が権力を所有していないことは，仮に彼が警察官であることを隠して，たとえば私服で指示を出した場合を考えれば，明らかであろう。その場合，Bは，ただちにAが警察官であるとみなす制服以外の明白な表徴がない限り，Aの指示に従う義務を感じないだろう。

このようにAとBとの間に権力関係が成立するためには，Aは特定の人格をもつ個人である必要はない。Aは制度の中で占める位置によって影響力をもつにすぎない。つまりAは影響力を行使するが，権力者ではなく，権力のエージェント（代理人）なのであ

る。ここでいう権力とは，ダールの用語でいえば権力資源ということになるが，それは単にＡが影響力行使のために用いる資源であるだけではなく，もしＢがＡの指示に抵抗した場合，最終的には物理的強制力を含むサンクションが下される可能性として存在する。

政治権力とは，このような可能性としての権力が公的領域において制度化されている状態を指す。政治権力は，ＡとＢとの非対称的な関係を確定することによって，社会秩序を安定させる。政治権力は最終的には物理的強制力によって担保されるにせよ，それを受け入れることが当然とみなされ，物理的強制力に頼る必要性が極小化される場合，最も安定する。

このように，警察官の交通整理を例に政治権力が直接行使される単純な事例においても，行為レベルに還元されない制度的権力が存在していることは明らかである。このような制度的権力が，不特定多数のＢをＡが服従させるチャンスを生み出しているのである。

予想される反応 制度的権力の安定を考えるうえで，重要となるのが「予想される反応」という考えである。ダールは，「予想される反応」と間接的影響力を明確に区別していないが，混乱を避けるために，本書では以下のように区別しておこう。間接的影響力とは，ＡがＢに対して直接働きかけるのではなく，第三者を通じてＢに対して影響力を行使することをいう。たとえば，ＡがＢに対して直接的影響力を行使する権力資源をもたないが，Ｂに対して直接的影響力を行使できるＣに対して効果的な権力資源をもっている場合，ＡはＣに対して働きかけることで，Ｂに間接的に影響力を行使することができる。

他方「予想される反応」は，このような行為レベルでは直接確認できない権力作用である。ＢがＡの意図や選好をあらかじめ考慮して，自らの選好をＡの意図や選好に沿うように変更する場合，

そこには「予想される反応」という権力作用が働いていると考えられる。「予想される反応」は，AとBとの間に明白な非対称的な関係があり，それが制度化されている場合，たとえば警官とドライバー，上司と部下，親分と子分のような関係において生じやすい。

制度化された非対称的関係が「予想される反応」によって繰り返し確認されると，服従という規律が内面化されていくことになる。このような現象を**フーコー**は，規律権力と呼んでいる。功利主義者ベンサムは，監獄の監視を徹底的に合理化する目的で**パノプティコン**（一望監視塔）を考案したが，フーコーはこのパノプティコンこそが，規律の内面化という近代において普遍化する権力作用を象徴していると考えた。パノプティコンとは，中央に監視塔があり，それを独房が円環状に取り囲む形で配置された監獄である。中央からは全独房内が見えるが，独房からは中央塔内が見えない（フーコー1977）。

パノプティコンは一人ですべての囚人を監視することを可能にするだけでなく，監視員の常駐を必要としなくなる。なぜなら囚人は，監視がいるかどうかを確認する術がないため，絶えず見られていることを想定して，行動しなければならないからである。このように「予想される反応」は，パノプティコンという制度装置によって徹底的に効率化され，服従が自動化される。Aという権力のエージェントを消し去り，不特定多数のBが自発的に規範を内面化し，服従するとき，権力の効率は最大化する。

パノプティコンは，近代における政治権力のあり方を象徴するものである。近代において権力とは，王の権力のように人格の中に確認されるものではなく，非人格化された制度装置の中に存在する。フーコーの規律権力論は，規律の内面化を問題にする点では微視的であるが，実は近代国家権力の形成というマクロな舞台装置を前提

としている。フーコーの視点は，いわば細部から全体，ミクロからマクロな権力を展望するものである。

システム権力　社会を環境から区別されるシステム（秩序）と考えるパーソンズは，権力とはシステムに帰属するものと考え，これをシステム権力と呼んだ。パーソンズによれば，権力状況が紛争を前提とすると考えると，それはゼロ・サム・ゲームであり，権力は消極的サンクションと同じものとなる。しかし，サンクションの行使はむしろ権力の脆弱性，場合によっては「権力の失敗」を意味する。パーソンズによれば，権力とは集合的目標との関係から諸義務が正当化されているところにおいて，それらの義務の遂行を確実にする一般化された能力である。したがって義務違反が生じた場合，それに対して消極的なサンクションが行使されるにせよ，権力とはまずもって全体の利益を実現するシステムの能力であり，それは構成員の合意に基づくものである（新川 2014: 274-276）。

　システムという概念は用いないものの，アーレントの権力観は，このようなパーソンズの考えと共鳴する。アーレントは，権力は対立や暴力ではなく，全体の利益を実現する力として発現するという。アーレントによれば，権力とは，一致して行為する人間能力に対応する概念であり，決して個人の所有物ではない。それは集団に属し，集団が維持されている限りにおいて存在するものであり，誰かが権力者であるということは，その人物が集団の名において行為する能力を賦与されているという意味にすぎない。

　アーレントは続けて，権力と暴力との違いを強調する。権力は常に数を必要とするが，暴力は，ある程度まで，それなしで済ますことができる。なぜなら権力は政府の本質であり，政治的共同体の形成とともに生まれるが，暴力は，手段的なものにすぎず，政府の本質ではないからである。権力と暴力は結び付き，同時に現れること

も多いが，暴力から権力が生まれることはない。しかし暴力は，権力を破壊できる。完全な暴力支配とは，権力が失われたときに生ずると考えられる。アーレントは，権力と暴力とが相容れないことを強調する。一方が完全に支配するところでは，他方は存在しない。暴力は権力が危機に瀕するときに現われるが，暴力が前面に押し出されることになれば，権力の消失を招くことになる（アーレント2000）。

アーレントの権力観は，権力を対立や紛争ではなく共同行為に帰属させることで暴力と峻別するが，彼女自身認めるように，両者はしばしば同時に現われるものであり，暴力は権力の手段として用いられる。権力は共同行為から生まれるにせよ，強制力でもある。したがって両者を概念的に区別することは重要であるが，現実政治において両者が同一のもののように発現することが多々ある。権力を強制力そのものとみなすことは誤りであるにせよ，権力には必然的に強制力が伴う。

集合的目標を達成するためには行動の組織化が必要であるし，そもそも秩序を維持するためには帰属，能力，役割などに基づいて，各人の関係を序列化し，成員以外の者を排除する必要がある。すなわち共同行為や集合的目標の達成には，必ず偏向と排除が伴う。

この偏向と排除という契機を重視する場合，システムから生まれる権力を**構造的権力**と呼ぶことがある。このような考えを代表する論者が，ネオ・マルクス主義者のプーランツァスである。古典的なマルクス主義によれば，国家権力は資本家階級の支配の手段にすぎないが，彼によれば，資本主義国家は，個別具体的な資本の利益からは独立しており，そのことによって資本全体の利益に奉仕している。国家が資本全体の利益に奉仕するのは，個々の資本家の影響力ではなく，資本のもつ構造的権力ゆえである（新川 2005: 17–19）。

構造的権力という考えは，修正多元主義者の間にも見られる。修正多元主義といっても，提唱者はダールやリンドブロムである。彼らは後年，経済的資源の不平等性が政治に与える影響力の重要性を認めるようになる。政府が特定の企業を利する目的ではなく，公益の実現をめざすとしても，まさにそのために私企業に特別の配慮をせざるをえないと指摘する。

　今日の政治において景気対策が最優先課題の一つであることは誰もが認めるところであるが，その政策実現のために政府ができるのは，金融・財政，その他の政策手段を用いて，企業が積極的に事業展開（雇用や設備投資の拡大など）を行う条件を整備することである。このような政府の企業への特別の配慮は，政府が非民主主義的だからではなく，資本主義経済を前提に，国民の求める声に応えようとするからである。雇用に大きな影響を与えるような特定の企業は，システムの中で占める戦略的位置ゆえに，その利害や選好があらかじめ構造的に政治的配慮や政策に組み込まれる（新川 2014: 292-293）。これが，資本の構造的権力である。

　さらに異なるシステム権力論の可能性を示唆するのが，フーコーである。先に述べたフーコーのいう規律権力は，パノプティコンに限れば「予想される反応」として理解できるが，規律の視点が一般化されると，それはすべての者を監視するシステム権力となると考えられる。たとえばいたるところに監視カメラが設置された社会を想像してみよう。人々は公私の別なく，常に権力に従順であることが求められるようになり，オーウェルが『1984 年』で描いたような近未来社会がそこに現出する（オーウェル 2009）。

　フーコーは，のちに近代国家権力の特徴を，**生権力**としてとらえるようになったが，これも視点を変えたシステム権力論である。ヨーロッパの歴史を見れば，かつて君主の権力は剣に象徴されるよう

に，「生かすか，殺すか」を決定する力であった。しかし近代の国民国家においては，権力は生に働きかける力となった。それは，生命を経営・管理し，増大させ，増殖させ，生命に対して厳密な統制と全体的な調整を行うのである。フーコーによれば，生権力は，性的欲望の創出と統御の中に現れる。生権力は，絶対主義王権から国民国家への権力主体の移行を意味する。戦争は君主の名においてではなく，国民全体の名においてなされるようになる。国家の下に権力が集中される中で，それと同時に権力は徹底的に分散され，非主体化された戦略となり，テクノロジーとなる。

　生権力の根底に，フーコーは性にかかわる言説の登場をみる。それは，分析，記録，分類，特性決定という形で，計量的あるいは因果論的に探究される。性は，経営・管理すべきもの，有用性のシステムの中に組み込まれ，万人の利益のために最適化されるように調整される。端的にいって，性は行政管理の対象となるのである（フーコー 1986）。このようにフーコーは，その生権力論において，近代国家では権力が性を管理する戦略として，あるいはテクノロジーとして偏在することを指摘し，権力の非主体化と脱中心化を試みた。近代的自我形成とは服従する主体の形成にほかならない，フーコーはそれを生み出すメカニズムの総体として権力をとらえたといえよう。

　本節では紛争に勝ち抜く手段としての権力という考えから，アクターの行為や意図を超えるシステム権力までを俯瞰してきたが，多様な権力観の中に共通して見出されるのは，権力というものが非対称的な社会関係を創出し，維持・再生産する機能をもつということである。そのような機能を果たす権力は，アクターの行使する影響力として発現することもあれば，アクターや制度に対する「予想される反応」でもありうるし，さらには構造に規定されたシステム権

2 権 力 21

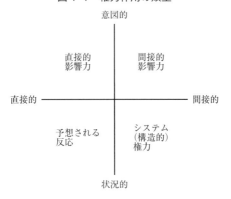

図 1-1 権力作用の類型

力でもありうる。権力とは、このような多次元に及ぶ等価的機能の集合としてとらえることができる。

これまで述べてきた多次元的権力を概念的に整理したのが、図1-1である。意図的かつ直接的に働くのが直接的影響力であり、意図的かつ間接的（媒介的）に働くのが間接的影響力である。他方状況的に働く権力は、制度化された関係を前提にしたものであり、制度的権力ということができる。その中で「予想される反応」は特定の制度関係において発生しやすく、システム権力は一般化された制度関係から生まれるものであり、システムそのものを維持・再生産する働きをもつ。

3 支配と服従

権　威

純粋に暴力による支配は、安定せず、たとえ実現したとしても、

他の手段が暴力に取って代わることがなければ，早晩崩壊するだろう。支配は権力が制度化され，人々がそれを，何の疑いもなく，自ら進んで受け入れ，自らの行為によって再生産するようになることで，安定し，継続的なものとなる。そこにおいて権力は，**権威**となる。

　権力とは紛争状況において抵抗を克服し，自らの意思を実現する力であると限定すれば，権威と権力は相容れない。しかし権力の多次元性を考慮すれば，権力が最も高度に制度化されると，それは権威と一体化する。そのような例として，すぐに思い浮かぶのが宗教的権威である。ヨーロッパでは，神の威光を受けた教会が君主や貴族といった世俗権力をその権威下に置く時代が長く続いた。その後王権が教会という宗教的権威から自立し，自らの権力の絶対性を主張するようになる。すなわち王権は，唯一無二にして不可分の最高権力＝**主権**であるという考えが生まれるが，そこにおいても王の権力は神によって根拠づけられていたのである（**王権神授説**）。

社 会 契 約

　王権神授説を 180 度転換することになったのが，**社会契約論**である。社会契約論は，神という超越者の権威ではなく，服従者の同意に主権の根拠を見出し，そのことによって，やがて服従者が主権者となる理路を指し示すことになる。いうまでもなく社会契約とは歴史的事実ではなく，あくまでも論理的な仮構点にすぎないが，そのような視点を導入することで，政治の世界に新たな可能性を発見したのである。

　ホッブズは，国家を『旧約聖書』ヨブ記に出てくる海の怪獣「リヴァイアサン」にたとえたが，そのような国家が成立する初期条件として自然状態を設定する。そこでは誰もが自然権を行使する結果，

3　支配と服従　　23

「万人の万人に対する闘争」が生じ，各人の生命・安全は極度の危険に晒される。ホッブズは，このような状態を克服するために各人は自然権を国家（コモンウェルス）に譲渡すると考えた（ホッブズ1992）。

ロックは，ホッブズの「自然状態→社会契約→社会状態」という枠組みを継承しながら，ホッブズとは全く異なる議論を展開した。ロックによれば，自然状態とは自由で平等な個人が自然法に従って理性的に生きる状態であり，自身の存続が脅かされない限りは他人のプロパティ（所有権，あるいは財産権と訳されるが，ロックにおいては生命・自由・財産を含む広い概念であると考えられる）を侵害してはならない。つまり自然状態は，ホッブズのいうような戦争状態ではなく，基本的に平和な状態である。

それではなぜ人々が社会契約を結ぶのかといえば，プロパティの享有を確実なものとし，部外者による侵害に対してより強い安全保障を確立し，安全，安楽かつ平和な生活を相互に確保するためである。このような同意に基づいて一つの政治的共同体が結成され，多数派が決定し，他の者たちを拘束することになる。ロックの場合，近代的な自立した市民が同意によって社会を，ついで政府を形成すると考えられる（ロック 1968，2010）。

ホッブズは王権神授説を否定したが，絶対王政を論理的に否定したわけではない。国家は一人の人格，もしくは合議体に委ねられ，人々は，自らの生命を守る最低限の抵抗権は有するにせよ，もっぱら国家主権に服従する存在として描かれている。他方ロックの場合，人々は信託によって政府を作るが，それはあくまでも自然状態において保持していたプロパティをより確実にするためであって，その限りで同意がなされる。ロックが擁護したのは立憲君主制下における議会政治であり，議会こそが最高権力（主権）を行使すると考え

られた。市民はプロパティを守るため，常にそれに異議申し立てを行い，場合によっては転覆する権利（革命権）を保持する。

ロックの議論はイギリスの議会政治を擁護し，正当化するものであったが，フランスのルソーは，それを「人々は選挙のときだけ主権者であり，あとは奴隷にすぎない」と揶揄した。ルソーによれば，社会契約とは人々の結合を意味し，主権はそのような人民の一般意志として実現される。一般意志とは，王の意志ではないのはもとより，議会によって代表されるものでもない。それは個々人の意志の総和ではなく，人々の共通の意志であり，多数決によって確認されるものでもない。一般意志としての主権は，譲渡することができない。したがって人民は，主権者として自ら統治する存在である。人々は，主権に参加する者として市民（citoyens）となり，国家の法律に服従する者として臣民（subjects）になる（ルソー 1954）。

社会契約論の特徴は，第1に，人々の固有の権利（自然権）が想定されることである。たとえホッブズのように，主権への服従が強調される場合であっても，人々は元来自然権をもつ主体として想定されている。ロックになると，人々は社会契約に同意した後も，自然権を保持するのであり，プロパティが侵害されるとそれに抵抗し，革命を起こす権利がある。ルソーの場合は，そもそも主権は譲渡しえない。

図式的にいえば，ホッブズの登場によって，人民が初めて権利主体として立ち上がり，ロックによって議会制民主主義の道が拓かれた。とはいえロックの擁護した議会とは，依然として身分制議会であり，選挙権は限定的なものにすぎなかったことには留意する必要がある。議会制を批判し，一般の人々の政治的権利を主張したという意味では，ルソーの議論はロックを超えて人民主権論を打ち立て，近代民主制への道を大胆に切り開いたといえる。ただしルソーのい

3 支配と服従　25

う一般意志が何を意味し，どのように実現されるのかはわかりづらく，フランス革命においてそれは国民主権と読み替えられ，そして国民を代表する議会による意思決定が主権行使とみなされるようになる。

　以上のように，社会契約論は自然状態というアイディアによって現実政治を見る新しい視点を提供し，それによって現実政治を変革する可能性を示唆することになった。新しいものの見方が政治の世界を再解釈し，それを変革する力となったのである。

支配の正統性

　権力が一定の領域内において制度化されていれば，そこに支配が見出される。支配が当然のものとして受け入れられる場合，支配は正統性（legitimacy）をもつといえる。ここで支配の正統性と現実の統治や政策の正当性を，区別しておこう。たとえ政府の個別政策に不満があり，不当であるとみなすとしても，それが支配の正統性の否定に直結するわけではない。

　支配の正統性根拠として，ウェーバーは，伝統，カリスマ，合法という3つを挙げている。**伝統的支配**とは，古来の伝習や神聖性によって権威が賦与された者の支配が当然のこととして受け入れられる状態を指す。血統や神託による支配者の選択などが，伝統的支配に当たる。ウェーバーは長老制や家父長制を，伝統的支配の第一次類型として挙げている。長老制は，最長老が真正な伝統の最良の精通者として支配している状態であり，家父長制とは，基本的に経済的かつ家族的な団体の内部で，相続規則で定められている個人が支配している状態である。

　カリスマとは，超自然的，超人間的，あるいは特殊非日常的な，誰ももちえないような力や資質であり，そのような資質をもつ者が

26　**1　政治の世界**

支配するのが**カリスマ支配**である。革命指導者による支配が、近代のカリスマ支配の典型である。

合法的支配とは、伝統やカリスマのような支配者の属性ではなく、非人格的な制定規則による支配であり、服従は制定された規則に対してなされるのであり、命令者自身もまた、一つの規則（法律または行政規則）、形式的で抽象的な規範に従っている。ウェーバーが合法的支配の典型として挙げているのが、近代的な官僚制である。それは、能力によって選抜され、形式的ルールに従って組織化された役割の体系であり、人格的な支配は認められていない。しかしウェーバー自身が認めるように、いかなる支配ももっぱら官僚制によって運営されるわけではない。政治団体の最高の長は君主であったり、大統領であったり、議会で選ばれた者であったりする（ウェーバー 1960, 1970）。

ウェーバーのいう合法的支配という考えは、19世紀ドイツで隆盛した**法治国家論（法治主義）**の流れに連らなる。法治主義は、簡単にいえば、被治者同様に治者に対しても議会で制定された法への服従を求めるものであり、原理的には特定の支配形態と結び付くものではないが、ドイツの文脈では絶対王政（警察国家と呼ばれた）の恣意的な権力行使を制限する考えとして登場した。法治主義は、法の内容への判断には踏み込まず、したがって自由社会を前提とした人権保障のような考えを前提としない。

このような法治国家論を超えて、合法的支配を、文字通り伝統支配やカリスマ支配とは異なる一つの支配類型として純化すれば、政治団体の最高の長（支配者）もまた形式的規則に従って選ばれる場合こそが合法的支配の典型と考えられる。たとえば選挙によって支配（統治）者を選ぶ政治体制が、それに当たる。直接的あるいは間接的に選挙で選ばれた支配者が、名望家の出身であったり、卓越し

3 支配と服従　27

た能力をもっていたりすることはありうるし，有権者がそれらを判断根拠にしてもかまわないが，支配の正統性は，あくまでも選挙という手続きとその合法性によって得られる。

ところで**法の支配**という考えがあり，合法的支配と混同しやすいので，簡単に説明しておこう。法の支配という考えは，古代ギリシアのイソノミアという考えにまで遡（さかのぼ）るといわれるが，一般にはイギリスのコモン・ローの伝統の中で培われたと考えられている。法治主義のように法を実定法としてとらえるのではなく，「古来よりの国制（法）」として理解する。したがって法治主義における法が実定法を意味し，悪法もまた法なりという考えをとるのに対して，法の支配は実定法を制約するものとなる。ただし法の実質や運用において正義，合理性等を問う実質的法治主義という考え方が20世紀後半には生まれるので，この立場をとると，系譜学的な違いは別にして，法の支配と法治主義との間に大きな違いはなくなる。

法の支配の原型として指摘されるのが，マグナ・カルタである。これによって王は貴族特権を認め，王といえども古来よりの慣習や法に制約される存在であることが確認された。ここに**中世立憲主義**が誕生する。立憲主義は，絶対主義王政によって大きな挑戦を受けるが，イギリスでは17世紀に清教徒革命，名誉革命という2つの革命を経て，人民の自由と権利が保障されるようになる。さらにアメリカ独立革命，フランス革命によって，個人の自由と権利が憲法上明記されるようになり，ここに**近代立憲主義**が確立する。中世立憲主義が身分制を前提とし，貴族特権を擁護するものであったのに対して，近代立憲主義は，身分制を否定し，法の下の平等，個人の自由と権利を保障し，国家権力の制限，抑制，監視を行うものである。

シティズンシップ

3つの市民権　個人の自由と権利は，シティズンシップを構成するものと考えられる。シティズンシップは市民権と訳されることもあるが，政治的共同体に属することによって生まれる資格である。シティズンであること（シティズンシップ）に伴う権利が，市民権（citizenship rights）である。

シティズンシップは，T. H. マーシャルによれば，3つの権利からなる。市民としての基本的権利（自由権），政治的権利（参政権），社会的権利（社会権）である（マーシャル 1993）。自由権というのは，個人としての自由と尊厳を保障するものであり，それによって法の下の平等が約束される。自由権の主たるものは，表現・結社・移動の自由，職業選択の自由，門地性別による差別の禁止など，今日では国籍を問わず，普遍的に保障される基本的人権である。とはいえ，現実の人権保障が，国によって大きく異なることもまた事実である。

自由権の確立にとって決定的に重要な意味をもつのが，資本主義経済の発展である。資本主義経済は，市場における自由な経済活動がなければ成立しない。自由権が保障されることによって，市民は形式的にせよ自由で対等な個人として市場に参入し，自らの意思によって交換関係に入る。現実には，財産をもたない者は，自らの労働力を売り，賃金を得ることでしか生きられないとしても，形式的には自由意思によって対等な立場で契約関係に入るとみなされる。

古典的な自由主義経済においては，個人が自己利益を追求する行動の結果として，全体の効用が最大化されると考えられたため，いわゆる自由放任主義（レッセ・フェール）政策がとられた。そこにおいて国家の役割はルール遵守を監視し，違反者を罰する最小限のものにとどまり，市民が寝静まった後に治安を守る夜警にたとえられた。もちろん自由権とは，経済活動に限られない普遍的権利である

が，第一義的には国家権力の公的領域への限定，私的領域（市民生活）の「(国家) からの自由」を意味した。それがいかんなく発揮されるのが経済活動なのである。

　しかし「(国家) からの自由」と表現されるような**消極的自由**からは，政治的権利は生まれない。自由にして平等な市民が，政治に参加する権利（参政権），すなわち「(国家) への自由」を獲得して，初めて主権者としての市民が登場する。参政権にはリファレンダムのように決定に直接参加する権利もあれば，自らの代表を選ぶ選挙権もある。もちろん自ら代表に立候補する権利（被選挙権）もあるが，選挙権こそが参政権の中心である。

　自由権と参政権によって近代的な市民が生まれるが，そのような近代的市民像は，19 世紀の現実とはかけ離れたものであった。資本主義経済が発展するにつれ，賃金労働者が都市に溢れるようになるが，彼らは低賃金労働の中で貧困に喘いでいた。このような状況に抗して，社会主義思想が台頭する。社会主義者は，私有財産制に基づく資本主義経済を廃棄し，富の平等を実現する社会主義社会を実現しなければ，自由権も参政権も絵に描いた餅にすぎないと批判したのである。

　平等を求める社会主義の台頭と相まって，科学的な社会調査が進むと，個人的責任に帰すことのできない貧困の存在が明らかとなり，自由主義の中にも国家が社会的公正を実現する役割を重視する流れが生まれる。**ニュー・リベラリズム**がそれである。社会主義やニュー・リベラリズムという思想的背景の中で，社会権という考えが育まれる。社会権とは，国民が最低限の生活を営む権利であり，自由権や参政権のような形式的な権利とは異なり，再分配政策によって実現される権利であり，20 世紀に発展する福祉国家のバックボーンとなった（小野塚 2009）。

保守主義　　市民権の発展について，自由主義と社会主義という2つの思想を軸に説明したが，近代政治においてはもう一つ，保守主義という重要な思想がある。そもそも保守というのは，現状への固執や変化への抵抗であって，それ自体は誰もがもっている保身的態度である。これとは異なり，保守を一つの主義として思想的に体系化したのは，バークであった。彼のフランス革命に関する省察は，今日においても，保守主義の聖典ともいうべき位置を占めている。

　バークによれば，人間存在というのは，自由主義者たちが考えるように完全に自立的でも理性的でもなく，だからこそ個人を超える宗教，価値，権威が求められるのであり，そのような文脈の中でこそ個人の自由は実現される。保守主義は自由を否定するわけではなく，過去との断絶を求めるような急激な変革に反対するのである。変革は，伝統的価値や制度を破壊しない漸進的発展でなければならない。それらを否定すれば，結局は自由の否定につながるとバークは考える。このように保守主義は，ラディカルな自由主義に対抗する思想として生まれたといってよいが，自由権を否定するのではなく，その文脈負荷性を強調するのである（バーク 1978）。

　保守主義からみれば，社会主義は，人間理性の限界を省みず，傲慢にも社会を合理的に創り変えようとする計画であり，自由の圧殺を招く危険な考えである。このような社会主義との対抗関係において，保守主義はむしろ自由社会を守る勢力となる。とはいえ，自由主義，保守主義，社会主義の三者の関係は，単純に「社会主義 vs. 自由主義＋保守主義」という図式で説明できるわけではない。社会主義の中で体制内改革をめざす勢力が強くなり，また自由主義の中でもニュー・リベラル勢力が生まれると，彼らの間に協力関係が生まれ，これに保守主義と古典的自由主義が対抗するという図式

3 支配と服従　31

が見られることもあれば，自由主義が強く個人主義を打ち出すのに対して，集団主義的な指向性をもつ保守主義と社会主義が手を携えることもある。

　一般に自由主義は自由を，社会主義は平等を，保守主義は伝統を重視するといわれるが，自由こそがいずれの思想にも共通する最も重要な価値である。異なるのは，自由がどうすれば実現されるのかに関する考えである。自由主義は個人の理性的判断に基づいて自由が実現されると考える。他方社会主義は，実質的平等が実現されて初めて本当の自由が実現されると考える。そして保守主義は，伝統を尊重することで，その文脈の中で人は自由になると考える。

4　国民国家

国民国家とは何か

　シティズンシップは政治的共同体に帰属することから発生する資格であり，近代においてシティズンシップを保障する政治的共同体は，ネイション・ステイト（国民国家）である。本項では国民と国家の結び付きについて考えてみよう。

　ステイト（国家）　近代国家は，主権の誕生とともに始まる。国家は制度化された権力作用が働く場であり，ウェーバーの言葉を借りれば，それは正統な物理的強制力を独占する政治団体である。国家はその内部において並び立つもののない権力をもつ（対内主権）。またそれによって外部からの介入を排除する権力（対外主権）をもつ。つまり近代国家とは，**主権国家**に他ならない。

　主権国家の誕生といえば，1648 年ウェストファリア講和条約を嚆矢とするといわれる。もちろん一つの条約によって一夜にして主

32　　1　政治の世界

権国家が誕生したわけではないが，ウェストファリア講和条約は，主権国家というものが国際的な枠組みとして，その限りで生まれたということを象徴する事件である。主権国家が存在するためには，相互承認が必要であり，単独で生まれることはありえない。主権国家は，いかに限定的であろうと，国際システムとして生まれる。

　近代に生まれた中央集権的国家は王権の絶対性を担保する手段であり，機関であったが，やがて主権を保有する存在は王から国民へ移行する。フランスのように革命によって，短期間に絶対主義王権から国民主権に移行することもあれば，イギリスのように漸進的に移行することもあるが，今日民主主義を採用する国々では，国民が自らの代表を選び，代表が政治的決定を行うという形で，国民主権が実現している。

　国家が主権を行使する機関であるとして，国家の性格についてはいくつかの異なる見解がある。まず政治が公共性を実現するものであり，国家がそれを担う機関であると考えれば，国家とは社会の個別的な利益に対して中立的であり，個人の自由や権利にはかかわらず，もっぱら公的な領域において普遍主義原則に基づいて権力行使を行う存在であると考えられる。このような考えを，**立憲国家観**と呼ぶことができる。立憲国家観は，自由主義国家観と言い換えることもできる。

　これと対照的なのが，**階級国家観**である。マルクス主義においては，政治は資本家階級の利益を擁護するものであり，したがって国家は資本家の階級支配の道具にすぎない。財産権の保護といっても，財産をもたない労働者階級には無縁であるし，経済的自由といっても，働かなければ即貧困に陥る労働者たちは，生きていくためには働かざるをえない。すなわち国家が守る権利とは，実は資本家階級の権利であり，国家の守る利益とは，資本家階級の利益に他ならな

4　国民国家　33

い。

多元主義国家観においても，国家の性格は社会によって規定されていると考えられるが，単一の階級が国家を支配するとは想定されておらず，多様な社会集団が競合しており，国家はそのような集団の一つ，換言すれば「社会の中の社会」であるとみなされる。このような多元主義国家観は，イギリスのフェビアン社会主義者の間で大きな影響力をもったが，この考えを突き詰めれば，国家というものは社会に還元されることになる。したがって，多元主義理論が実証研究の中で展開されたアメリカでは，国家という概念はほとんど用いられなくなる。政治的意思決定は，あくまでも社会的な利害調整であり，国家は独自の価値や目的をもって社会に働きかける存在ではない。

エリート主義国家観では，国家はエリートたちの支配の道具にすぎない。政治的エリートは，マルクス主義のように経済的階級の代表，あるいは単なる代弁者というわけではなく，自立した存在であり，彼ら自身の利害と目的をもつと考えられる。したがって政治エリートは，社会の要求に応えるだけではなく，自らの考えに従って国家権力を行使し，社会を変えることもできる。このようにエリート主義国家論では，多元主義やマルクス主義のように国家を社会に還元せず，国家の固有性・自律性を強調するのである。

多様な国家観は，国家の多面性を反映している。国家の法的側面を見ると立憲国家であろうし，資本主義経済という文脈で考えると，単純な階級支配論はともかくとして，国家は資本主義経済に構造的に規定された階級的な顔をもっているだろう。また，社会の多様化に伴い，国家がさまざまな社会的要求に応えるようになったのも事実である。他方，国家が社会過程に還元されてしまうような存在ではないというのも明白である。国家は，他の社会的アクターが果た

せない独自の役割（公共性の実現）をもち，その目的を実現するために主権の行使が正当化されるのである。

ネイション（国民）　ステイト（国家）と区別されるネイション（国民）とは，国民主権という言葉に表されるように，主権を保有する政治的共同体のことである。そしてネイションがそのような意味で広く用いられるようになったのは，通常フランス革命（1789-99年）以降であると考えられている。

イギリスにおいては，王からの貴族特権を擁護する立憲主義が身分制議会を通じて発展し，王の主権は議会の主権へと移行し，それが自由主義，そして民主主義の受け皿となる。このようなイギリスの議会主義を批判して，人民主権を唱えたのがルソーであった。そのルソーの思想的影響を受けて，フランス革命において主権を担う存在として国民（ナシオン）が登場したのである。ここでルソーが唱えた人民主権は国民主権へと読み替えられたものの，革命直後のフランスにおいて国民とはあくまでも普遍的な市民を具現するものであって，民族のような特定の文化的共同体を意味するものではなかった。国民とは過去ではなく，自由・平等・友愛という普遍的価値を共有する開かれた存在としてあった。

しかし他方において国民が，ほとんどの場合民族共同体を含意することも事実である。「民族共同体＝国民」の典型といわれるのが，ドイツである。プロイセンを中心として上からの国家統一がなされたドイツでは，まず国民意識の形成が促された。この場合，国民意識というのは，あくまでも文化的共同体としてのドイツ民族（Volk）の同胞意識であり，そのような同胞意識を高揚させることで国家統一，そして政治的共同体としての国民形成が促されたのである。

フランスにおいても，国民概念は時間とともに民族的色彩を強め

ていく。国際的緊張関係やプロイセンとの戦いの中で外国人という
言葉が敵性概念として用いられるようになり，国民は愛国者という
限定的な存在として考えられるようになる。フランス国民とは，普
遍性をめざすフランス固有の文化的共同体に属し，それを擁護する
者として観念されるようになっていくのである。フランスとドイツ
の例が示すのは，ネイションというものが国家主権を担うために新
たに創造された概念でありながら，伝統的な文化（民族）共同体を
基底にもつということである。ネイションをめぐる見解の対立は，
この二面性から生まれてきたものである。

　19世紀初頭ドイツの哲学者フィヒテは，ドイツ人は根源的民族
（Urvolk）であると指摘し，そこに共通の言語と思考様式が存在し
ていると主張した（フィヒテ 1997）。フィヒテは単純な「ネイショ
ン＝民族」説をとっていたわけではないが，国民的言語や文化の同
質性を担保するものとして民族的な同質性を前提としていたことは
間違いない。他方フランスの宗教史家，思想家であったルナンは，
民族的同質性はもとより，言語の統一性すらネイションの根拠では
ないと考えた。彼によれば，ネイションとは自然的・実体的な基盤
に支えられるものではなく，「日々の人民投票」によって支えられ
るものである。すなわち，ネイションとは，人々の自由な意志によ
って日々選び取られるものなのである（ルナン 1997）。

　このようなネイションをめぐる見解の対立は，今日にいたるまで
解消されていない。ネイションが近代において形成されたという点
については共通の理解があるものの，その近代的ネイションの根拠
が近代以前の民族的伝統や文化にまで遡るという原初主義の立場と，
純粋に近代において構築されたものであるとする近代主義の立場が
対立している。現代のネイション論において優勢なのは，近代主義
である。ゲルナーは，産業化によって社会的流動性が高まり，それ

36　　1　政治の世界

以前の農業社会に見られた身分や地域別の文化的多様性が減少し，標準化されたことによって文化的同質性が生まれたことにネイションの根拠を見出している（ゲルナー 2000）。

ベネディクト・アンダーソンは，出版資本主義によって新聞，雑誌，本などの出版物が広く普及したという歴史的事件によって人々の間に「想像された共同体」としてのネイションが共有されるに至ったという。アンダーソンによれば，ネイションは，①限定されたものとして，②主権的なものとして，③一つの共同体として，想像される（アンダーソン 1997: 25-26）。さらにホブズボウムたちは均質な民族文化というものは，近代化以前には存在しない「創られた伝統」であると主張する（ホブズボウム＝レンジャー編 1992）。

近代主義の考えは，一方において，国家主権を担う国民が近代において創造されたという事情をわかりやすく説明するが，他方において，たとえ多民族国家であっても，通常特定の言語や文化が中心となって国民的同質性が形成されるという事情を軽視している。ネイションの形成にとって，民族が必要条件ではないにしろ，歴史的に大きな役割を果たしてきたことは事実である。近代以前に根拠をもつエトニ，すなわち歴史の記憶や文化を共有する民族共同体の中にネイションの原基を見出すアントニー・スミスの議論は，近代主義をふまえたうえでネイションにおける民族性の重要性をあらためて指摘するものである（スミス 1998, 1999）。

ナショナリズム

ナショナリズムがネイションを土台に展開される主張であり，運動であると考えると，それはネイションの二面性，もしくは両義性を反映して，2つの顔をもつと考えられる。西欧における国民形成の起源を 17 世紀のイギリスに求めると，ナショナリズムは，身分

制社会を否定し，自由にして平等な国民を実現する解放運動として理解される。このようなナショナリズムは，基本的に合理的で，政治的自由や人権という普遍的な国民観を育むものであり，市民社会や民主主義と適合的と考えられる。これは地域的にはアメリカを含む西欧社会の特徴であると考えられ，**西のナショナリズム（シビック・ナショナリズム）**といわれる。

これに対してドイツ，さらには東欧で生まれた**東のナショナリズム（エスニック・ナショナリズム）**は，歴史，記念碑や墓地，さらには古い神話や民族的連帯を強調するような排外的な文化運動であり，普遍的な市民社会の建設には適さないと考えられる。このような西と東の二分法は，コーンの研究に基づいており，しばしばコーン・ダイコトミー（コーンの二分法）と呼ばれる（Kohn 2005）。

このような考えとは異なり，国民形成とナショナリズムとを区別する考えもある。たとえば，フランスのネイションの起源はフランス革命にあるが，そこにはまだナショナリズムは見られないといわれることがある。当初フランスで生まれたネイションとは，前述のように，同質な文化的共同体を前提とするものではなく，自由で多様な個人（市民）によって構成され，友愛的コスモポリタニズムに基づくものであった。フランスにおいて，ナショナリズムが誕生するのは，プロイセンとの戦いの中でネイションへの帰属が排外的な観念と結び付くようになってからである。ナショナリズムが民族＝国民を規範化するものして登場するのは，ナポレオン時代のフランスへの対抗ナショナリズムがドイツ（プロイセン）に生まれてからであったといわれる（ブルーベイカー 2005）。

このようにナショナリズムの特徴を，特定の政治的共同体への帰属と忠誠に求めるなら，ネイション＝市民の誕生とナショナリズムの生成とは，ドイツのように一致する場合もあるが，フランスのよ

うに時期がずれる場合もある。ゲルナーは，「ナショナリズムとは，第一義的には，政治的な単位と民族的な単位とが一致しなければならないと主張する一つの政治的原理である」と定義した後，ナショナリズムが必ずしも自文化中心主義ではなく，多様な民族を包含する普遍主義的なナショナリズムも存在しうるとしながらも，実際には多くの場合，ナショナリズムは合理的でも調和がとれたものでもなかったと指摘している（ゲルナー 2000: 1-3）。なぜならナショナリズムには，帰属感と愛着という情緒的な面が不可避的に伴うからである。

　たとえ自由で平等な普遍主義的市民を理念として立ち上げたとしても，現実の国民は帰属によって確定され，帰属しない者は早晩排除される以上，国民形成そのものに包摂と排除，普遍化と特殊化という2つの契機が含まれている。コーンのいうように2つのナショナリズムがあるのではなく，ナショナリズムは相反する2つの契機をもつのである。コーンは，実体的に東西のナショナリズムを区別したが，実は彼が考えた相反するナショナリズムの特徴は，ナショナリズムの裏表であり，どの国のナショナリズムもそのような二面性をもつ。各国のナショナリズムの相貌は固定されたものではなく，2つの顔の間で絶えず揺れ動いている。

　東西冷戦の終焉，グローバル化の進行によって国境が希薄化する，あるいは国民国家が衰退するという議論が一時隆盛したが，21世紀に入って明らかなのは，ナショナリズムの再興である。反グローバル化と移民排斥，異質なものを排除しようという排外主義は，いたるところで勢いを増している。これに対して帰属の問題を相対化しようとする理性的なグローバル市民社会やコスモポリタニズムも存在するが，その影響力は限られている。政治における帰属の問題を軽視しているからである。

昨今ナショナリズムの内において排外的ナショナリズムに対抗する言説として注目を浴びているのは、**リベラル・ナショナリズム**である。それは、自由主義（リベラリズム）が特殊個別の文脈から自由であると主張するのではなく、西欧社会という固有の文脈で生まれたものであることを認め、そのようなリベラルな価値を生んだ社会を擁護しようとする考えである（新川 2014: 155-160）。

　リベラル・ナショナリズムは、西欧社会がリベラルな寛容性を強調するあまり、非リベラルな価値を無条件に受け入れ、社会の分断化を招いてしまったという反省から、自由主義のナショナルな根拠を積極的に打ち出し、そのことによって排外主義に対抗しようとする。このような議論がもつ今日的な政治的含意はともかく、その論理はかつてのコーン・ダイコトミーにきわめて近い。しかし仮に2つのナショナリズムがあるのではなく、ナショナリズムには2つの顔があるのだとすれば、はたしてリベラルなナショナリズムだけを純粋培養することは可能なのだろうか。

　そもそも自由主義とナショナリズムの間には、深刻な緊張関係がある。リベラルな普遍的価値（自由主義）が固有の文脈（ナショナリズム）によって実現されるにせよ、固有の文脈それ自体がもつ排外性を対象化し、他者性との開かれた対話を維持しなければ、リベラルな価値はただちに損なわれてしまう。リベラル・ナショナリズムを成立させるためには、ナショナリティの絶えざる問い直しが必要になる。

▼ 引用・参考文献

アーレント、ハンナ 2000『暴力について——共和国の危機』（山田正行訳）みすず書房。

アンダーソン、ベネディクト 1997『増補 想像の共同体——ナショナリズムの起源と流行』（白石さや・白石隆訳）NTT出版。

ウェーバー，マックス 1960『支配の社会学』I（世良晃志郎訳）創文社。

ウェーバー，マックス 1970『支配の諸類型』（世良晃志郎訳）創文社。

ウェーバー，マックス 1953『社会学の基礎概念』（阿閉吉男・内藤莞爾訳）角川文庫。

オーウェル，ジョージ 2009『1984 年〔新訳版〕』（高橋和久訳）ハヤカワ epi 文庫。

小野塚知二編 2009『自由と公共性──介入的自由主義とその思想的起点』日本経済評論社。

ゲルナー，アーネスト 2000『民族とナショナリズム』（加藤節監訳）岩波書店。

シュミット，カール 1970『政治的なものの概念』（田中浩・原田武雄訳）未來社。

シュムペーター，ジョセフ 1995『資本主義・社会主義・民主主義〔新装版〕』（中山伊知郎・東畑精一訳）東洋経済新報社。

新川敏光 2005『日本型福祉レジームの発展と変容』ミネルヴァ書房。

新川敏光 2014「権力論の再構成にむけて」『福祉国家変革の理路──労働・福祉・自由』ミネルヴァ書房。

スミス，アントニー・D. 1998『ナショナリズムの生命力』（高柳先男訳）晶文社。

スミス，アントニー・D. 1999『ネイションとエスニシティ』（巣山靖司・高城和義ほか訳）名古屋大学出版会。

バーク，エドマンド 1978『フランス革命の省察』（半澤孝麿訳）みすず書房。

パレート，ヴィルフレード 1975『エリートの周流──社会学の理論と応用』（川崎嘉元訳）垣内出版。

フィヒテ，J. G. 1997「ドイツ国民に告ぐ」（細見和之・上野成利訳）E. ルナン＝G. フィヒテ＝J. ロマン＝E. パリバール＝鵜飼哲『国民とは何か』（鵜飼哲・大西雅一郎・細見和之・上野成利訳）インスクリプト。

福田歓一 1997『近代民主主義とその展望』岩波新書。

フーコー，ミシェル 1977『監獄の誕生──監視と処罰』（田村俶訳）新

潮社。

フーコー，ミシェル 1986『性の歴史I 知への意志』（渡辺守章訳）新潮社。

ブルーベイカー，ロジャース 2005『フランスとドイツの国籍とネーション——国籍形成の比較歴史社会学』（佐藤成基・佐々木てる監訳）明石書店。

ホッブス，トマス 1992『リヴァイアサン』I（水田洋訳）岩波書店。

ホブズボウム，エリック＝テレンス・レンジャー編 1992『創られた伝統』（前川啓治・梶原景昭ほか訳）紀伊国屋書店。

マキアヴェッリ 1998『君主論』（河島英昭訳）岩波文庫。

マーシャル，トマス・H.＝トム・B. ボットモア 1993『シティズンシップと社会的階級——近現代を総括するマニフェスト』（岩崎信彦・中村健吾訳）法律文化社。

ラスウェル，ハロルド・D. 1959『政治——動態分析』（久保田きぬ子訳）岩波書店。

ルソー，ジャン-ジャック 1954『社会契約論』（桑原武夫・前川貞次郎訳）岩波文庫。

ルナン，E. 1997「国民とは何か」（鵜飼哲ほか訳）エルンスト・ルナンほか『国民とは何か』インスクリプト。

ロック，ジョン 1968『市民政府論』（鵜飼信成訳）岩波文庫。

ロック，ジョン 2010『完訳 統治二論』（加藤節訳）岩波文庫。

Bachrach, Peter, and Morton S. Baratz 1962, "Two Faces of Power," *American Political Science Review*, vol. 56: 947–952.

Kohn, Hans 2005, *The Idea of Nationalism: A Study in Its Origins and Background*, with a new introduction by Craig Calhoun, Transaction.

2 政 治 体 制

　政治体制といえば，政治における秩序や支配（統治）に関する原則や制度編成を指し示す。今日の政治体制は，大きくいって民主主義体制と非民主主義体制とに分けられる。第1章で論じた近代における政治の世界（国民国家＝国民主権＝多数支配）に最も適合的な政治体制は，デモクラシー，すなわち民主主義政治体制（民主制）であり，それは今日，政治体制の範型として広く認められている。そして民主制がもたらした20世紀の代表的な国民国家パラダイムが福祉国家である。そこで本章では，民主制と福祉国家の発展と変容を中心に政治体制を論じる。

　とはいえ，今日現実の政治体制の過半はなお非民主主義体制であり，これを無視することはできない。本章では非民主主義体制の中で代表的な類型である全体主義と権威主義についても簡単に紹介する。最後に，非民主主義体制から民主主義体制への移行（民主化），政治体制転換の可能性について考える。

1 民主主義政治体制

民主主義とは何か

今日民主主義は，ほぼ無批判に受け入れられる価値となっている。しかし，こうした民主主義礼讃は，歴史的に見れば，ごく最近の現象である。古くはプラトンが民主制（デモクラティア）は僭主（独裁）制にいたると批判した。師プラトンとは多くの点で意見を異にするアリストテレスもまた，民主制については厳しい評価を下している。

アリストテレスは，まず単独支配，少数支配，多数支配を区別する。次にアリストテレスは，支配の目的を公益追求と私益追求とに分ける。公益を追求する（徳をもつ）単独支配が王制，少数支配が貴族制，多数支配であれば単純に国制（ポリティア）と呼ばれる（ポリティアとは，すべての政治体制の上位概念でもある）。これに対して，単独者が私益を追求する（したがって徳がない）国制は，僭主（独裁）制，少数支配の場合は寡頭制，多数支配の場合は民主制（デモクラティア）と呼ばれる。ちなみに多数者が少数者よりも徳をもつことは例外的であり，アリストテレスは，そのような唯一の徳として，武徳を挙げている。したがって有徳の多数支配とは，武人による支配のことである。民主制は，そうした徳をもたない多数者（貧困者）たちの支配なのである（アリストテレス 2001）。

近代になってからも，万人が民主制を善きものとして認めたわけではない。自由主義者から見て民主主義とは危険な思想であり，運動であった。アメリカの独立戦争，フランス革命によって人民主権が高らかに謳われたとはいえ，民主主義という言葉が文字通り誰もが認める肯定的な意味をもつようになったのは，第一次世界体制後

表2-1　アリストテレスによる政治体制の分類

	単独支配	少数支配	多数支配
公益追求	王制	貴族制	国制（ポリティア）
私益追求	僭主（独裁）制	寡頭制	民主制（デモクラティア）

であったといわれる。第一次世界大戦は，歴史上初めて国民を総動員した戦争であり，それを正当化するために戦勝国は民主主義の擁護を掲げたのである（福田 1977: 4）。

　民主制の起源は，古代ギリシアにおける**デモクラティア**であり，それはデモス（民衆）の権力・支配を意味した。デモスとは自由市民のことであり，その資格は，戦闘義務を果たす成人男子に限られていた。彼らは民会に集い，全会一致で決定を下した。すなわち統治者と被治者が同じであること，統治者＝被治者の原則こそ，デモクラティアのバックボーンである。行政官は別途選ばれるが，それは選挙ではなく，籤（もしくは輪番制）によって選ばれたといわれる。すべての市民が同じように統治能力をもつとすれば，誰が統治を担当するかはランダム（無作為）に決めてよい。これに対して選挙は，特定の市民の能力を他の者よりも高く評価する点で少数支配につながる発想であり，多数支配としての民主制には適さない選抜方式であると考えられた。

　しかし多数支配というものが，そもそも可能なのだろうか。かつてプラトンはデモクラティアの僭主制への移行は必然と考えたが，近代以降においてもミヘルスは，「寡頭制の鉄則」を唱えて，いかなる組織も寡頭制支配に陥ること，すなわち多数支配というものが不可能であることを説いている（ミヘルス 1973・74）。これに対する反論として，寡頭制への傾向が不可避であっても，民主制においては対抗エリートが登場するチャンスが制度的に開かれており，寡頭

1 民主主義政治体制　　45

制を抑制する機能を兼ね備えていることが指摘される。

次に，多数支配は必然的に衆愚政治に陥るという批判がある。アリストテレスのように，定義上民主制を徳のない多数支配とみなさないとしても，シティズンシップが特権ではなく普遍的権利として確立する（誰にでも与えられる）近代民主制において，すべての市民が徳を備えていると想定するのは難しい。むしろ「水は低きに流れる」の譬え通り，民主制においては衆愚が支配するようになると考えるのが自然ではないだろうか。これももっともな指摘だが，それでは単独支配が愚かな独裁者による支配に陥る危険性がないかといえば，そうではない。単独支配では，権力が独占されるため，ひとたび暴走を始めると歯止めをかけるのが難しい。民主主義であれば，多数派の暴走をチェックする権力分立や異議申し立ての制度が備わっているので，ブレーキをかけるチャンスが増す。

このように民主制を無条件に讃えることはできないにせよ，それに代わるよりよい政治体制が見つからないとすれば，性急に民主制を否定するのではなく，よりましな政治体制として受け入れるのが賢明である。20世紀イギリスの政治家チャーチルは，「民主制は，これまで試みられてきたそれ以外のすべての政治体制を除けば，最悪の政治である」といったが，けだし名言といえよう。

自由民主主義論

今日の民主制は，自由権を前提に参政権が普遍化することによって生まれた自由民主主義といわれる体制である。それは国民が代表を選び，代表が決定を行う代議制民主主義であり，古代ギリシアのデモクラティアとは異なる原理に基づいている。議会主義の母国といわれるイギリスを見れば，中世から議会は立憲主義を守る砦であった。近代に入ると，議会は自由主義の推進力となり，議会に代表

を選ぶ権利が拡大，普遍化していくことによって，代議制民主主義が定着する。

代議制民主主義を国民主権と明確な形で結び付けたのは，フランス革命である。ルソーの人民主権論は国民主権論へと読み替えられ，国民主権は議会によって行使されることになったのである。すなわち主権は国民が保持し，議会が行使する。そこにおいては，統治者＝被治者原則は，国民＝市民が代表を選ぶことによって，代表の決定を自らの決定とみなすという擬制として成立することになる。

代表を選ぶ理由として，しばしば規模の問題が指摘される。つまり近代国家において市民全員が集い，決定を下すことは物理的に不可能なため，代表を選ぶというのである。しかし，現実には直接参加が可能な小さな市町村でも，代議制が導入されていることが多い。したがって今日の民主主義においては，統治規模にかかわらず，代議制が好まれ，選挙が行われている。選挙とは，すでに述べたように非デモクラティア的なものであるが，自由民主主義においては第一原理といってよい。

自由民主主義においては，公私が峻別され，私的領域における個人の自由が第一に考えられる。すなわち「国家からの自由」が，「国家への自由」に優先するのである。もとより市民が全く参政権を行使しなければ民主主義は機能しなくなるが，かといって政治参加が強要されることになれば，それは自由主義に反することになる。そこで選挙という制度が，重要になる。一般市民は代表を選ぶことで参政権を行使し，その後の政治を代表に委ね，次の選挙まで政治から自由になる。このように代議制の導入によって，主権者たる市民の政治的負担を軽減することができる。

しかも代議制は，多数支配としての民主主義を実質的に少数（代表）支配に変換することで，多数支配の抱える問題を緩和すること

1 民主主義政治体制　47

ができる。代表によってさまざまな国民の意見は制御可能な数にまで集約され，妥協や合意形成がより容易になる。また選ばれた少数は，一般的にいえば選んだ多数よりも徳において優れており，衆愚政治に陥る危険性がそれだけ軽減されると考えられる。もちろん有徳の代表を選ぶためには，選ぶ側に評価能力がなければならない。その能力をかつては富や職業，性別によって形式的に判断し，選挙権を制限したのである。

　しかし普通選挙の下では選ぶ側の能力は問われないので，衆愚政治の可能性は再び高まる。にもかかわらず，普通選挙が導入されたのは，国民国家が生まれ，法の下の平等が謳われる中で，参政権を制限し続けることは，社会的亀裂を深刻なものとし，国民統合を危うくするからである。功利主義者のベンサムやジェームス・ミルは，労働者の能力に対して強い危惧を抱きながらも，結局彼らに選挙権を与えることに賛成した。功利主義の最大幸福の原則に照らして有権者の拡大は望ましいという合理的判断もあっただろうが，何よりも労働者階級の台頭を目の当たりにして，彼らを排除しておくことの危険性を強く感じていたからであった（マクファーソン 1978）。つまりそこには現実主義的な判断があったといえる。

　J. S. ミルは，女性の参政権を強く主張したことで知られるが，彼は父（ジェームス・ミル）の世代の現実主義的な功利主義者たちとは異なり，選挙権の拡大に対して理想主義的な意味を付与した。選挙権は，人々が自らを発展させ，自由で平等な共同社会を実現するために有効であると，J. S. ミルは考えたのである。ただし J. S. ミルが，能力格差の問題に無頓着であったわけではない。彼は，すべての者が一票をもつことを前提に，多数者の専横を防ぐために，知識人や富裕者などの階層には，それより多くの票を与える複数選挙権を提唱したのである。

J. S. ミルは多数派支配の問題点を指摘し，少数派擁護の必要性を強調したことでも知られているが，彼が恐れた多数派とは，具体的には無知で利己的な大衆（当時の労働者）である。しかし開明的な J. S. ミルは，このような怖れによって彼らの参政権を否定するのではなく，むしろ参政権を与えることで彼らが蒙を啓き，公共精神を獲得していくことを期待した。J. S. ミルは，個性の育成，自己発展という観点から，自由民主主義を規範的に擁護したのである（ミル 1971, 1997）。

実証的民主主義論

J. S. ミルは自由民主主義に規範的意味を盛り込んだが，20 世紀に入って，そのような規範的含意を排し，現実に即した民主主義の再定義を行ったのが，経済学者のシュムペーターであった。彼は，「民主主義的方法とは，政治決定に到達するために，個々人が人民の投票を獲得するための競争的闘争を行なうことにより決定力を得るような制度的装置である」という（シュムペーター 1962: 270）。シュムペーターの定義では，決定を行う主体は代表（個々人）であり，有権者（人民）の役割は，競合する候補者の中から代表を選ぶことであって，決定には関与しない。もとより，民主主義政治が公益を実現するとか，自己発展を促すといった規範的命題は放擲される。

シュムペーターの現実主義を受け入れながらも，有権者の政治的決定への影響力についてより積極的な評価を下したのが，多元主義理論である。第 1 章で見たように，多元主義論は，少数エリートの存在を否定しないが，彼らは一枚岩ではなく競合すること，そしてその競合が社会的な多様性を反映したものであることをもって，民主的とみなした。ダールは，現実の民主主義をポリアーキー（多頭制）と呼んで，規範としての民主主義と区別した。ポリアーキー

の成熟度は，選挙などを通じての政治への参加（包摂）と異議申し立てをする自由度によって測られる。したがって，市民は選挙によって代表を選んだ後，たとえ公の政治参加の機会はなくとも，常に異議申し立てをする自由がある。

異議申し立ての可能性は，代表の行動に対する制約となる。異議申し立てが保証される社会では，代表は，選挙期間中に提示した政策方針はもとより，時々の有権者の選好を配慮する必要があるし，常に選択に対する説明責任が求められる。市民の自由は，代議制民主主義が良好に機能するために不可欠の条件である。したがって多元主義理論においては，有権者の影響力は単に選挙時の投票にとどまらず，選挙の間にも及ぶことになる。それはあくまでも可能性であるが，その可能性ゆえに代表は「予想される反応」を考慮した判断を下すことになる。その判断が大きく狂わない限り，市民は選挙以外の時に政治にかかわろうとする強い誘因をもたないと考えられる。

民主主義と政治的なもの

自由民主主義においては異議申し立ての自由があるだけでなく，政治に参加しない自由もある。多元主義理論においても，通常合理的経済人である有権者は選挙以外の政治活動に積極的にかかわるとは想定されていない。こうして自由民主主義は，参政権を認めながら，有権者を実質的に政治から自由にする。国民は，投票の義務を果たすことは期待されるが，それ以上の政治参加は求められず，私的活動に専念することが認められる。

さらにいえば，自由民主主義は政治そのものを非政治化する試みであるといえる。シュミットは，主権とは非日常的な危機的状況における決定権力であると喝破し，そのような決定的局面において露

50　　**2　政治体制**

わになる「政治的なもの」の本質を友敵関係であると指摘した（シュミット 1970）。自由民主主義は，そのような友敵関係をルールに従った競争へと転換するのである。「民主主義は頭を叩き割る代わりに，頭数を数える」というのは，単なる比喩以上の意味をもつ。自由民主主義は，シュミット流の政治観からすれば，政治の奥深くに潜む悪魔の囁き（「あいつは敵だ，敵は殺せ」）を封じ込める制度装置なのである。

　しかし公共性の実現という観点から政治を見ると，そこには市民の争いではなく，共同行為（協同）が浮かび上がることは，第 1 章で論じた通りである。市民は，私益に対して公益を優先する有徳の存在となる。市民の徳を前提とする政治観を**共和主義**と呼ぶが，共和主義と民主主義とは，本来相性がよくない。有徳の市民の数はおのずと限定されると考えられるため，共和主義は多数支配ではなく少数支配と結び付くのが自然である。アリストテレス的にいえば，徳のない多数支配であるデモクラティアと徳を前提とする共和主義とは，水と油の関係にある。

　自由民主主義においても，J. S. ミルは徳を求めたが，20 世紀の実証的自由民主主義論から徳の問題は排除されてしまった。共和主義の自由民主主義への批判は，まさにそこにある。政治を単なる個人間の利害調整とみなすのではなく，市民の徳に依拠した共同行為，公共性の実現として再現しようというのである。このような議論は，もちろん規範的なものであるが，だからといって現実政治への有意性が全くないわけではない。規範論が現実政治変革の梃子となることはあるし，そもそも現実政治は純粋な共同行為ではないにせよ，純粋に利己的な行為でもないことは明白である。現実の政治は，利己的であると同時に利他的であり，対立的であるとともに協同的な行為なのである。

2 福祉国家

福祉国家とは何か

19世紀レッセ・フェール（自由放任）の時代において，国民は法の下に平等な市民としてその同質性が担保されたが，貧困問題が蔓延し，階級分岐が鮮明になってくると，国民の同質性が脅かされるようになる。20世紀に入ると，これに対して富の再分配によって国民の同質性を担保しようという動きが生まれ，やがてそれは福祉国家を生むことになる。福祉国家とは，現象的にいえば，社会保障政策の充実であり，その結果として生まれる大きな政府である。

しかし福祉や社会保障が充実していれば，ただちに福祉国家が生まれるわけではない。国王が臣民に慈父のごとく福祉を施しても，それを福祉国家とはいわない。福祉国家の条件は，生活保障が社会権として確立していることにある。たとえ労働者の権利と生活保障に手厚い社会主義国があったとしても，それは福祉国家ではない。社会権は，自由権と参政権を前提に，その限りで実現されるものであって，自由民主主義を否定する社会主義体制において，福祉国家が実現することはありえない。そもそも社会主義国家は，資本主義経済は原理的に否定しており，それを前提とする福祉国家とは根本的に異なる。

福祉国家とは，資本主義経済の発展と成熟を前提に，その中で豊かな社会と一定の平等性を図るものである。資本主義経済においては，労働者は労働市場において労働力を売って生活の糧を得る。しかし何らかの理由によってそれができなくなった場合（失業，疾病，加齢など），労働者は市場外で生活の糧を得なければならない。その状態を労働力が**脱商品化**されるという。脱商品化には家族福祉や共

52　2　政治体制

同体の相互扶助などのルートもあるが，福祉国家においては，国家による脱商品化が制度化される。このような脱商品化の制度化によって社会権が保障されるが，社会権は他の市民権とは異なり，形式的に与えられるものではなく，実際の再分配政策によって初めて実現される。したがって，その内容や水準は国ごとに大きく異なる。

福祉国家においては国家が市民生活に広く深くかかわるようになるため，国家の機能と組織は必然的に大きなものとなる。福祉国家の財源調達のためには課税権の強化が必要となる。課税権の強化のためには，公平な徴税が不可欠であり，そのためには，個人の財産や所得，その他の個人情報が収集されなければならない。国家の提供する福祉を見れば，それは標準化・規格化されたものであり，受給者はそれに合わせて分類され，管理される。こうして福祉国家においては，官僚制支配が強化されることになる。それは，フーコー流にいえば，生権力が高度に発達した国民国家であり，「揺り籠から墓場まで」個人は「安全」に生かされ，訓育され，管理されるのである（→第 1 章 *2*）。

福祉国家の類型

かつて福祉国家といえば一つの理想であり，現実の国民国家はそこに向かって収 斂（しゅうれん）していくことが期待された。エスピング–アンダーセン（エスピング–アンデルセン，エスピン–アンデルヤンなど，さまざまに表記されている）は，社会保障給付水準や要件の寛大性を勘案した脱商品化指標を作成し，それに沿って各国を位置づけ，福祉国家は一つに収斂せず，3 つの類型に分けられると主張した（エスピン–アンデルセン 2001）。

脱商品化指標の高い社会民主主義グループは北欧諸国であり（その代表はスウェーデン），そこでは普遍主義原則に基づいて，市民に

標準的な生活レベルが保障されている。年金や失業手当などの所得保障は，それぞれ一元的かつ包括的に運用されており，所得代替率も高い。**保守主義**類型に属するのは大陸ヨーロッパ諸国であり，その典型はドイツである。ドイツでは伝統的な職域団体（ギルド）による相互互助制度を土台に19世紀にビスマルクが社会保険を導入した。その伝統を引き継いで，脱商品化は，職域別社会保険を通じて行われる。失業や年金の給付水準は，全般的に高い。

　福祉国家の中で脱商品化の制度化が最も低いのは**自由主義**類型であり，アングロ・サクソン系諸国，なかんずくアメリカがその代表例である。アメリカでは，被用者は企業の契約する民間医療保険に加入し，公的年金はあるものの給付水準が低く，標準的被用者は，他に企業年金や個人貯蓄と併せて老後生活を設計する。ちなみに福祉国家の母国ともいわれるイギリスは，普遍主義的な国民医療サービス（NHS）をもつが，所得保障水準は低く，その点でアメリカやカナダ，オーストラリアなどと同様に自由主義型の福祉国家に分類される。

　ところで脱商品化指標は労働力商品化を当然の前提としており，家事等の負担ゆえにそもそも労働力商品化が困難な女性の問題が考慮されていない。この問題は，男性が有償労働を行い，女性が家事を担当するという男性稼得者モデルが社会的規範力を失ってくると，にわかに注目されるようになる。そこでエスピング–アンダーセンは，女性の労働市場への参入障壁の高低を測るために，**脱家族化**という指標を提起した。たとえば男女雇用機会の平等性の確保，育児や介護の社会サービスの充実などは，脱家族化を促進すると考えられる（エスピン–アンデルセン 2000）。ただし社会サービスが乏しくとも，市場に安価なケア労働力が存在すれば，市場を通じて脱家族化は促進される。

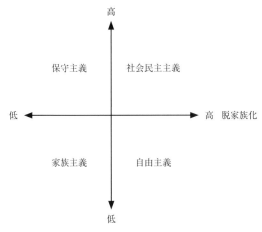

図2-1 福祉国家の類型

　脱商品化と脱家族化という2つの指標を交差させると，図2-1のように，4つの分類が生まれる（新川 2014）。3つの類型は，エスピング-アンダーセンのいう3つの世界と同じであるが，2つの軸を用いることで，3類型の違いと特徴がより鮮明になる。たとえば脱商品化という単独の軸では中間に位置する保守主義の輪郭がどうしても曖昧になるが，2つの軸で見ると社会民主主義と保守主義の違いは，脱商品化ではなく脱家族化にあることがわかる。つまりどちらの類型においても寛大な社会保障制度が整備されているが，社会民主主義の国では育児や介護などの社会サービスも整備され，脱家族化が進んでいるのに対して，保守主義の国では男性が外で働き，女性は家事労働に専念するという男性稼得者世帯の伝統が強く残り，したがって社会サービスは整備されておらず，市場に安価なケア労働力も存在しないため，女性の労働市場参入への障壁が高い。こうした状況は，昨今大きく変わりつつあるが，保守主義の国では長年

女性の就業率は社会民主主義諸国よりも低く，また女性の雇用は非正規雇用に集中する傾向がある。

図2-1で注目される点がもう一つある。それは，社会民主主義モデルとともに自由主義モデルにおいて脱家族化が進んでいることである。自由主義福祉国家においては，社会サービスは充実していないが，市場に安価なケア労働力が存在するために，女性の労働力商品化への障壁が低い。したがって脱家族化には，社会サービスを拡大して進行する社会民主主義ルートと市場を通じて進行する自由主義ルートの2つがあると考えられる。社会民主主義ルートでは，社会サービスが女性の家事負担を軽減するだけでなく，女性の雇用機会をも拡大し，かつ同一労働同一賃金原則によって賃金差別を解消する。これに対して自由主義ルートの場合，性別による賃金差別はないにせよ，安価なケア労働を担う大半が女性であることから，男女の賃金格差が大きくなる。

第4の類型である家族主義は，保守主義同様に社会サービスの充実度は低く，家族福祉への依存が高いだけでなく，所得保障水準も低いため，退職者や失業者は生計維持においても家族に依存する割合が高くなる。家族主義類型に入る国々は，南欧諸国や東アジア諸国など，資本主義の発展と民主化が遅れた国々である（ただし日本とイタリアは例外）。南欧諸国は，1970年代に民主化を果たし，80年代以降目覚ましい経済発展を遂げ，社会保障支出では保守主義の国々に急接近している。しかしイタリアを含む南欧諸国では，依然として女性の労働市場参加率が保守主義の国々よりも低く，大量の若年失業者が家族福祉に依存する傾向が見られる。

東アジアを見れば，韓国，台湾は1980年代に急速な経済発展を遂げ，1987年に民主化を実現し，年金や医療を中心に社会保障制度の整備が進んだが，両国とも社会保障支出の対国内総生産

56　　2　政治体制

（GDP）支出は，2011年時点で経済協力開発機構（OECD）平均（対GDP比で22.1%）の半分以下，10%前後の水準にとどまる。日本は，韓台両国よりもはるかに早く民主化と経済発展を遂げ，OECD平均を上回る23.7%の社会保障支出を計上しているものの，社会民主主義や保守主義の国々から見ると，その数字はなお小さい。OECDの中で最も高齢化率（65歳以上人口が全人口に占める割合）が高いことを考えると（2011年時点では23.3%），日本は社会保障への支出を効果的に抑制してきたといえる。

日韓台3カ国では，女性の労働市場参加率は5割程度であり，依然として低いものの，いずれの国も出生率の低下に悩んでおり，韓台も今後加速度的に高齢化が進むと考えられることから，女性の就業率を高める脱家族化政策が本格化している。20代後半から30代の女性の就業率が低くなるM字曲線が見られる日本と韓国では，保育サービスの拡充による働く女性支援強化がめざされており，M字曲線の見られない台湾では，ケア労働力として外国人労働者の受け入れによる女性の家事・介護負担軽減策が見られる（安・林・新川 2015）。

福祉国家発展の政治

超党派合意　福祉国家の性格は，政治のあり様に大きく左右される。よくいわれるのは，政治的に右の政党が強ければ，自由競争や市場効率を重視し，再分配政策を最小限に抑えようとし，左の政党が強ければ，平等性や雇用を重視し，より大きな政府が実現するということである。なるほど北欧を見れば社会民主主義の政党が強く，アメリカでは自由主義の政党が強い（そもそも社会主義政党が存在しない）。しかしながら，このような極端な例を除けば，単純な左右対立図式から福祉国家の発展を理解することはできない。

2 福祉国家　57

そもそも自由民主主義政治には，イデオロギー的な違いを超えて支持動員をめざすダイナミズムがある。二党制であれば，議会多数派をめざして社会の中間層の票を獲得するため穏健な政策へと収斂する傾向があるし，多党制の場合は通常単独多数派が形成されず政党間連立が必要となるため，政策的な妥協が必要になる。つまり政策が極端に左右にぶれることは少ない。

さらにいえば，福祉国家政策は通常国民的人気の高い政策であり，左右の別なく，各党は選挙ではその拡充を訴える傾向がある（手柄争いの政治）。福祉国家の発展期においては，左右を超えた合意の政治が見られた。たとえばイギリスを見れば，第二次世界大戦後アトリー労働党政権によって福祉国家が建設されたが，その後政権についた保守党は，労働党の国有化政策は撤廃したものの，福祉国家政策は継続した。イギリスの合意の政治は，労働党時代の蔵相ゲイッケルと保守党の蔵相バトラーという 2 人の名前を結び付け，バッケリズム（Butskellism）と呼ばれる（高川 1992）。

このような**超党派的合意**は，程度の差こそあれ，第二次世界大戦後，少なくとも「黄金の 30 年」といわれた資本主義経済の繁栄期には，どの国にも見られた。ドイツでは，第二次世界大戦後キリスト教民主同盟（CDU）政権の経済政策を主導したエアハルトが自由と公正を実現させる社会的市場経済を提唱したが，その後社会民主党も 1959 年バート・ゴーデスベルク綱領を採択し，マルクス主義と最終的に訣別することによってその考えを受け入れた。

スウェーデンでは 1930 年代以降，常に社会民主党が政権にあった。1976 年ついに社会民主党は政権から滑り落ち，保守連立政権が誕生するものの，保守政権は社会民主党が築いた福祉国家を切り崩そうとはしなかった。福祉国家は，すでにスウェーデンの国民生活に定着し，広範な支持を受けるようになっていたからである。

アメリカのような自由主義の国においても，弱い形ではあるが，福祉国家への合意を確認できる。アメリカにおけるリベラルな「大きな政府」路線は民主党のフランクリン・ルーズヴェルト大統領の時代に始まる。ルーズヴェルトのニュー・ディール政策の多くは撤回されてしまったとはいえ，リベラル路線は基本的に第二次世界大戦後も継承された。1964年大統領選挙において，共和党候補ゴールドウォーターはリベラル路線に挑戦し，「小さな政府」を主張したものの，この選挙では民主党ジョンソンが勝利した。ジョンソン大統領は，「偉大なる社会」構想によって貧困撲滅戦争を打ち出した。アメリカにおいてリベラルな合意が最終的に葬り去られるのは，1980年の大統領選挙においてレーガンが勝利したときであった。

戦後日本においては，政権党であった自由民主党と野党第一党であった日本社会党がイデオロギー的に激しく対立しており，合意の政治が形成されなかった。日本社会党は社会主義革命を標榜する政党であり，反福祉国家の政党であった。自由民主党は恩顧主義によって政権を維持したが，福祉政策ではなく主に公共事業によって利益配分を行っていた。したがってどちらの政党も，包括的な福祉国家プログラムをもたなかった。しかし人気政策である福祉拡充を選挙で訴えることは，共産党から自民党まで例外なく行ってきた。このように戦後日本においては例外的に左右のイデオロギー対立が強く残ったが，現実には非イデオロギー的な手柄争いの政治が繰り広げられた。

以上のように，自由民主主義体制における政党政治は，一般的に古典的自由主義とマルクス主義のように水と油の関係ではなく，ニュー・リベラルと社会民主主義の競合であり，再分配を含む社会改革の意義を認め，その合意の中で自由と平等のバランスをめぐって競い合うものであった。その意味で福祉国家は脱イデオロギーの政

2　福祉国家　59

治から生まれたといえる。しかし国際関係から見た福祉国家は，強いイデオロギー性を有していることも見逃せない。福祉国家への国内的な超党派合意は，1950年代東西冷戦の緊張が高まる中で生まれたものであり，福祉国家は東側社会主義体制に対する西側自由民主主義体制の優位を誇るものとして喧伝されたのである。

　　民主的階級闘争　　　自由民主主義は，政党政治を通じて階級対立を穏健化するものであり，それによって階級闘争の体制内化に成功した。労働者階級が組織化され，参政権を行使するようになると，労働者の利害を代表する政党が生まれ，労働組合は，民主主義のルールに従って彼らを支持し，その要求を政治の場で実現するチャンスが増える。これを，階級闘争の民主的翻訳，**民主的階級闘争**と呼ぶ（新川 2014: 46）。

　労働組合が大きな力をもつと，政労使頂上団体によって賃金や労働市場政策を協議決定する**コーポラティズム**という体制が生まれることがある。コーポラティズムといえば，旧くは国家が上から社会的諸勢力を組織し，統制する権威主義的政治体制を意味したが，今日では自由民主主義体制の中で社会集団が自発的に中央集権的な組織化を行い，政府，経営者団体と協議体制を形成するケースが広く知られている（ネオ・コーポラティズム）。

　そのようなコーポラティズムの代表例として，スウェーデンの**レーン・メイドナー・モデル**を紹介しよう。まず同一労働同一賃金という平等原則に基づいて政労使が中央交渉を行い，賃金決定を行う。そして，その賃金水準が企業実績に関係なく適用される。その結果，企業実績の悪い企業は整理され，そこから生まれる余剰労働力は再訓練・再教育された後，必要な部門に再配置されることになる（**積極的労働市場政策**）。平等主義原則を適用し，積極的労働市場政策を通じて，完全雇用と国民経済の繁栄を実現することで，寛大な社会

60　　**2　政治体制**

保障が可能になる。スウェーデンの福祉国家は，このようなコーポラティズム体制を前提にした経済成長戦略の中に位置づけられる（新川 2005, 2007）。

スウェーデンのように経済と福祉の包括的戦略をもつ国は稀であるにせよ，資本主義経済の発展した国では民主的階級闘争は，労働者に利益をもたらすだけでなく，経営者にとっても好都合なものであった。労働組合が穏健化し，労使協調が実現すれば，それによって生産性向上が期待できるし，福祉国家の実現は，経済の繁栄に不可欠な治安と基礎教育の向上に貢献する。さらには国内需要を喚起する。ただしこのような経済と福祉の良好な関係が生まれるためには，資本主義経済が自由放任主義から管理された自由主義へと移行する必要があった。

管理された自由主義体制

一国主義的需要管理 技術革新やテーラー主義といった科学的生産管理の発達もあって，20 世紀に入ると資本主義経済は耐久消費財の大量生産時代に入る。しかしながら資本主義経済は，大量生産に見合った大量消費をただちに実現できたわけではなく，過少需要といわれる状態が生まれた。20 世紀前半の資本主義において，このような過少需要を克服し，大量生産に見合った大量消費をいかに実現するかが喫緊の課題であった。福祉国家もまた，そのような文脈の中から生まれてきたのである。

まず資本主義経済内における過少需要克服の試みとして，フォーディズムがある。**フォーディズム**とは，文字通りアメリカの自動車メーカー，フォード社に由来する。フォード社は，戦間期テーラー主義の導入によって大量生産を実現し，車を上流階級の奢侈品から大衆消費財へと変えた。ところが生産方式の合理化は労働者にとっ

2 福祉国家 61

て耐え難い単純作業の反復を意味したため，フォード社は高い離職率に悩まされることになった。そこで打ち出されたのが，大幅賃上げであった。労働者は，苦痛な反復作業に耐える代償として，生産性に見合った賃上げを獲得することになった。その結果，労働者は購買力を増し，消費者としても市場に登場することになった。フォード社の取り組みは，意図せずして労働者を生産過程だけではなく，消費過程にも包摂し，一国主義的経済成長を実現するモデルの先駆けとなったのである。

第二次世界大戦で疲弊したヨーロッパ諸国は，労使一丸となった経済復興に取り組む。そこで採用されたのが，フォーディズム・モデルである。労使双方が互いの権利を尊重し（労使和解），協力して生産性向上を実現し，その成果を国民に公正に配分することがめざされた。とりわけ重要なのは，生産性向上に連動した賃上げである。賃上げはさらなる生産性向上へのインセンティブとなるし，労働者の購買力を高め，国内需要拡大にもつながる。このように一国内で労働者が大量生産し，大量消費を行い，さらなる需要が生まれる好循環によって，「黄金の30年」といわれる資本主義経済繁栄の時代が築かれた（新川ほか 2004）。

過少需要への政府の対応として挙げられるのが，**ケインズ主義**政策である。ケインズは，国内需要が冷え込んでいるときには，市場の自律的均衡への動きを待つのではなく，政府が金融を緩め，財政を拡大することで，国内需要を喚起する必要があると考えた。もちろん景気が過熱すれば，金融財政政策は引き締めに転ずべきであるが，20世紀前半における不況対策として必要とされたのは，需要を拡大する金融緩和・積極財政政策であった。

ケインズ主義が自由放任主義の終焉と積極国家をもたらしたということから，ケインズ主義福祉国家という表現が用いられること

があるが，ケインズ主義と福祉国家政策の間に直接的な関係はない。しかしケインズ主義によって国家の私的領域への介入が正当化されたことが，福祉国家にも好ましい政策環境を整えたことは間違いない。いうまでもなく福祉国家は，再分配政策によって国民の基礎的購買力を高め，需要を喚起する効果をもつ。このように20世紀前半において資本主義経済が抱えた過少消費という問題が，福祉国家誕生の重要な歴史的背景となった。

IMF-GATT 体制　第二次世界大戦後にアメリカを中心に自由貿易体制が再建されることになったが，野放しの自由競争が国際秩序の不安定化と戦争を招いたという反省から，自由貿易を管理する国際的枠組みとして，国際通貨基金（IMF）と関税及び貿易に関する一般協定（GATT）が創られた。

IMF は，自由貿易推進のためにアジャスタブル・ペッグ制（釘づけ相場制）を採用したが，それはパクス・ブリタニカの時代に採用された金本位制のような厳格な固定相場制ではなく，各国通貨をアメリカ・ドルに釘づけし，ドルに金との兌換性を義務づけるものであった。各国は平価維持のため，経済危機に陥ったときには IMF からの支援を要請できるし，基礎的不均衡を是正するための平価変更も認められる。このように安定性を第一としながらも，各国の経済事情を考慮した弾力性をもつ為替システムは，自由貿易が国内経済にもたらす衝撃を和らげ，各国がかつてのように保護主義に陥らないようにするために考案されたものである。

GATT は，IMF 以上に各国の事情への配慮が見られる。GATT は，原則として加盟国間の無差別自由貿易をめざし，最恵国待遇原則（加盟国間の産品の無差別取り扱い）や内国民待遇原則（国内外の産品の平等な取り扱い），輸出入数量制限禁止を謳っていたが，現実には一律無条件の関税引き下げは実現せず，すでに存在する優遇措置

2 福祉国家　63

は認められたし，関税同盟や自由貿易圏の形成も許された。また輸出入数量制限は，禁止されてはいたものの有名無実化し，貿易収支改善の手段としてしばしば用いられるようになった。

このように IMF–GATT 体制は，自由貿易を原則としながらも，過去の失敗に学び，その性急な徹底化はむしろ自由貿易体制の安定を損なうという現実的判断から，各国の事情に柔軟に対応する措置が組み込まれることになった。その結果として，各国は，自由貿易体制に参画しながらも，国内では社会的保護政策を展開することができた。その鍵を握っていたのが，国境を超えた資本の移動の管理・制限である。資本の国際的移動が制約されたことで，一国主義的な需要管理が効果的に行われ，福祉と経済の補完関係が実現されたのである（新川ほか 2004）。

以上のように戦後再建された自由主義体制とは，かつての自由放任とは異なり，管理された自由主義ということができる。

3 ポスト福祉国家

環境変化

グローバル化　　管理された自由主義体制は，1971 年 8 月に公表されたアメリカの新経済政策によって瓦解へと向かう。新経済政策には，ドルと金の兌換性の停止や 10% の輸入課徴金など，IMF–GATT 体制を揺るがす政策が含まれていた。その後固定相場制は変動相場制へと移行し，金融の自由化が進み，管理された自由主義体制は崩壊し，グローバル化の時代に入る。

グローバル化は経済のみならず，社会や文化にまたがる広範な現象であるが，福祉国家にとって重要なのは経済のグローバル化であ

64　　**2　政治体制**

り，特に国境を越えた資本の自由な移動である。資本の移動が国境を越えて自由になれば，それまでの一国主義的な需要管理が難しくなる。市中に出回る貨幣量を増やしても，それが国内の設備投資に回る可能性や国内需要喚起に結び付く可能性は低くなる。また高金利政策をとっても，海外から資本が流入し，ケインズ主義的な金融引き締めの効果はかつてほどあがらないことが考えられる。

そもそも企業が商品を国外で生産し，販売するようになれば，フォーディズムのメリットは薄れてしまう。労働者の賃上げを受け入れ，労使和解体制を築いて生産性向上をめざすといった回りくどいことをせずとも，生産拠点を労働組合のない安価な労働力が利用できる国に移せばよい（もちろん一定の教育・技能水準が求められるが）。国内で需要がなければ，海外で売ればよい。

福祉国家のイメージも，同じように色あせる。福祉国家が国民の生活水準を向上させ，治安維持，良質な労働力育成，国内需要喚起に貢献するというのは，一国主義的経済管理が行われていた時代には説得力をもったが，グローバル化の時代には福祉国家は生産コストを押し上げ，国際競争力を阻害するという負の側面ばかりが目立つようになる。社会保障政策なくして今日国民生活は成り立たず，福祉国家解体というのは非現実的な話であるが，他方において，福祉国家がもはや国民統合を実現するパラダイムではなくなったことも事実である。

高齢化　高齢化は，今日福祉国家に共通の現象である。国連のデータから割り出した 2010 年の高齢化率は日本がほぼ 23%，イタリア，ドイツがそれに次いで 20% ラインを超えており，以下ギリシャ，スウェーデン，ポルトガル，オーストリアと続いている。高齢化率が 14% を超えると高齢社会と呼ばれるが，これより下の数値にとどまるのは，先進国の中ではオーストラリア，アメリカ，

ニュージーランドという自由主義的な3つの国にすぎない。カナダはわずかに14％を超えている。

　高齢化に悩むすべての国では出生率が低下している。現在の人口をそのまま維持するために必要な合計特殊出生率（女性が生涯に産む子供の平均数），いわゆる人口置換率は現在，先進国では2.1程度であるが，先進国の中で最も出生率の高いのは2015年の時点ではフランス，アメリカの2.0であり，これに続く数値は，オーストラリア，ベルギー，イギリス，北欧諸国の1.9となっている。家族主義の国々は軒並み数値が低く，ギリシャ，イタリア，スペインは1.5，日本は1.4，韓国，ポルトガルは1.3である（http://memorva.jp/ranking/unfpa/who_whs_2015_total_fertility_rate.php, 2017年9月7日閲覧）。

　少子高齢化が進むと人口構成はつぼ型になり，将来的な財政維持のために給付の抑制や保険料の引き上げを伴う改革が必要になる。医療分野においては，高齢者に多い慢性疾患に対応する介護プログラムを提供することや保険外医療の拡大によって，ニーズに対応しつつ，支出増を抑制する動きが見られる。賦課方式年金の場合，現在の保険料がそのまま給付に回るため，人口構成の変化の影響を直接に受ける。

　1990年代から西欧各国で年金改革が相次いだのは，こうした賦課方式を採用していたためであるが，そもそもなぜ人口構成の変化に強い積立方式（拠出された基金の運用で給付が賄われる方式）ではなく，賦課方式が普及したのだろうか。賦課方式の場合，給付を行うために大きな基金を作る必要がないため，制度の成熟が早い。また物価上昇に対しても柔軟に対応できるというメリットがあり，成熟までに長い時間がかかり，しかも物価上昇への対応が難しい積立方式よりも政治的に好まれる傾向があった。いったん賦課方式が立ち上がると，その変更は難しい。なぜなら，賦課方式は，現在の拠出

によって将来の給付資格が得られるという国家と市民の契約に基づいており，国家がこのような契約を一方的に変更すると大きな抵抗を受けるおそれがあるからである。また積立方式へと移行するためには，現役労働者が現在の給付と将来の自分たちへの給付，両方のために拠出しなければならないという二重払いという問題がある。

新自由主義

　管理された自由主義体制が崩壊する中で，ケインズ主義と福祉国家を批判し，グローバル化を支える中心理論となったのが，新自由主義（neo-liberalism）である。新自由主義の牽引者となったハイエクとフリードマンは，1974, 76年にそれぞれノーベル経済学賞（アルフレッド・ノーベル記念経済学スウェーデン国立銀行賞）を受賞した。時代の流れが大きく変化しようとしていた。

　一口に新自由主義といっても，実はさまざまな理論があり，一つの体系としてとらえることはできない。しかし市場への政治介入を求めるケインズ主義や大きな政府をもたらす福祉国家を批判するという点で，論者は共通している。新自由主義は，市場の自由を最大化しようとするため，**市場原理主義**と呼ばれることもあるが，市場原理主義が自由放任を唱える古典的自由主義と同じであるとすれば，新自由主義と市場原理主義との間には見過ごせない違いがある。

　なるほどハイエクやフリードマンは，古くからの自由主義者であり，積極国家や「大きな政府」を痛烈に批判していた。ハイエクは，社会主義批判の啓蒙書ともいうべき『隷従への道』を1944年に公表し，時代の寵児となった（ハイエク 1992）。他方フリードマンは，1962年に『資本主義と自由』を出版し，「大きな政府」批判の論陣を張る。同書は当時50万部を超えるベスト・セラーとなり，その後も途切れることなく増刷されている（フリードマン 1975）。

彼らは，ケインズ主義全盛の時代には時代遅れの自由主義者とみなされた。しかし彼らは，単純に古典的自由主義を礼賛したわけではない。ハイエクは，1947年に新自由主義の牙城となるモンペルラン協会を設立するが，彼が提唱したのは古典的自由主義への回帰ではなく，ケインズ主義に挑戦し，それに取って代わる新自由主義哲学であった。フリードマンは，モンペルラン協会に参加することによって新自由主義への確信を強めたといわれるが，彼もまた自由放任主義を非現実的なものとして斥けていた。彼らは自由競争こそが市場経済の生命線であると考えていたが，それが自由放任によって実現されるとは考えなかった。政府が自由競争の枠組みを作り，その条件を整備する必要があると考えたのである（新川 2014: 120-130）。

ワークフェア

　新自由主義的なアイディアが色濃く反映された政策が，就労のための福祉（welfare to work），あるいは**ワークフェア**（workfare）といわれるものである。それは，失業給付に対して再訓練プログラムへの登録を求めたり，従来は所得審査によって資格を得ることができた福祉給付に対しても就労義務を課したり，さまざまな形で福祉と労働の結び付きを強化する政策である。福祉の前提として就労義務があることは自明であるが，社会権が確立するにつれ，福祉受給者に個別に就労を強制することは少なくなる。ところが福祉国家再編の中で，ウェルフェアならぬワークフェアによって個人レベルで就労義務を強化する動きが復活したのである。

　ワークフェア改革としてよく知られているのが，アメリカのクリントン民主党政権における AFDC（要扶養児童家族扶助）の廃止である。AFDC の受給者の多くは若い未婚の母であり，そこに貧困が

68　**2　政治体制**

貧困を生む悪循環が存在すると批判され，1996年 AFDC は，TANF（貧困家庭一時扶助）に取って代わられる。TANF は，給付受給者への就労義務を強化し，受給期間を5年に限定した。

イギリスでは，1988年から失業給付に対する訓練プログラムへの参加や就業斡旋受け入れの義務化が行われた。サッチャー政権時代のワークフェアは失業者の就労強化に主眼が置かれたが，労働党ブレア政権では，就労能力を高めるために積極的に福祉を活用する方針が打ち出された。またサッチャー政権が伝統的家族の復活をめざしたのに対して，ブレア政権は出産・育児休暇やパートタイム労働等に関する法制上の整備を行った。

スウェーデンでは，福祉国家財政が逼迫し，低熟練性，労働意欲の低下，高い欠勤率などが問題となる中，賃金柔軟化への要求が高まり，中央賃金交渉制度が廃止され（コーポラティズムの終焉），失業保険受給資格の厳格化や，若年者への雇用再訓練制度などが導入された。このような改革を**アクティヴェーション**と呼び，英米のワークフェアとは区別することもあるが，福祉受給における就労義務強化という点では共通している。

保守主義諸国の場合，雇用保障が厚く，積極的労働市場政策も行わないため，もともと労働市場は硬直的な性格をもっていた。したがって不景気が長期化すると，若年者の間で失業率が上昇することになる。いわゆるインサイダー／アウトサイダー問題が生じる（労働市場内における正規と非正規労働の二元化を意味する**デュアリズム**とは異なるので要注意）。これに対して保守主義諸国は，早期退職制度の活用によって高年齢労働者の労働市場からの退出を促したが，早期退職制度は財政負担が大きく，しかも労働市場の硬直性そのものを改善することはできない。

保守主義の行きづまりを打開するモデルを提起したのが，オラン

ダである。オランダは，1970 年代後半には保守主義諸国の中でも最も深刻な不況に陥っていたが，82 年労使の合意（「ワッセナー合意」）以降，時短による賃金抑制，ワーク・シェアリングを進めることによって生産性向上と失業率抑制に成功した。正規と非正規雇用の垣根を低くし（女性の 75% はパートタイム雇用であった），1.5 モデル（夫婦 2 人で 1.5 人分の所得）を提起し，それに対応した一元的かつ包括的な社会保障制度を実現したのである。こうしたオランダの戦略は労働市場の柔軟性（flexibility）と（社会）保障（security）を同時に実現しようというものであり，**フレクシキュリティ**（flexicurity）戦略と呼ばれる。

　1990 年代後半の日本では労働市場の規制緩和が進み，21 世紀に入ると小泉構造改革によって新自由主義的改革が進んだが，ワークフェアは大きな政治争点とはならなかった。実は日本では生活保護申請資格があっても，あえて申請しないケースが多い。日本では，国民の間に就労義務意識が深く根づいているため，ワークフェアを打ち出すまでもなかったといえる。

新たな合意と対立

　かつて存在した福祉国家への超党派的な合意は，新自由主義の台頭によって崩壊し，各国はワークフェア的な改革を行っている。改革は決して一様ではないが，そこに共通する新たな合意形成が見られる。

　アメリカにおいてはリベラルな合意がレーガン共和党政権時代に崩れるが，クリントン政権時代になると民主党は共和党の新自由主義路線を取り入れたため，新自由主義的な超党派的合意が実現した。イギリスのバッケリズムは 1970 年代に崩壊過程に入り，79 年サッチャー政権が登場すると，完全に解体された。1997 年労働党はよ

70　　**2　政治体制**

うやく政権に返り咲くが，ブレア率いるニュー・レイバーは，かつての労働組合に依拠した福祉国家路線に戻ることはなく，基本的にサッチャーの改革路線を継承した。すなわちイギリスにおいても，超党派的な新自由主義的合意が形成されたのである。

　社会民主主義レジームの場合，新自由主義的色彩ははるかに弱いが，それでも行き過ぎた平等主義の見直し，労働と福祉の関係性強化などをめざす改革が行われている。スウェーデンにおける福祉国家の見直しは，1982 年に社会民主党が政権に復帰し，「第三の道」を提唱したときにすでに始まっていた。1990 年代後半に保守政権の下で行われた税方式の国民年金の廃止は，保守連立政権と野党にあった社会民主党との超党派的合意に基づいていた。

　このように福祉国家への超党派的合意が破綻した後，グローバル化の中で政治空間そのものが右に移動し，新自由主義寄りの新たな合意が形成されてきた。しかし新自由主義的な合意は，格差を拡大し，社会統合を脅かしている。しかも今日のヨーロッパにおいては，格差問題が移民問題と結び付き，社会の中に深刻な対立や紛争を惹起している。そして福祉国家は「国民」のものであるという福祉ショーヴィニズム（排外主義）が強まっている。

　移民は，国民としての就労義務を果たさず，福祉に依存する存在であるとみなされ，彼らを排斥しようとする右翼政党が，ヨーロッパ各国で存在感を強めている。これらの政党はなお主要勢力となるには至っていないものの，政治的議題設定に大きな影響を与えるようになっている。彼らの登場によって，主要政党の間ではリベラルな社会を守るためには普遍的価値を訴えるだけでは不十分であり（リベラルな寛容性は非リベラルな価値を排除できない），リベラルな価値を生むナショナルな文脈を強調する必要があるという認識が広まっている。

3 ポスト福祉国家　71

このように福祉国家的超党派合意から新自由主義的超党派合意への移行は，国民統合の軋みを生み出している。しかも福祉国家は，今日ではそれ自体が新たな政治的火種となっている。こうした中で再分配ではなく，イデオロギー的なナショナル・アイデンティティの強化を求める声が強まっている（新川 2017）。

4 非民主主義政治体制

全体主義

国民国家の政治体制の範型が自由民主主義にあるにせよ，今日なお少なからぬ数の政治体制は非自由民主主義である。国際的な非政府組織（NGO）団体であるフリーダム・ハウスは1973年から選挙過程，政治的多元主義・参加，政府機能，表現と信条の自由，結社・団結権，法の支配，人格的自律権，基本的人権を分析し，各国の自由度を評価している。2016年現在の評価において「自由な国」と認められるのは，195カ国中87カ国，45％にすぎず，「部分的に自由な国」59カ国を加えて，75％である。過去11年間，世界の自由度は低下している。民主主義諸国ではポピュリストやナショナリスト勢力が驚異的躍進を遂げている（https://freedomhouse.org/report-types/freedom-world-2017, 2017年9月3日閲覧）。

非民主主義体制として，僭主（独裁）制や寡頭制といった類型は古くから知られていたが，自由民主主義に挑戦する体制として20世紀に登場したのが，**全体主義**である。第一次世界大戦後のイタリアにおいてムッソリーニ率いる国家ファシスト党が台頭する。国家ファシスト党は，1920年代前半，議会ではなお多数派獲得に至らなかったが，すでに党員30万人を超え，街頭での直接行動によっ

て存在感を高めていた。1922年ファシストの先鋭隊（黒シャツ隊）が、「ローマ進軍」を開始すると、イタリア国王はただちにムッソリーニに組閣を命じる。権力を握ったムッソリーニは、他の政党を解散させ、一党独裁体制を敷く。

イタリアに続いたのが、ドイツである。ヒトラー率いるナチス党（国家社会主義ドイツ労働者党）は、イタリアのファシスト党と同じように、戦闘的集団が街頭での直接行動に訴えただけではなく、選挙においても成功を収め、1933年に権力を掌握する。ヒトラーは、政権を獲得すると、ムッソリーニと同じように民主主義を否定し、一党独裁体制を敷く。このようにイタリアに生まれたファシズム、ドイツに生まれたナチズムは、自由民主主義を否定する全体主義体制を築いたのである。

ムッソリーニとヒトラーが作り上げた全体主義体制は、通常**ファシズム**と呼ばれる。ヒトラーはファシズムという言葉を用いることはなかったが、今日ではドイツのナチズムこそがファシズムの代表とみなされることが多い。なぜならファシスト党以上にナチス党こそが、ファシズムの理念を徹底的に実践したといえるからである。ファシズムの特徴は、イデオロギーによって国民を政治的に動員し、「敵」に対する公然たる暴力テロを行使しながら、上からの徹底した社会改革をめざすところにある（山口 2006）。

公と私の区別はなくなり、公権力が私的領域にどこまでも介入する。個人の自由や権利は蔑ろにされ、国民は全体を代表する党への絶対的服従を求められる。ナチスは、ユダヤ人を「敵」とみなし、彼らを徹底的に弾圧し、抹殺することで、民族的誇りに基づく社会の建設を提唱し、大規模な国民動員に成功した。これに対して、イタリア国家ファシスト党は、ナチスのような強烈なイデオロギーによって社会を完全に国家に服従させることはできなかった。

4 非民主主義政治体制　73

ファシズムは全体主義の代表的事例であり，両者は同一視されることも多いが，全体主義にはファシズム以外の形態もある。たとえば，**スターリニズム**である。1917年ロシア革命が勃発し，世界初の**社会主義革命**が実現したが，革命の指導者レーニンの後継者となったスターリンは，反対派を次々と粛清し，全権力を掌握するに至った。このようなスターリニズムを，社会主義のイデオロギーに惑わされず全体主義とみなすことが一般化するのは，スターリン死後，彼が膨大な数の政敵を粛清し，縦横に張り巡らされた秘密警察と官僚組織を駆使して徹底した監視・管理社会を築き上げていたことが明らかになってからである。

スターリニズムとファシズムを比較すると，ともに一党独裁を敷くという点では同じであり，スターリニズムを「赤いファシズム」と呼ぶこともあるが，スターリニズムは共産党内における権力闘争から生まれたものであり，ファシズムに見られるような国民運動という契機は弱い。

全体主義は，自由民主主義とともに，あるいはそれへの反撥として，近代が生み出した政治体制である。全体主義が行う徹底した人口の管理統制は，フーコー流にいえば，近代国家の極致といえる。理念によって社会を全面的に変革しようという発想は，近代特有の合理主義であり，この点において社会主義はそもそも全体主義と強い類縁性をもつといえよう。

権威主義

今日の非自由民主主義体制の国々は，ほとんどの場合全体主義と呼ぶことはできない。完全な自由と普通選挙制度は実現していないにせよ，部分的な自由と制限的選挙制度をもつ国が多いからである。これらの国々は，通常**権威主義**体制といわれる。

権威主義体制とは，比較政治学者のリンスがフランコ支配下のスペインを分析する中で彫琢（ちょうたく）した概念であるが，その後非民主主義体制を分析する際に広く用いられるようになった。権威主義体制は，単独支配もあれば，寡頭制支配の場合もある。文民支配もあれば，軍事支配の場合もある。伝統に正統性根拠をもつ場合もある。しかし，そこには全体主義に見られるような絶対的カリスマは存在せず，既存の社会構造を変革する強力なイデオロギーもない。むしろ権威主義体制は，既存の社会勢力（経済組織や教会など）の均衡の上に実現することが多い。

　つまり権威主義においては，国家権力が社会を強制的に等質化，一元化しておらず（できておらず），社会的多元性が認められる。しかしその多元性とは，あくまで国家が認めた限定的なものであり，自発的な社会集団の形成と権利主張が認められているわけではない。通常権威主義体制が認めるのは既得権益であり，国家はそれらを包摂することで社会を統制する（リンス 1995）。

　限定的とはいえ，選挙や議会を通じて政治的に社会的多元性を承認する権威主義体制が今日では多く存在し，それらを**競争的／選挙権威主義**と呼び，閉鎖的な権威主義体制と区別するのが一般的である。しかし選挙や競争は，権威主義体制を変革するためではなく，それに正統性を与えるために行われ，基本的に支配政党への信任投票である。政党が複数存在するにせよ，支配政党の勝利はあらかじめ定められており，仮に支配政党の勝利が危うくなれば，選挙妨害，票の操作など，あらゆる手段を用いて権威主義体制の維持が図られる（粕谷 2014; 日本比較政治学会編 2014）。

　しかし権威主義体制が，いかに選挙や議会をコントロールしようとも，ひとたびそのような制度が生まれると，それを通じて支配者・支配勢力にとって望ましくない声が表明され，拡散する可能性

4　非民主主義政治体制　75

が生まれる。したがって国民の政治的無関心こそが，権威主義体制の安定にとっては望ましい。全体主義のように，社会改革（あるいは革命）に向けて下からの政治的動員を図ることは，権威主義体制にとっては危険なことである。

体制転換

民主化のルート　一つの政治体制が崩壊し，異なる体制が生まれることを体制転換と呼ぶ。短期間に体制の断絶的変化が生じる場合，通常それは革命と呼ばれる。たとえば絶対主義王政から共和政への転換を導いたフランス革命，帝政から社会主義への転換をもたらしたロシア革命などがある。戦争もまた体制転換を生む可能性がある。アメリカの独立戦争は，アメリカ合衆国を誕生させたし，イタリア，ドイツ，日本のように敗戦が新たな政治体制を生む場合もある。

　体制転換は，時間をかけて漸進的かつ段階的に進む場合もある。イギリスの議会制民主主義は，清教徒革命と名誉革命という2つの革命はあったものの，長い時間をかけて，段階的に進んだ。清教徒革命そのものは，体制の断絶的変化を生むものであったが，結局安定した体制を生み出すことができず，その後君主制を回復させ，その下で議会制民主主義が漸進的に実現されたのである。

　歴史上，夥しい数の体制転換が見られるが，現代政治において最も注目されるのは，権威主義体制から民主主義体制への転換，すなわち民主化である。ここでダールのポリアーキー論を参考にしながら，民主化について考えてみよう。今日の民主主義というものが，自由民主主義に他ならないことを考慮すると，民主化は，自由化がどれだけ進んでいるか，政治参加がどれだけ進んでいるかという2つの軸に沿って考えることができる。

自由化とは人々が社会の中で自由に発言できる機会であり，政治的に重要なのは公的異議申し立てがどこまで許されるかということである。政治参加で最も重要なのは，選挙権である。自由化と政治参加が十分に実現されていれば，それは自由民主主義体制（ポリアーキー）と呼ばれる。自由民主主義体制の対極にあるのが，閉鎖的権威主義体制（ダールの言葉では閉鎖的抑圧体制）である。民主化とは，閉鎖的権威主義体制からポリアーキーへの移行を意味する（ダール 2014: 24-25）。

　民主化には，3つの経路が考えられる。第1のルートは，自由化が政治参加に先行する場合である。この場合，閉鎖的権威主義体制が競争的寡頭制へと変化し，そのあとに政治的包摂の度合いを増し，自由民主主義体制が実現される（ルートⅠ）。閉鎖的抑圧体制が，選挙制度の導入によって政治参加の程度を高めると，競争的権威主義体制が生まれ，そこから公的異議申し立ての機会を拡大して，ポリアーキーが実現する可能性が生まれる（ルートⅡ）。最後に，自由化と政治参加が同時並行的に進められ，ポリアーキーが実現する場合が考えられる（ルートⅢ）。

　イギリスを範型とすると，民主化の王道は，ルートⅠである。自由化が進み，競争的寡頭制／自由主義体制が実現し，普通選挙の実現によって自由民主主義が実現される。自由化が進むと，人々の権利意識が強まり，早晩参政権の拡大を求める声が高まると考えられるので，競争的寡頭制／自由主義体制は自由民主主義へと移行する可能性は高くなる。

　これに対してルートⅡの場合，選挙は，それ自体としては必ずしも民主主義に結び付くものではなく，権威主義体制の正当化手段となりうるし，議会は多数の利益ではなく，特権階層の利害を守る場でもありうるので，必ずしも権威主義への挑戦になるとは限らな

い。選挙や議会という制度は，本来的に民主的なわけではなく，権威主義と相容れないものではない。自由化なしに政治参加・包摂がなされる場合，それは閉鎖的権威主義体制から競争的権威主義体制への移行を意味するが，体制の基本的性格に変化はない。競争的権威主義体制が，自由化されて自由民主主義が実現される可能性はあるが，それ自体として安定的体制でありうる。

ルートIII，すなわち自由化と政治参加が同時に実現するときは，権威主義体制が崩壊するときであり，革命や敗戦によって民主化が進められる場合がこれに該当する。しかしながら革命によって一挙に民主化が進むと，民主主義はそれを安定させる成熟した市民社会をもたないため，不安定であり，反動によって旧体制，もしくはその亜流へと回帰する可能性も高い。

ところで，ここまで民主主義体制と非民主主義体制を便宜上二元的に峻別して民主化を論じてきたが，両者を截然と区分けするのではなく，連続線上でとらえるべきであるという考えが近年では強まっている。民主主義体制の中でも民主主義の程度は多様であり，権威主義体制内でも民主主義的な要素の寡多はさまざまである。さらにいえば，民主主義体制であれ，権威主義体制であれ，民主的な要素は時間の経過とともに変動しうる。本章で取り上げたフリーダム・ハウス以外にも，エコノミスト・インテリジェンス・ユニット，Polity IV などがさまざまな民主化指標を公表しているが，それらはいずれも民主主義の質を連続的にとらえ，かつ時間的変化を考慮したものとなっている。民主化とは，権威主義から民主主義への不断の過程であり，しかも後戻りもありうる道なのである。

　民主化の条件　　民主化の条件として最もよく指摘されるのが，経済発展である。古くからの民主主義国を見れば，経済的に豊かな国ほど，民主化しやすいと考えられる。この考え方は，近代化論と

呼ばれる。経済が発展していない段階では，会社経営者，金融業者など富裕層と，労働者などの経済格差が大きいため，労働者は革命のような過激な運動に動員されやすく，富裕層はそれと対決し，抑圧的になる。

　しかし経済が発展すると，両者のいずれにも属さない中間階級が成長する。経済発展に伴い，新聞，ラジオ，テレビなどのコミュニケーション手段も発達するので，異なる階級間の意思疎通も円滑になる。下層階級はより穏健化し，上流階級も妥協的になり，政治紛争を暴力ではなくルールに則って解決しようという考えが広まり，民主化が進むと考えられる（リップセット 1963）。経済発展はまた，都市化を促進する。都市化は人々の職業を多様にし，それだけ価値観も多様化するため，国家による国民の統制をより困難にし，民主化を促す要因となる（Scott 1959）。

　ハンチントンのいう「民主化の第 3 の波」論は，このような近代化論の再現である。彼によれば，南欧，中南米，アジア地域で 1970 年代に民主化が始まったのは，これらの地域が経済発展し，中間層が増大したからである。民主的な価値観を好むこれらの人々は，抑圧的な権威主義体制を受け入れず，民主化を推進する主体になったと考えられる（ハンチントン 1995）。経済の発展が，総体として民主化を促すことは，間違いないだろう。しかし近代化論のいう経済発展が何を指すのかは，実は曖昧である。経済発展が民主化につながる社会構造をもたらすのか，あるいは人々の考え方，価値観が変わることが重要なのか。どのような因果関係が想定されているのかがはっきりしないのである。

　以下では民主化促進の要因として，第 1 に民主化の担い手，第 2 に政治アクターの合理的計算，第 3 に市民の価値観の変化について考えよう。

4　非民主主義政治体制　79

民主化の担い手　　民主化の担い手論は，社会構造の変化を重視する議論であり，代表的な論者としてバリントン・ムーアがいる（ムーア 1986）。ムーアは，近代化の過程で，イギリス，フランスが自由民主主義体制を採用したのに対し，ドイツ，日本がファシズム体制に転落し，中国，ロシアに共産主義革命が生じた理由を，社会階級の連合パターンによって説明する。これら6カ国では，農業の商業化のレベルに違いがあった。イギリス，フランスでは農業の商業化が進行したが，ロシア，中国では低レベルにとどまり，日本，ドイツはその中間に位置した。農業の商業化が重要なのは，これらの国で権威主義体制を支えていたのが，農業に権力基盤を置く土地所有エリートだったからである。彼らは既存の政治体制から利益を得ているため，それを破壊し民主化する動機をもたない。他方，こうした動機を強くもつのが新興階級であり，会社経営者などの産業エリート（ブルジョワジー）たちである。彼らは，土地所有エリートを益する各種産業規制の撤廃を必要としており，そのために自分たちの政治参加が可能となる民主主義体制を求める。

　　ムーアによると，イギリス，フランスで民主主義体制が成立したのは，ブルジョワジーが農民と提携して土地所有エリートを打倒したからである。商業化した農民もまた土地エリートの支配を嫌っていたため，ブルジョワジーとの同盟が可能であった。他方，ドイツや日本では，労働抑圧的な土地所有エリートとブルジョワジーとの間で連帯が成立した。その連帯は，上からの革命を実現し，抑圧的なファシズム体制を生んだ。最後に，ロシアや中国では，土地所有エリートは弱体であったが，国家からの直接支援を受け，きわめて労働抑圧的態度をとった。しかし土地所有エリートの脆弱性ゆえに農民が横に連帯することが可能であったため，農民暴動が起こり，それが下からの革命の基盤となり，ブルジョワジーと土地所有エリ

ートの連合を打ち砕くことになった。民主化の担い手を，ムーアは
ブルジョワジーに求めたが，労働者階級や中間階級に求める見方も
ある。いずれにせよ，彼らは，近代化が引き起こした社会構造の変
化が民主化に価値を見出す勢力を生み出すか否かが重要であると考
えている。

合理的計算　第2の議論，すなわちアクターの合理的計算の結
果，民主主義体制が選択されるという考えは，アクターの戦略を制
約する制度を重視する。一例としてワインガストによるイギリス名
誉革命の分析を見てみよう（Weingast 1997）。議会を無視し，独裁
的な政権運営を行っていたスチュワート朝のジェームズ2世を議会
勢力が追放し，オランダからオラニエ公ウィレム3世を国王に迎え
た際に，新国王に「権利の章典」を認めさせ，議会政治を確立させ
たのが名誉革命である。それまでイギリスでは，カトリックと英国
教会，プロテスタントの宗教対立を背景に政変が相次いでいたが，
名誉革命を期に議会政治が安定し，漸進的な民主化が可能になった。

名誉革命前においては，国王が強力な権限を有していたのに対し
て，それに対抗すべき議会が英国教会派とプロテスタント派に分裂
していた。国王はこのような宗教的分裂を利用して，両派のいずれ
かを弾圧し，弱体化させ，彼が信ずるカトリック教会のイギリスで
の再興を狙ったのである。議会内の両派の団結は難しかったが，両
者が団結すれば国王に対抗できるというチャンスは開かれていた。
国王の弾圧に耐えかねた両派は，ついに宗派対立を乗り越えて団結
し，国王を追放する。革命後の秩序維持にとって重要であったのは，
新国王に権利の章典を認めさせ，それを国王が侵害すれば，いずれ
の派への攻撃であっても両派が団結して国王に対抗することを明示
したことである。このようにして権利の章典は，イギリス議会制民
主主義の出発点となった。

制度的構図から合理的選択を導き出すこのような議論の他に，より直接的に所得の増加によって人々が合理的計算をするようになると，民主主義は安定するという見方もある。政治学者のプシェボスキらは，1985年基準で一人当たり所得が6055ドルを超える国では，民主主義が安定していることを発見した（Przeworski et al. 2000）。そのレベルまで経済が豊かになると，合理的な計算を行う政治権力者にとって選挙での敗北を受け入れずに権威主義化することは，割に合わなくなると考えられる。一人当たりの所得が低い段階では，政権にしがみつくことによって得られる価値は決定的な意味をもつが，豊かになればそれほどでもなくなるというのである。

　市民の価値観の変化　　第3に，市民の価値観の変化を重視する見方によれば，民主化には民主的な価値観，政治文化が必要である。一例として，トクヴィルのアメリカ市民社会論を見てみよう（トクヴィル 2005-08）。1830年代のアメリカをつぶさに観察したフランスの政治思想家トクヴィルは，アメリカで穏健な民主主義が根づいた理由を地域社会での自己決定ルールの定着に見出す。アメリカでは，人々が地域社会での意思決定に参加し，自分の意思を表明する場がふんだんに与えられている。ここで人々は民主的な意思決定を学習すると同時に，異なる見解への寛容を身につけ，穏健化する。そのため，連邦政府レベルでも民主的な意思決定が尊重され，暴君の登場を抑制することができる。

　トクヴィルは，別の著書で母国フランスの民主制の不安定を，このようなアメリカの価値が根づいていないところに求めている。フランスは確かに大革命を成し遂げ，民主化したが，政治体制は不安定で，ナポレオンをはじめ独裁者の再来も招いている。これは，アメリカと違ってフランスが中央集権化され，地域社会に自己決定権がないからである。それゆえ人々は自分たちの周囲に生じる政治的

問題を自分たちで解決できず，不満を中央政府にぶつける。人々の間に民主主義的な価値観を学習する場はなく，中央レベルでの政治への不満に対するはけ口がないため，政治体制は不安定化するのである（トクヴィル 1998）。

　何が民主主義を機能させるのかという観点からイタリアやアメリカ社会を分析したパットナムの社会関係資本（ソーシャル・キャピタル）論もまた，政治文化の重要性を主張する（パットナム 2001）。民主主義が機能している社会では，クラブ活動や市民集会など人々の間で，他人に対する信頼を醸成する装置が多く存在する。この信頼が利他的行為を促進し，民主主義を機能させると考えられる。

　以上のように，民主化を促進し，安定させる要因は，種々指摘されるが，普遍的な条件を特定することは難しい。権威主義体制において経済が停滞し，国民生活が苦しくなると，支配への自発的服従が弱まり，国家の物理的強制力への依存が高まる傾向は確認できる。ということは，経済発展と国民生活の豊かさが実現すれば，権威主義体制は安定する，つまり民主化への動きは生まれないとも考えられる。

　とはいえ，民主化が成功し，安定した事例，たとえば韓国や台湾などを見れば，権威主義体制下において相当な経済発展を遂げた後に，民主化が進んだ。他方，ロシアや旧東欧圏では貧困の中で市場経済の導入と民主化を一挙に進めようとして失敗したケースが多々見られる。中東・北アフリカにおいては 2010 年から 12 年にかけて起こった「アラブの春」はほぼ壊滅し，民主化以前に，政治秩序を再建するめどすら立っていない国もある。

　本章では自由民主主義政治体制を今日の政治体制の範型であると考え，第 3 節まではその特徴と変遷について考え，第 4 節では非民

主主義，とりわけ権威主義体制について論じた。

　21世紀の今日，民主化の失敗が秩序と治安を破壊する事態が生じており，権威主義体制下での安定よりもリスクの高い民主化を推進することが人々にとって望ましいといえるのかどうかが問われる事態すら生まれている。民主主義が，自明の価値である時代は過ぎた。民主主義は，自らの存在意義と可能性をあらためて明らかにする必要がある。

▼ 引用・参考文献

アリストテレス 2001『政治学』（牛田徳子訳）京都大学出版会。

安周永・林成蔚・新川敏光 2015「日韓台家族主義レジームの多様性」新川敏光編著『福祉＋α　福祉レジーム』ミネルヴァ書房。

エスピン-アンデルセン，G. 2000『ポスト工業経済の社会的基礎──市場・福祉国家・家族の政治経済学』（渡辺雅男・渡辺景子訳）桜井書店。

エスピン-アンデルセン，G. 2001『福祉資本主義の三つの世界──比較福祉国家の理論と動態』（岡沢憲芙・宮本太郎監訳）ミネルヴァ書房。

粕谷祐子 2014『比較政治学』ミネルヴァ書房。

シュミット，C. 1970『政治的なものの概念』（田中浩・原田武雄訳）未来社。

シュムペーター 1962『資本主義・社会主義・民主主義』中（中山伊知郎・東畑精一訳）東洋経済新報社。

新川敏光 2005『日本型福祉レジームの発展と変容』ミネルヴァ書房。

新川敏光 2007『幻視のなかの社会民主主義』法律文化社。

新川敏光 2014『福祉国家変革の理路──労働・福祉・自由』ミネルヴァ書房。

新川敏光編 2017『国民再統合の政治──福祉国家とリベラル・ナショナリズムの間』ナカニシヤ出版。

新川敏光・井戸正伸・宮本太郎・眞柄秀子 2004『比較政治経済学』有斐閣。

高川清明 1992「イギリスにおけるバッケリズムの研究」『明治大学社会科学研究所紀要』31 巻 1 号，53-62 頁。

ダール，ロバート・A. 2014『ポリアーキー』（高畠通敏・前田脩訳）岩波文庫。

トクヴィル，アレクシス・ド 1998『旧体制と大革命』（小山勉訳）ちくま学芸文庫。

トクヴィル，アレクシス・ド 2005-08『アメリカのデモクラシー』第 1 巻上・下，第 2 巻上・下，（松本礼二訳）岩波文庫。

日本比較政治学会編 2014『体制転換／非転換の比較政治』（日本比較政治学会年報 第 16 号）ミネルヴァ書房。

ハイエク，フリードリヒ・A. 1992『隷従への道——全体主義と自由』（一谷藤一郎・一谷映理子訳）東京創元社。

ハンチントン，サミュエル・P. 1995『第三の波——20 世紀後半の民主化』（坪郷實・中道寿一・藪野祐三訳）三嶺書房。

パットナム，ロバート・D. 2001『哲学する民主主義——伝統と改革の市民構造』（河田潤一訳）NTT 出版。

福田歓一 1977『近代民主主義とその展望』岩波新書。

フリードマン，ミルトン 1975『資本主義と自由』（熊谷尚夫・西山千明・白井孝晶訳）マグロウヒル好学社。

マキアヴェッリ 1998『君主論』（河島英昭訳）岩波文庫。

マクファーソン，クロフォード・B. 1978『自由民主主義は生き残れるか』（田口富久治訳）岩波新書。

ミヘルス，ロベルト 1973・74『現代民主主義における政党の社会学——集団活動の寡頭制の傾向についての研究』1・2（森博・樋口晟子訳）木鐸社。

ミル，ジョン・スチュアート 1971『自由論』（塩尻公明・木村健康訳）岩波書店。

ミル，ジョン・スチュアート 1997『代議制統治論』（水田洋訳）岩波書店。

ムーア Jr.，バリントン 1986『独裁と民主政治の社会的起源——近代世界形成過程における領主と農民』（宮崎隆次・森山茂徳・高橋直樹訳）

岩波現代選書。

山口定 2006『ファシズム』岩波現代文庫。

リップセット，セイモア・M. 1963『政治のなかの人間——ポリティカ
ル・マン』（内山秀夫訳）東京創元新社。

リンス，ホアン・J. 1995『全体主義体制と権威主義体制』（高橋進監訳，
睦川規子・村上智章・黒川敬吾・木原滋哉訳）法律文化社。

Przeworski, Adam et al. 2000, *Democracy and Development: Political
Institutions and Well-being in the World, 1950–1990*, Cambridge
University Press.

Scott, Robert, E. 1959, *Mexican Government in Transition*, University
of Illinois Press.

Weingast, Barry R. 1997, "The Political Foundation of Democracy and
the Rule of Law," *American Political Science Review*, 91.

3 政治過程

　本章では，現代の代表的な政体である代議制民主主義のもとでの政治過程を考察する。現代民主主義国家において一般市民が政治に参加する方法は，政府形成に直接関与するか，政策形成に関与するかに分けられる。現代の民主主義は代議制民主主義である。それゆえ，政府形成に関与する方法は通常，選挙に限定される。他方，政府形成に関与しなくとも，市民は政策形成に関与することができる。政策形成への関与には，市民が圧力団体や市民運動の展開を通じて集団的に政府や政府構成員に働きかけ，自らが好ましいと思う政策実現に影響力をふるう場合と，直接民主主義的な制度を一部導入し，影響力の行使を可能にする場合とがある。ただし，直接民主主義的な制度も市民が個人として利用することは稀で，多くの場合何らかの集団を形成してなされるため，団体や市民運動が重要となる。それゆえ，政治参加の特徴を説明しようとすれば，まず理解しなければならないのは，選挙をはじめとする政府形成にかかわる公式制度と，団体や市民運動など市民の政治活動の性質ということになる。

　本章は，以上のような市民と政治の関係を，代議制民主主義，政党，中間団体，市民参加，マスメディアをとりあげて検討する。

1 代議制民主主義

代表性と説明責任

　第2章でも述べたように，民主主義の起源として私たちが思い浮かべるのは，古代ギリシアの直接民主主義である。本章も，それとの対比から，現代の民主主義である代議制民主主義に特有の重要な機能を見つめてみよう。

　古代ギリシアの直接民主主義では，市民全員が参加資格のある民会にて都市国家の意思決定を行っており，決定事項の実施も市民のつとめであった。多くの都市国家は君主を元首としない共和制だが，現代の共和制国家のように大統領が存在するわけではなかった。もちろん，古代アテネのペリクレスやテミストクレスのような政治指導者は存在したが，彼らのリーダーシップは政治上の地位に基づくものではない。役割分担はあるにせよ，政策決定から執行までを市民が行うのが，古典古代における直接民主主義の特徴であった。

　それに対し，現代の代議制民主主義では，市民が自分たちの代表を選出して，市民ではなく彼らに政策決定を行わせる。決定した政策は，やはり市民ではなく官僚たちが実施する。同じ民主主義といっても，この違いは大きい。民主主義である以上，主権者はいずれも市民である。しかし代議制民主主義では，市民は意思決定にも政策実施にも理念的には参加しない。代表である政治家や官僚たちが市民と離れたところで決め，実施する。市民は政治の「客体」になってしまっているともいえる。この状態を，啓蒙主義時代の政治思想家ルソーは，市民は「選挙のときだけ主権者であり，あとは奴隷にすぎない」と呼んでいる（→第1章*3*）。そうならないための重要な要素が，選出する市民と選出される政治家の関係である。市民は，

88　　3　政治過程

自分たちの考え方を代弁すると考えられる政治家を，代表として選出する。他方，政治家は，選ばれた以上，代表である間に何をなしたのかを，市民の納得が得られるよう説明できなければならない。前者の機能を**代表性**といい，後者の機能を**説明責任（アカウンタビリティ）**という。両者が働いているとき，代議制民主主義は民主的であるということができる（Przeworski, Stokes and Manin 1999）。

　代表を選出することを選挙という。では，市民はどのようにして代表を選出するのであろうか。代議制民主主義の最も重要な部分は議会なので，ここでは代表たる政治家を議員に限定して選挙のあり方を考えてみよう。

　選挙にはさまざまな形態がある。私たちが普段当たり前に経験している選挙は，特定の人物が議員になりたいと立候補し，その人が自分たちの代表としてふさわしいかどうかを市民が検討したうえで，複数の候補者から誰か一人に投票するという方式である。しかしこれは，私たちが歴史上経験した選挙の方法の一つにすぎない。他にも選挙の形態はある。たとえば，ルネッサンス期の共和制国家ベネチアでは，元首を選出する際に選挙が行われた。ただし，当時の有権者である貴族たちが選出できるのは，元首そのものではなく，元首を選出するための選挙人にすぎなかった。選挙人はさらに選挙人を選出し，ということを何度か繰り返しながら元首を選出したのである。有権者に選挙人を選出する資格のみを与える方式を，間接選挙制という。今でもアメリカの大統領選挙は，間接選挙制の建前をとっている。他方，選挙が始まったばかりの明治期の日本では当初，立候補制ではなく，市民の中で特に優れているとみなされている人物を，選挙で選出するという方式がとられた。

　これら2例もまた選挙の一方式である。それぞれに重要な意味はある。ベネチアの場合，貴族の選挙権はきわめて限定的である。し

1　代議制民主主義　89

かし，彼らは日常生活に忙しく，誰れもが実際の行政に明るいとは
いえない。むしろ，はるかに豊かな情報の持ち主に元首を選んでも
らったほうが，適切に国政を運営することができるであろう。この
仕組みでは，大衆迎合的な人が選出される可能性はほとんどない。
明治期日本の場合も，代表の質を考えると適切ともいえる。立候補
する者全員が議員として適切だとはいえない。逆に本当に資質をも
つ者は，すでに生業や地域のとりまとめに忙しく，立候補しない可
能性がある。そうであれば，あえて立候補制をとらないほうがいい
ともいえるのである。

　しかし，現代民主主義において，ベネチアや明治期日本のような
選挙方式をとることは考えられない。それは，代表性と説明責任を
機能させることができないためである。ベネチアの方式は代表性も
説明責任もない。明治期日本の方式は，代表性はあるかもしれない
が，望んでもいないのに選出された人に説明責任を求めることはで
きない。両方の機能を果たせるのは，立候補した政治家の中から市
民が投票によって直接選ぶ，今日の方式だけである。

　しかし，代表性と説明責任は，厳密にはトレードオフの可能性が
ある。市民の間に政治的見解の多様性がなく，議員がすべて同一の
見解を有する場合，代表性と説明責任は完全に機能する。議会は集
合的意思決定の場であり，そこには複数の議員がいるが，この場合，
彼らの見解には差がなく，一様な市民の見解を政策として実現でき
たかどうかを，市民に対して説明することも容易である。けれども，
この場合，そもそも複数の議員を選出する意味はない。議会の存在
さえ意味がなく，代議制民主主義の要件を満たさない。代議制民主
主義では，市民の多様な見解を議会に反映させたうえで，決定を行
う。ところが，市民の見解の多様性，すなわち議員の見解の多様性
を認めると，その途端に集合的意思決定に，すべての議員が説明責

90　　3　政治過程

任を果たすことは難しくなる。議決を単純多数決で行う場合，多数
派の議員は決定内容を自らの責任として受け入れるであろうが，採
決で敗れた少数派の議員は，自分たちは反対したのだけれども，支
持者の意向に反する議決が行われてしまったと弁明するしかない。
もし代表性を重視して，議決は全会一致に限るとした場合，代表性
は機能しているだろうが，そもそも議決される可能性は低下し，す
べての議員が説明責任を果たせなくなる可能性が高まる。

　代表性と説明責任の関係をどう考えるべきか。代議制民主主義を
体現する具体的な制度である，選挙制度と議会制度に分けて検討し
てみよう。

選 挙 制 度

　選挙制度から始めよう。選挙制度を検討する観点はいくつかある。
代表的なものとして，選挙区の大きさ，定員数，議席配分の方法，
投票先が政党か個人か，在職期間などがある。その中で，今日最も
重要と考えられているのは選挙区定数，言い換えれば一つの選挙区
に何人の議席が割り当てられるかである。一人の場合が**小選挙区制**
で，複数の場合が**大選挙区制**である。大選挙区制にはバリエーショ
ンがある。現在の市町村議会議員の選挙区のように，選挙区が一つ
で全議席を選出し，有権者が個々の候補者に投票するものや，1993
年以前の衆議院議員選挙のように，選挙区は複数に分かれるが，一
つの選挙区から複数の議員を選出するもの（**中選挙区制**）もある。
しかし，現代の世界において最も代表的なものは，投票先が政党で
ある**比例代表制**である。

　小選挙区制と比例代表制という，現代の世界で代表的な2つの選
挙制度を，代表性と説明責任の観点から検討しよう。小選挙区制の
場合，候補者は過半数の投票を獲得できれば議席を得ることができ

る。しかし，このケースでは残りの半数近くの人々の意見は議会に反映されないことになる。小選挙区制では死票が問題とされるが，それは，言い換えれば代表性が低いということを指している。これに対し，比例代表制の場合，議席は得票率に比例して各党に配分されるため，選挙区における有権者の意見分布と議席配分比率は比較的類似しており，代表性は高いということができる（Przeworski, Stokes and Manin 1999）。

　説明責任という点ではどうか。これを考えるうえで重要なのは，**デュベルジェの法則**である（デュベルジェ 1970）。政治現象は不確実性がつきものであるため，法則と呼ばれるものはほとんど存在しないが，この法則だけは多くの政治学者が認めている。すなわち，小選挙区制では二大政党制になりやすく，比例代表制では多党制になりやすい。小選挙区制の場合，多くの政党が選挙に参加したとしても選出されるのはただ一人なので，当選可能性が低い政党は候補者を立てなくなる。有権者もまた，そうした政党を支持していたとしても当選する見込みがないので，当選する可能性が高そうなセカンド・ベスト（次善）の候補者に投票する。この2つのメカニズムが働くので，一つの選挙区で有効な候補者は2人になる。それゆえ全国的には**二大政党制**になる。比例代表制の場合は，いずれのメカニズムも働かないので**多党制**になる。

　二大政党制になれば，政党という形で議会に安定的な多数派が形成される。多数派政党に属する議員は，議会で決定するほとんどの政策に対して自分たちが望む政策を実現できるので，説明責任を果たしやすい。有権者もまた，責任の所在が明確なので彼らの成果を判断しやすく，説明責任を果たしていない場合，落選という形で責任をとらせることができる。少数派政党の議員は政策が実現できないが，政策実現の責任がないことが明確なので，多数派政党の活動

を監視し，批判する資格をもち，多数派政党のパフォーマンス次第で次の選挙において多数派を得るチャンスが生まれる。小選挙区制は，説明責任を果たしやすい制度ということができる。他方，比例代表制の場合，主要な政党が3以上存在し，通常どの政党も議会の過半数を握ることはない。政策の実現主体は，テーマや時期によって変わりうる。この場合，議会の決定が市民の満足をもたらさなかったとしても，誰が説明責任を果たすべきかが明確にならない。説明責任という点では小選挙区制に劣るということになるのである。

　まとめると，小選挙区制は，代表性は低いが説明責任を果たすことができる制度で，比例代表制は，代表性は高いが説明責任の点で小選挙区制に劣る。どのように代表を選出するかは，どちらの機能を重視するのかにつながる問題である。

　両者をバランスよく実現できないのかと考えるのは，人情である。それゆえ，小選挙区制と比例代表制のよいところを引き出そうとする制度の工夫が，世界的になされている。1993年に日本の衆議院で採用された，**小選挙区比例代表並立制**はその一つであろう。しかしこの仕組みは現在のところ，あまりよい評価を得られているとはいえない（待鳥 2015）。小選挙区制部分が二大政党制的要素を強め，比例代表制部分で，それでは消えてしまうかもしれない小政党の存続を可能にするというのが制度の機能と考えられる。しかし，実際には小政党が，比例部分での得票増を狙って小選挙区から撤退しないという現象が生じうるし，有権者もそれに引きずられて，セカンド・ベストの大政党を選択しようとしない。その結果，選挙の構図が有権者にとっても政治家にとっても読みづらく，不安定になる可能性がある。

議会（1）——意思決定の方法

次に，選挙によって選出された議員たちで構成される議会で，どのように意思決定が行われるのかを検討してみよう。議会の機能についても，選挙で見たのと類似したトレードオフが存在する。それは，多数決による決定という民主的決定の原則と，少数意見の尊重である。前者が説明責任，後者が代表性に対応している。

もう少し説明しよう。民主主義は君主や貴族などの少数の特権階層ではなく，参政権を有する市民が意思決定を行うことをいう。少数の特権階層は，君主や貴族とは限らない。たとえば，所得税の累進性を強める改革をしようとするときに，より多くの負担をすることになる所得の多い階層に決定権があれば，改革を進めることはできない。民主主義体制樹立の意義が，絶対主義時代の支配層から権力を奪うことにあったという歴史的文脈を離れれば，あらゆる少数派に決定権を与えることなく，多数派の意思によって決定がなされるべきだということになる。多数決による決定とは，言い換えれば多数派支配のことである。議会では多くの場合，議員が政党を結成して行動するため，多数派を握る政党がほとんどの決定を独占することになる。しかし他方で，多数派支配は少数派の権利を不当に侵害することになりかねない。たとえば，多数派政党が自らの支持者に大幅減税し，少数派政党の支持者にその分，たとえば所得のほとんどを納税させるような，大幅な増税を行うことは可能であるが，それは少数派に対する著しい権利侵害になるであろう。それゆえ，代表性を重視して，少数派に適切な拒否権をもたせる工夫も必要である。しかし一見してわかるように，両者はトレードオフの関係にある。どちらを重視するかは，選挙のあり方だけでなく，議会のあり方や運営によっても大きく変わりうる。

議会（2）——提案と審議

　議会内での意思決定過程は，法案の提案，審議，採決の３つに大きく分かれる（建林・曽我・待鳥 2008；増山 2003）。そのうち，提案と審議のあり方を決める制度を**アジェンダ・ルール**と呼び，採決のあり方を決める制度を**採決ルール**という。アジェンダ・ルールは，言い換えれば議会多数派が，議会運営の主導権をどの程度掌握するのかを規定する制度で，具体的には，法案提出権，修正権，法案審議順，質問時間配分などの日程設定権の保持者が問題になる。これらの権限を多数派が独占すればするほど，説明責任の所在は明確になり，逆であれば，代表性を重視した議会運営となる。

　もう少し具体的にいえば，たとえば，法案提出権を個々の議員全員がもつのか，それとも多数派政党のみがもつのかで，議会での審議の様相は大きく異なる。前者の場合，議員は自分の支持者の利益を代弁するために，さまざまな法案を議場に持ち込む。そうなると，審議に多大な時間を費やすことになるのは容易に想像がつくであろう。個々の議員が法案を出してよいとなれば，多数派政党もまとまって行動するとは限らない。多数派に属する議員たちも，支持者へのアピールの必要から，政党との相談なしに法案提出を図るであろう。政党全体で決まった政策と，議員たちの考えとの間にズレがあるのは不思議ではないし，どういう議案が優先されるべきかは，選挙区事情によって異なるのが自然である。このように議員個人の法案提出権を認めれば，確かに代表性は高まるが，審議は長時間に及び，議会全体としての説明責任を果たすのは難しくなる。

　これに対して，多数派政党のみが法案提出権をもつ場合，議会での審議は，法案を修正するという点では，あまり意味をもたない。多数派政党が提案する以上，その法案はまず間違いなく可決される。少数派は法案の問題点や欠点を有権者にアピールする場として議場

を活用するしかない。前者の議会を**変換型議会**，後者の議会を**アリーナ型議会**と呼ぶ。これは，法案提出権のあり方の違いが，議場の雰囲気を変えてしまうことをよく示した言葉である（Polsby 1975）。

審議のあり方は，**本会議制**か，**委員会制**かによっても違いが生じる（増山 2015）。本会議制では，すべての法案を本会議で扱う。委員会制では，法案を一度委員会に付して，そこでの絞り込みを経て本会議で決定する。本会議制では，当然ながら議員全員の見解を反映した決定がなされるが，審議負担が膨大になる。その点，委員会制は審議負担を軽減するが，委員会で採択される案が議員全員の見解を反映されたものとなるとは限らない。たとえば，防衛政策を本会議制で議論する場合と比べて，防衛政策の専門家たちからなる委員会での審議を経ることによって，防衛予算の拡張に好意的な委員会案が本会議に提出される可能性は高まるであろう。本会議では委員会提案しか議論しないのか，あるいは委員会審議を行わなくても本会議に上程できるのかというように，委員会制もさまざまではあるが，そのあり方が説明責任と代表性に大きな影響を与える。

議会（3）──採決

採決ルールは，文字通り採決に関するルールである。具体的には，二院間の権限関係，定足数，多数決に関する規則などがある。会期制もその一部として理解でき，残り時間が問題になる。二院間の関係とは，第一院が単独で議会としての意思決定を行いうる程度を指す。日本でいえば第一院が衆議院で，第二院が参議院である。日本の地方議会のように議会が一院のみで構成されていることもあるが，人口規模の大きい多くの先進国は，二院制を採用している。

一般に，決定が単純多数，採決機会が一度に限られるなどの場合，多数派に有利で説明責任を果たしやすいが，代表性は低下する。こ

こから遠ざかるほど，その逆になる。たとえば，二院間の権限関係についていえば，第二院が強いほど少数派の参加機会が拡大するため，代表性が増し，説明責任がとりにくくなる。日本でしばしば話題になるねじれ国会は，まさにこの例である。日本の第二院である参議院は予算，首相指名などを除くと，ほぼ第一院である衆議院と対等の権限を有しており，国際比較を行うと強い二院制に属する（砂原 2015）。衆議院の多数派が思うような政策を行えず，参議院との妥協を強いられる権限関係は，結果として生まれた政策が，衆議院多数派の期待とは異なるという点で説明責任を果たしにくい。しかし，それだけ少数派の意見を取り入れているという意味では，代表性が高い。他方，第二院に拒否権しか与えられていない場合や，そもそも第二院が存在しない一院制の場合は，多数派支配が貫徹しやすい。

2 政党政治

インターフェースとしての政党

　代議制民主主義にとって，必要不可欠な存在が政党である。第 **1** 節で説明したように，代議制民主主義では市民に代わって議会が意思決定を行う。議会の構成員である議員は市民が選挙で選出する。しかし，市民と議員は選挙によって結ばれているとはいうものの，選挙とは社会を賑わすあらゆる争点を一票で表現するものであり，市民が個々の政策について判断を示すものではない。議員が市民の政治的見解を代弁するためには，両者をつなぐインターフェース（接点）が必要である。それが政党である。

　とはいえ，議員と市民のインターフェースのあり方はさまざまで

ある。ある選好を有する市民集団が組織化され，議員はその忠実な代弁者にすぎない場合から，議員は市民に政策パッケージを示し，市民はさまざまなパッケージの中から一つを選んで票を投じるというように，市場における売り手と買い手に近い場合まで考えられる。

本節では，そもそもなぜ議員は政党を作るのかという点から出発して，市民と議員のインターフェースとしてどのような関係や場が望ましいのかを考えてみよう。

はじめに，なぜ政党が作られるのかを考えてみよう。一般的に，政党形成の理由は，政策の実現と利益代表という2つの面から論じられることが多い。すなわち，議員が集団化して政党を形成するほうが，政策実現が容易になる。あるいは，政党は特定の集団利益を代表するために形成される。前者は，議員サイドから政党形成の目的を考えるもので，後者は市民サイドから考えるものであるということができる。政党形成を考えるうえで，この2つの観点はもちろん重要であるが，それらは，政党に参加する議員や市民の参加動機について十分に注意を払っていない。ここでは，参加動機から政党形成について議論を進めてみよう。

議員にとっての政党

第1に，なぜ議員は政党を作るのかを考えてみよう。その際に出発点となるのは，現代社会において議員は多くの場合職業であるということである。職業である以上，会社員などの他の職業と同様に，3つの目的を有することになる。それは，第1に収入を得ることであり，第2に組織の中で昇進することであり，第3に職業生活を通じて社会に貢献することである。これらを議員に当てはめれば，再選，昇進，公共政策の実現となる（Fenno 1978）。他の職業と異なり，議員が議員であり続けるためには，定期的に実施される選挙で

98　**3　政治過程**

勝ち続けなければならない。すなわち再選されなければならない。昇進とは議会内での経歴の上昇である。議員は平等であり，その地位に上下はないが，議会内での委員長ポストや議長ポスト，さらには議院内閣制の場合大臣ポストに就けるかどうかによって，社会的威信や再選可能性に影響がある。それゆえ，議会内での昇進を志向することは，十分に合理的な判断である。公共政策の実現については議員である以上当然ともいえるが，それをしないと次の選挙で市民の厳しい評価を受け，再選が難しくなるという意味でも重要である。

　この3つの目的を実現するのに政党所属が役立つため，議員は政党に参加すると考えられる（Aldrich 1995）。3つの目的を個別に見てみよう。

　再選に関していえば，政党所属は潜在的支持者を効果的に動員する方法である。候補者が政党ラベルをもたない（政党に所属しない）場合，市民は，政策などの点で当該候補の潜在的な支持者であったとしても，そのことをすぐに理解はできない。なぜなら，投票に際しては候補者に関する情報を収集する必要があるが，それにはコストがかかり，日常生活に忙しい市民がそのコストを十分に負担できるとは限らないからである。ところが，候補者が政党というラベルを得られると，そのコストは大幅に圧縮できる。政党に所属すると，どういう政策を志向しているのか，当該候補者が当選しそうかを，大まかであっても市民は知ることが容易になるからである。

　昇進という点でも，政党は大いに議員の役に立つ。議会内での役職は，通常議員同士の互選によって決定される。議会内に全く政党が存在しない場合，役職選任は議員全員が対象になる。議員数が少なければ，各議員の経歴や背景は全員が共有しているので，選任に苦労しないかもしれない。しかし，議員数が多いと選任には困難が

2　政党政治　99

伴う。昇進は誰もが望むものなので競争は激しく，自身が選任されるための活動などコストが高くなり，しかも選任されるかどうかはわからない。これに対して政党が存在する場合，役職選任は政党間での交渉を経て，政党内部のルールに従い行われる。たとえば，議会第一党から議長を選任するというルールができていれば，あとは第一党内でのルールで決められる。この場合，各議員がいかなる役職に就けるかの予測可能性が高まり，役職をめぐる競争も緩和される。

　最後に，公共政策の実現に関していえば，個々の政策はよくても，財政破綻など全体として問題になるという場合と，決定不能が発生する場合において，政党の存在は議員にとって有益である。前者は，財政に関する囚人のジレンマ問題ともいわれる。各議員は公益に貢献すると考えられるさまざまな政策案を議場に持ち込む。たとえば，高等教育，介護，育児に関する政策の充実などが挙げられる。しかし，いずれの政策も，財政負担なしで実現できるものではない。一つ一つの政策に異論はないとしても，それらをすべて実現するとなると収入を上回る支出が必要となり，財政が破綻する。しかし政党に政策作成を委ねれば，政党が政策の優先順位を作り，全体のバランスをとるので，支出を抑えることができる。

　後者は，社会的選択の問題である。個々の議員には優先させたい政策の順序に違いがある。たとえば，ここにA，B，Cという3人の議員からなる議会が存在するとする。A議員は，「教育＞防衛＞福祉」の順で優先すべきと思っており，B議員は，「防衛＞福祉＞教育」，C議員「福祉＞教育＞防衛」の順で考えているとする。3人が同時に投票すると，いずれの政策を最優先すべきかを決定することはできない。そこで，選択肢を教育と防衛に絞って検討し，その後勝ったほうと福祉を検討するというルールを設定する。この場

表 3-1　投票のパラドックス

	A	B	C
1 位	教育	防衛	福祉
2 位	防衛	福祉	教育
3 位	福祉	教育	防衛

[出所]　筆者作成。

合，教育と防衛ではBのみが防衛を優先するので教育が優先されるが，教育と福祉で比べると福祉が優先される。それでは，福祉と防衛での比較となると，次は防衛が優先される。こうして2つのペアを選択して決定しようとしても，いつまでも決定することはできない。これを投票のパラドックスというが，政党を結成し多数派の優先順位を確定すれば，こうしたパラドックスを回避し，決定不能に陥ることを避けることができる。

このように，再選，昇進，公共政策の実現のいずれをとっても議員は政党に所属したほうがよい。それゆえに，政党が形成されると考えられる。

市民にとっての政党

第2に，なぜ市民は政党に参加するのかを考えてみよう。政党は公益実現という目的をもった組織であり，議会や同好会・クラブとは異なり，ある程度の階統性が存在する。また，政党の目的達成によって産出される公共政策は，官僚制を通じて公共財などの財やサービスとして社会の構成員に提供される。この意味で，市民が政党に参加する理由は，人々が企業活動に参加する理由と対比させることで鮮明になるであろう。

一般的に組織は，構成員に対し，次の3つの誘因を提供して，人々を組織に参加させようとする（ウィルソン 1983）。それは，物質

2　政党政治　101

誘因，連帯誘因，目的誘因である。物質誘因は給与や権力など人々の物質的要求に直接応えるものであり，連帯誘因は人々との一体感など帰属意識を与える誘因である。目的誘因は，公益実現など社会への貢献という欲求に訴えかけるものである。ここでは，物質誘因を主に検討する。なお，組織の構成員は，組織における財やサービスの生産活動に直接従事する内部構成員と，組織の生産活動の結果として利益／不利益を受ける外部構成員からなる。外部構成員は組織運営に直接関与しないが，商品の購買などを通じて選択的に影響を与える。たとえば，企業がある商品を作っても，外部構成員である消費者がそれを選択しなければ，企業は経営戦略を変更せざるをえない。

　このように考えたとき，企業と比べて政党がもつ顕著な特徴は，生産する財の分割可能性の違いである。つまり，企業は，内部構成員は株主，従業員からなり，外部構成員は消費者である。内部構成員に供給される物質誘因は利潤であり，外部構成員に供給されるのは商品である。いずれも分割可能な私的財である。内部構成員と外部構成員に提供される誘引は全く異なるので，市民は企業活動に参加するにあたって，商品の内容はとりあえず無視して内部構成員になりうる。他方，政党の場合，内部構成員は議員，党員であり，外部構成員が一般市民である。内部構成員に提供される物質誘因は，公職，政治権力などの便益であり，外部構成員に提供されるのが公共財などである。しかし，企業と異なり，公共財は分割不可能なので，内部構成員にも便益として提供される。

　公職や権力など内部構成員のみに提供される誘因は重要であるが，その資源は希少であり，ほとんどの党員は恩恵にあずかることはできない。それゆえに市民が政党に参加する理由として不十分である。他方，外部構成員に提供される誘引は党員にも与えられるので，ど

のような公共財を提供してもかまわないというわけではない。それ
ゆえ，市民が政党に参加する最も重要な理由は，本来外部構成員に
提供される財の形成に，外部構成員よりは影響を与えることができ
るという点にとどまる。

　市民は，一有権者として投票の際に影響を与える外部構成員にと
どまることも，政策形成に関与する内部構成員として党員になるこ
ともできる。前者の立場に立つ場合，市民は政党に対し説明責任を
追及する主体であるが，後者の立場に立つ場合は代表性を追求する
ということになる。

市民と政党組織

　それでは，市民はどういう形で政党と関係をもつのであろうか。
その検討を行うために，政党とはそもそもいかなる組織なのかを考
えてみよう。

　政党は，大きく3つの構成要素からなると考えることができる
(Katz and Mair 1993)。第1に，**公的組織における政党** (party in
public office)」で，議会を構成する議員や，その政党が政府を構成
する場合は大統領・首相や閣僚なども指す。第2に，「**党本部とし
ての政党**（party in central office)」で，党官僚制を指す。議員たちが
政治活動を行う際に，それを支援する人々が必要である。つまり，
議員たちの日程調整などのロジスティクスを担当し，政策形成のた
めの素材を集め，有権者との対話の場を設け，選挙キャンペーンを
手助けする人々が必要とされる。それをボランティアでは賄い切れ
ないので，有給・常勤の職員を雇うことになる。これらの人々が党
官僚と呼ばれる。第3に，地方組織である「**土台としての政党**（par-
ty on the ground)」である。通常，この部分が市民との直接のイン
ターフェースとなる。議員で構成される公的組織内の政党と党本部

2　政党政治　103

としての政党が，はるかに数の多い市民と直接接触するには限界があるので，全国を地方単位に分け，それぞれの地方で設けた組織が，市民と接触することになるからである。

　地方組織での市民とのつながり方は，地方組織の中に市民を包摂する程度の違いから，大きく2つの種類に分かれる。第1に，市民をあくまで外部構成員ととらえる，言い換えれば選挙の際に政策を「売る」対象と考える場合，地方組織は，議員や議員に近い少数のメンバーから構成された，閉ざされた組織になる。第2に，市民を党員として迎え入れて内部構成員化し，組織の一員として政治教育を行い，彼らの声を吸い上げることを重視する場合，地方組織はより開かれた組織となる。政治学では，前者を**コーカス**，後者を**支部**と呼んで区別してきた。

　なお，歴史的には，コーカスは保守政党，支部は進歩派政党に見られた（デュベルジェ 1970; 的場 1998）。保守政党は，伝統的には中流階級以上の階層を基盤としており，政治資金をはじめとして資源が豊富なので，大衆的支持基盤を必要としなかった。それに対し，労働者や貧しい階層を基盤とする進歩派政党は，より多くの市民を組織化し，一人一人のもつ少ない資源を集約する基盤を必要とした。そうした成り立ちの違いは，保守や進歩という政党のイデオロギーと，コーカスや支部という地方組織のあり方に関連をもたせることになったわけである。

　このような地方組織の違いは，政党構造に大きな影響を与える。コーカスはいわば政治エリートのクラブであり，構成メンバー間で上下関係は存在しない。個々のエリートが資源をもち政治活動を行うので，党官僚を数多く雇う必要性もない。それは全国的にも同様なので，党本部は弱くなり，公式組織における政党が強くなる。こういう構造の政党を**幹部政党**という。他方，支部の場合，大量の党

員を管理するには議員だけでは足りず，政治活動のための資源を党員に依存してもいるため，党官僚制を発達させる必要がある。その状況は全国的にも同じなので，党本部が強くなり，公式組織における政党は相対的に弱くなる。また，後者を構成する議員たちは，幹部政党の議員たちのように自律性をもったエリートではなく，党組織に依存しているので党員の代理人として行動するようになる。こうした政党のあり方を**大衆政党**という。

　以上のように，市民が政党に対して求める政治へのインターフェースの役割が，政党組織のあり方に大きく影響し，基本的には2つのタイプの政党組織が生まれると考えてよいであろう。

政党組織の変容

　幹部政党と大衆政党という政党組織の基本モデルは，これまで述べてきた市民と政党の関係に対する論理を前提にして成立している。しかし，これまでの前提は常に成立しているわけではなく，それらを外して政党組織を考えることも必要である。例を4つ挙げよう。第1に，本節は政党が市民に提供する誘因として，物質誘因を重要視しなかったが，逆にそれを重視する政党も考えられる（Kitschelt and Wilkinson 2007）。政党が政権を握るなどして分配可能な資源を多くもつ場合，政党は政策ではなく，そうした資源を供給して有権者の支持を確保することが可能になる。20世紀前半まで存在したアメリカのマシーン・ポリティクスや，イスラエルが建国時にヨーロッパなどから迎え入れた新しい国民に，政党が職を世話したことなどがそれに当たる。また，日本における中選挙区制時代の自民党による利益誘導政治も一例であろう。そこには，利益を与えるパトロン（支援者）としての政党組織と，忠誠と支持を提供する支持者たちという関係が存在している。

2　政党政治　105

第2に，市民の意見収集機能と集約機能の関係についてである。これまでの議論は，政党が市民の意見をどう収集するのかに焦点を当ててきたが，政党は意見を集約して，政策に結実させることも重要である。政策化するには，すべての支持者の多様な意見に耳を傾けているわけにはいかない。ここにおいて政党にジレンマが生じる。収集を重視するのか，集約を重視するのか。収集を重視するのであれば，政策をまとめるためには，政党が代表すべき市民を限定するしかない。これは支持基盤が狭くなることを意味するので，政党の規模拡大は難しい。他方，集約を重視すれば，政党の規模拡大は可能であるが，代表性は低下する。このジレンマに直面するのはとりわけ大衆政党である。後者の立場に立った政党は，**包括政党**ないしは**大衆官僚政党**と呼ばれ，説明責任と代表性の観点からすれば，説明責任をより重視することになり，幹部政党と類似することになる（Kirchheimer 1966）。

第3に，地方組織の必要性である。純粋に政策を市民に「売る」ことに特化した場合，マスメディアが発達した今日，市民を地方ごとに括って対応するよりも，優れた政策を作ってそれを宣伝することに特化したほうが，コスト・パフォーマンスがよくなる。地方組織が不要となれば，党官僚の性格も大きく変わる。党員管理ではなく，広告代理店的な能力が求められるようになる。つまり，選挙コンサルタント，世論調査・宣伝の専門家，調査部門のエコノミストなどの専門スタッフが求められるようになるのである。こうした政党のあり方は，**選挙―プロフェッショナル政党**と呼ばれる（パーネビアンコ 2005）。

第4に，政党の誰が市民を代表するのかについてである。本節では，市民が政党を通じて議員に代表性を求めるという構図で議論を進めてきた。しかし，市民が議員ではなく，直接党首に代表性を求

めるということもありうる。市民にとっての利益は，市民があらか
じめ認知しているのではなく，党首の演説やインターネット上での
発言を聴取することで認知するというプロセスがありうる。そうで
あれば，市民は議員を介さずに党首と直接つながり，党首こそが代
表性を有していると考えるようになる。いわば**政党の「個人化」**が
ありうるのである（ポグントケ＝ウェブ 2014; Ignazi 2003）。

　幹部政党と大衆政党という政党組織の基本モデルは，第二次世界
大戦後の西欧諸国における政治環境を前提にして成立したものであ
り，環境が変われば，このモデルを政党がとるということではなく
なる。戦後の西欧政治を枠づけた冷戦状況の緩和は，国内のイデオ
ロギー対立を緩め，包括政党の出現を促した。マスメディアの発達
と近代化の進行による社会的紐帯の弱体化は，党員への依存を困
難にし，選挙‐プロフェッショナル政党や，政党の個人化を引き起
こしている。しかし，どのような類型にせよ，基本的には説明責任
と代表性という2つの機能のトレードオフに基本構造を置いている。
これは，政治をどの程度プロに任せるのがいいのか，ルソーのいう
「奴隷」にならずにすむよう，代議制民主主義を機能させうるのか
に関する問題なのである。

3　中間団体

中間団体と政治

　市民と政治のインターフェースは，政党だけではない。より間接
的なインターフェースとして，**中間団体**がある。中間団体とは，文
字通り国家と市民の中間に存在する団体である。私たち人間は集団
化して社会生活を送っているが，数ある集団の中で最も身近なのは，

家族と企業であろう。家族は自然発生的な共同体であり，多くの場合，血縁の共通性によって個人を結合する。他方，企業は，財やサービスの生産活動に従事して人々の生活に資するほか，生産活動の結果として利潤を生み出し，構成員の私的利益追求に供する。これに加えて，社会全体の公益実現のために結成されるのが国家である。（中間）団体は，これら3つの要素のいずれにも当てはまらない集団を指す（辻中・森 2010）。

中間団体（以下，団体）は多種多様である。野鳥を見る会やサッカー・クラブなどの趣味の団体もあれば，日本医師会や日本経済団体連合会など，ある種の職業利益を代表する団体もある。団体の多くは，政治にかかわることを目的として結成されたわけではない。しかし，こうした団体が政治に対し，少なからぬ影響力を発揮している（ベントリー 1994）。団体が政治的役割を果たすのは，政党，さらには議員などの政治家を通じてだけでは，市民の見解が政治的決定に十分に反映されないからである。代議制民主主義における，公式制度が抱える代表性における機能不全という問題を緩和する存在として，団体が重要なインターフェースになるということができる。

政党や議員は市民の利益を代表するが，あくまで包括的代表である。たとえば，彼らは農業政策にも福祉政策にも安全保障政策にも関心を払うが，それだけ個別の政策への関心は広く浅くなりやすい。ところが，市民の関心は包括的とは限らない。市民によって関心の持ち方もさまざまである。農業従事者であれば，農業政策により強い関心をもつのは自然であるが，他の職業従事者はそうではないだろう。学生や学生を子にもつ親世代は，教育のあり方に強い関心をもつとしても，高齢者はそうではないかもしれない。そうした政治的関心の多様さに，政党や議員は十分に対応できないことが多い。対して団体は，その多くが特定の利益に深く関係しているので，個

別の政策への関心をもち，その政策に関心を寄せる市民の利害を代弁し，政治的決定に反映させうるのである。

団体が政治活動をするとき，その団体を，**利益集団**あるいは**圧力団体**という。しかし，すべての団体が政治活動をしているわけではなく，現在政治活動をしている団体が，いつもそうであるというわけではない。利益集団や圧力団体としての顔は，基本的には団体のもつ一時的なものであるととらえたほうがよい。その点で団体は，政治に常に関与し，政治活動以外の存在意義はない政党とは大きく異なる。団体の政治活動のあり方も，政党とは異なる。政党は議員を有しており，直接的に政策決定に影響を及ぼす。他方，団体は，議員や政党，行政機関への働きかけによって影響力を発揮する。働きかけは，ロビー活動のようにインサイダー的なものもあれば，デモやマスメディアを対象とした記者会見など，アウトサイダー的なものもある。いずれにせよ，政党や議会が団体の主張を受け入れなければ，政治に影響を与えることはできないので，政策決定の影響力は間接的なものにとどまる。とはいえ，市民の個別的な関心を十分に吸い上げるのが難しい政党や議員にとって，団体の政治活動は十分に配慮すべきである。団体の主張や要求は，多くの場合具体的であり政策につながりやすく，その要求を汲まなければ政党や議員の信用を失墜させるような，政治的に敏感なものが少なくないからである。それゆえ団体は，間接的ではあるものの，政策に重要な影響を与えることが多いのである（ベントリー 1994）。

団体の代表性

団体は，市民と政治とのインターフェースとして，どのように機能するのであろうか。説明責任と代表性の観点から考えてみよう。団体は，政策決定の責任もなければ，市民の意見を広く集約する必

要もないので，議会や政党のように説明責任と代表性のトレードオフは存在しない。先にふれたように，団体は，政党や議員に不足する代表性を補う存在なので，代表性に問題がないように見えるかもしれないし，他方，政治的意思決定の責任も負わないので，説明責任とは無縁に見えるかもしれない。しかし，2つの機能への着眼は，団体の政治活動に関しても，やはり重要である。

　まず，比較的わかりやすい代表性について考えてみよう。個々の団体が，特定の市民の利益を代表しているという点は自明であるように見える。しかし，そもそもなぜ市民が団体に参加するのかという点を考えれば，団体は必ずしも市民の政治的代表として機能しないことがわかる。

　団体の利益と，それに参加する市民の個人的利益は一致しているとはいえない（オルソン 1983; 森脇 2000）。確かに，団体に参加する以上，団体がもつ目的は，その構成員にとっても共通の目的であろう。しかし，目的が共通であっても，構成員がその実現のために等しくコスト負担を受け入れるとは限らない。ここでいう目的（集合財）は，実現されればその恩恵を構成員皆が等しく享受できるという点で，公共財的な性格を有している。つまり，誰かがコストを負担してくれれば，自らコストを負担する必要はない。合理的に考えれば，他の構成員に負担してもらって，自分はそのコストを節約して他のことに振り向けたほうがいいはずである。つまり，公共財提供に関する場合と同様に，**集合行為のジレンマ**が発生する。これを解決できない団体は目的を達成できないし，そもそも団体結成すらできないかもしれない。

　オルソンによれば，集合行為のジレンマの解決のしやすさは，団体によって差がある。差をもたらすものの一つが，集団の規模である。一般的に，集団規模が大きいと，集団と構成員それぞれの利得

構造の乖離が大きくなる。つまり，構成員個人がたとえ自ら支払わなくても，他の構成員がコストを負担すれば，その集合財を受け取ることができる。他方，個人が負うコストの分担は全コストに比べればあまりに小さいので，個人の分担拒否は集合財の供給に影響を及ぼさない。逆に，仮に自分が分担するとしても，他の構成員もその分担を支払う保証は全くなく，個人の分担額は全体から見ればきわめて小さいので，誰も**フリー・ライダー**に注目しない。合理的に考えれば，規模の大きな集団の構成員は，誰も集合財供給のためにコストを負担しないことになる。それゆえ，規模の大きな集団であればあるほど，団体を結成しにくいし，結成できたとしても目的達成のための費用調達が困難になる。これに対し，集団規模が小さいと，個人がコストを負担しなければ，集団全体の目的達成が困難になることが目に見えており，構成員間で相互監視が働くため，フリー・ライダーになりにくい。それゆえ，目的が達成されやすくなる。

　もちろん，大規模集団だからといって集合行為のジレンマが解決できないわけではない。集団に参加した場合にのみ選択的に適用される誘因（選択的誘因）があれば，ジレンマは解消される。労働組合に入れば，職場のクラブ活動やリクリエーションに参加できるなどがその一例であろう。あるいは，弁護士会などのようにコスト負担を義務化するということもありうる。

　あるいは，その集団内に，**政治的企業家**と呼ばれる，集合的便益のために活動することによって別の政治的目的を追求する人がいる場合，大規模集団でも目的達成は可能である。彼らが企業投資と同様に投資をし，集団構成員を組織化し，資源を集めることができれば，集合財供給は可能になる。ただし，この場合，政治的企業家はその団体における独裁者となり，団体に参加する市民の利益を本当は代弁しない危険性がある。あるいは，別に設定した政治的目的を

達成する程度にしか，コストをかけないことが考えられる。

　他方，小規模集団でも目的の達成は難しくなることがありうる（森脇 2000）。構成員が少ないと，集合財の欲求度は構成員によって異なることが表面化する。欲求度の高い構成員はコストを支払うが，低い構成員はコストをあまり支払わない。結果として，欲求度の高い構成員が，コストを不釣合いなほど負担するものの，集合財は不十分にしか供給されないことが起こりうる。

団体の偏在性と普遍性

　このように，団体が必ずしも市民の利益を代弁し，代表性機能を十分に発揮するとはいえない。その結果としてよく指摘されるのが，団体の偏在性である。政治的決定に影響力を及ぼす団体には偏りがあり，社会に存在するさまざまな利益を反映させる形とはなっていないと考えられるのである。

　もう少し説明しよう。アメリカで発達した，利益集団に関する古典的な理論によれば，利益集団活動は市場における生産者の競争と似ており，一定の均衡点が存在する（ベントリー 1994）。現代社会においては，利益が多元的に分化しており，各々の特定利益を追求する多様な集団が台頭している。これらの集団は，相互に対立・抗争し，あるいは協力・提携し合いつつ，その目的を達成しようとする。利益 A を追求する団体に対して，反対利益であるアンチ A を追求する団体もあるので，最終的な政策は，両者の利益を均衡させるような落としどころに落ち着くというのである。

　この議論の大前提は，多様な市民がもつ多様な利益は，何らかの形で団体活動として政治に代表されているということ，言い換えれば，団体の普遍性である。

　しかし，オルソンの議論を前提にすれば，団体が代表性機能を発

揮するかどうかは，団体が置かれている条件によって異なる。したがって，団体政治全体として見れば古典的な議論とは異なり，市民の利益の代表のされ方には何らかのバイアス（偏り）があると考えるほうが自然である（オルソン 1983）。とりわけよく指摘されるのは，集団規模の違いである。たとえば，米の輸入制限を考えてみよう。米の輸入自由化は米の値段を劇的に引き下げ，消費者の利益に供する。しかし，この問題をめぐって組織化が進むのは，輸入制限を守りたい生産者側の利益であって，消費者側の利益ではない。生産者の数は少ないが，消費者の数は圧倒的に多い。多いがゆえに，集団として組織化されないのである。

　団体結成や目的達成のための条件の違いは，団体の偏在性を生む。**ダウンズ**によれば，団体の活動は生産者に偏重する（ダウンズ 1980）。団体政治の展開は市民の利益を均衡させるのではなく，小規模でコスト負担能力の高い団体に，有利に働くことになるのである。

　しかし，団体の代表性を，団体と構成員の利益の違いから見る考えとは，異なる見方がありうる。それは，本節冒頭で述べた，団体の政治性の限界である。多くの団体にとって，政治活動は主たる目的ではない。むしろ，主たる目的を達成するために，政治活動を行うこともありうるという程度である。団体が本来の目的に沿って機能しているのであれば，構成員は適切な負担を行っているので，大規模集団であっても，政治活動のために必要なコストを徴収することは，それほど問題はないはずである。政治活動を行っていない圧倒的多数の団体も，必要であれば政治活動を行い，市民の利益を代表して行動するであろう。こうした団体の性格に鑑みれば，団体活動の偏在性は，団体による行動の取捨選択の結果であり，古典的議論がいう政治的均衡を崩すほど，深刻な代表性の毀損ではないともいえるのである。

団体の説明責任

次に，団体の説明責任について検討してみよう。団体においても，市民に対する説明責任が機能しうるという議論は考えられる。経済学者の**ハーシュマン**によると，集団の目的が構成員個人のそれから離れてしまったときに，個人は以下の２つの対応のどちらかをとる（ハーシュマン 2005）。一つは，集団からの**退出**（exit）である。構成員が所属集団から離れて，他の集団に移ることにより，当該集団の運営や活動に対する不満を伝える。もう一つは，**抗議**（voice）である。構成員が所属集団の指導者・幹部に対して，個人的あるいは集団的に，運営や活動方法に対する不満を，口頭，文書またはデモンストレーションなどの手段で伝える。構成員が２つの戦略のうちいずれをとるかは，構成員がどの程度団体に対する**忠誠心**（loyalty）を有しているかによる。忠誠心が低ければ容易に退出し，高ければ抗議活動に出るだろう。

団体の構成員は，団体が構成員に対し説明責任の果たす政治行動をとっていない場合，この２つの対応のいずれかをとることで，団体の説明責任を問えるが，このうち退出は，市民が説明責任を果たさない議員に投票せず，その行為を通じて議員を落選させるのと類似した結果を引き出すことができると考えられる。つまり，団体においても，議員と市民，政党と市民の関係で述べたのと同様に，説明責任は機能する可能性がある。

ただし，本節が話題にしている団体の政治活動に関していえば，２つの戦略のうち，「退出」はあまり現実的ではない。何度かふれているように，団体本来の目的は，多くの場合政治活動ではない。団体執行部が，団体結成本来の目的から離れてしまっている場合，団体構成員は退出戦略をとることがある。しかし，活動の中心ではない政治活動で，自らの考え方と違うからといって退出するのは，

合理的な対応とはいえない。むしろ，構成員は「抗議」戦略を採用し，政治活動の方針転換や，場合によっては執行部の刷新を要求するであろう。しかし，こういう戦略を採用しうるのは，退出戦略ほど強烈ではないにせよ，団体が市民に対してなす説明責任が機能していることを意味していよう。

レント・シーキングの発生

以上に説明したように，団体の政治活動は，市民に対して説明責任も代表性も有しているので，団体は市民と政治とのインターフェースの一種として重要である。しかし，団体の活動は，全体としてあまり評判がよくない。政官業の癒着とか，鉄の三角形の一角として，何かというと市民の批判を浴びることが多い存在なのである。その理由は，大きく分けて2つある。一つは利益集団として政治的主張を展開する団体の偏在性であり，もう一つは**レント・シーキング**と呼ばれる現象の発生である（Krueger 1974）。前者はすでに説明したので，後者について説明しておこう。

団体のうち，経済活動に関係する業界団体などが行う政治活動は，多くの場合団体を構成する企業が利益を得る環境を整備するためになされる。これに対し政府ができることは，基本的には市場に対する規制を緩めるか，強化するかである。団体は主として規制の強化を求めて政府に圧力活動を行う。

それは，以下の理由による。一般的に，資本主義経済において，私的財の生産は自由な市場競争のもとで行われる。商品やサービスの生産量と価格は，生産者と消費者の行動で決まる。消費者のうち，高い価格でも財を購入してもいいという人は少なく，価格が下がれば下がるほど多くの消費者が購入するようになる。他方，生産者は価格が低くても生産してもいいというものは少なく，高くなるほど

多くなる。前者の動きをたどると需要曲線になり，後者をたどると供給曲線になるので，その交点上に均衡価格が生まれることになる。仮に，何らかの理由によって均衡価格より高い価格で財の価格が決まった場合，生産者は均衡価格より多くの利益を得，消費者はその分損を被る。もし，均衡価格より高い価格を人為的に設定可能であれば，生産者はそれを追求するであろう。つまり，生産者は市場における規制の強化を求める（レント・シーキング）。生産者からなる団体は，その恩恵が構成員に限定されるレント・シーキング活動を行い，政府は団体のもつ間接的影響力を重視して彼らの主張を酌み取った政策決定をするであろう。

　しかし，レント・シーキングの経済全体に与える影響は否定的である。レントの創出は，市場競争を妨げ，経済が停滞する可能性を高める。一部の団体のレント・シーキングの成功が，他の団体のレント・シーキング活動を呼び起こし，追加的な産出物の生産よりも所得や富の分配をめぐる志向が激化することになる。このような団体が増大すると，社会全体の生産は増えない。政治的決定には時間がかかるようになり，技術革新はレントという形で顕在化した既存の団体の特権に反するので生まれにくくなる。カルテル（企業連合）の発生によって，新規参入を拒否する行動も増え，規制の複雑化，手続きの煩雑化，政府介入の増大がもたらされるのである（オルソン 1991）。

団体の変容

　本節では，団体が市民と政治とのインターフェースとして機能しうるのか，説明責任と代表性の観点から検討してきた。注目したのは団体と団体構成員の関係である。しかし，政党と市民の関係の場合と同様に，これまでの議論で前提となっているいくつかの点を外

して考えてみよう。

第1に，団体の活動でも代表性を極小化させることが可能かもしれない（パットナム 2006）。団体は本来メンバーシップがはっきりしているが，構成員を活動へのコスト負担者と割り切ると，市民の参加はほとんど不要になる。団体は設立目的と活動内容だけを市民に伝え，賛同者に寄付を募ればいい。海洋生物の保護を訴えるシー・シェパードや環境問題に取り組むグリーン・ピースなどの非政府組織（NGO）団体はその一例であろう。こういう団体は，第3次集団（メンバーシップなき団体）といわれ，今日急速に増大している。

第2に，オルソンがいうのとは逆に，団体構成員はコスト負担回避を合理的とは考えない可能性がある。これまでの団体行動の分析は，団体構成員の目的が私的利益の追求であるという前提に立っていた。しかし，構成員の目的が公共的で，構成員以外にも恩恵が及ぶようスピルオーバー（波及）効果を期待する場合，構成員は行動への参加そのものがもたらす満足感をゆえに，喜んで負担を引き受けるであろう。近年世界的に見られる，私的利益追求に還元されない市民社会団体の噴出は，そのような例としてとらえられるかもしれない（Sallamon and Anheir 1997）。

第3に，団体の活動は私的利益追求であるとしても，その恩恵が構成員にとどまることを前提としていないかもしれない。たとえば，労働組合は，国全体の労働者を組織するほど包括的であれば，経済全体のパフォーマンスを考慮せざるをえないので，その行動は経営者にも恩恵が及ぶものとなりうる。特定の民族差別を禁止する団体の活動は，あらゆる民族差別の禁止につながるかもしれない。

後者2つは，一見好ましく思えるが，団体に属さない市民への広範な影響を考えると，説明責任を誰が問うのかという点で問題がありうる。団体構成員は政治行動によって実現された政策で満足する

だろうが、構成員以外の市民はそれを不満に思うかもしれない。しかし、不満の責任を構成員でない市民が、団体に問い質す手段は基本的にはない。

4 市民参加とマスメディア

参加の形態

本章の冒頭で述べたように、代議制民主主義をとる現代社会では、政治と市民は基本的には切り離されており、政治的決定は市民に代わって、かつ市民の意向を受けて政治家が行う。代議制民主主義が民主主義であることを維持するために必要なのが、代表性と説明責任である。しかし、この2つの機能はトレードオフの関係になりやすく、代議制民主主義が市民の意向を十全に代表し、市民に対し十分な説明責任を果たしうるわけではないということが原理的に発生しやすい。それを防ぐために、私たちは政党や中間団体を活用するが、そこでも代表性と説明責任の問題が発生しうる。このような、政治と市民との間に生じる乖離を補うために、代議制民主主義のもとでも市民が政治に別のルートで関与する必要がある。本章の最後に、このことを、市民の政治参加とマスメディアの検討を通じて考えてみよう。

まず、市民の政治参加についてである。市民はどのように政治に直接参加するのか、なぜ参加するのか、できるのかを考えてみよう。

はじめに、政治参加の形態（レパートリー）を見てみよう（坪郷2009）。市民が政治参加するレパートリーは、大きく2つに分かれる。一つは代議制民主主義の枠組み内の制度的な参加で、もう一つはその枠組みから飛び出した、非制度的な参加である。本章冒頭で

述べたように，代議制民主主義のもとでは市民は選挙を通じて政府形成に参加し，政党のもつ意見収集・集約機能を通じて，より具体的な政策内容にかかわる。これらは制度的な参加である。この他に，代議制民主主義の例外として，国民投票や国民発案が制度的に認められている場合がある。地方自治体では，より市民に身近な政府であるべきという考えから，住民投票や市民イニシアティブ，予算編成への市民の関与を認められている場合がある。これらもまた，制度的参加である。

　制度的参加以外のものが，非制度的参加になる。大きく2つに分けられる。一つは，合法的参加である。民主主義社会では市民は言論の自由，集会・結社の自由が保障されている。これらの権利を使って，政策提言や，デモ（許可されたもの），署名活動，集会・討論会への参加を行いうる。もう一つは，非合法的な参加である。禁止されたデモへの参加，山猫スト（労働組合全体の意思に反して，一部の組合員が独自に行うストライキ）への参加，住宅占拠・バリケードなど，法的に禁止された行動に参加することで，政治体制や政策に変化をもたらそうとする。暴力行為を伴うものもある。これらのレパートリーは本来許されないが，政治に影響を与えることが少なくはない。

　民主主義社会において，非制度的参加の中心を占めてきたのは，市民運動，社会運動と呼ばれる，市民による政治活動を伴う運動である。公害反対運動，女性解放運動，環境保護運動，軍事基地建設反対運動などがそれである。これらのうち，目的を達成し政府の政策を変えたものもあるが，そうでないものもある。いずれにせよ，市民の直接的行動は，政治に大きなインパクトを与えることが少なくなかったといえるであろう。

参加の要因

　次に，市民はなぜ政治に参加するのかを考えてみよう（山田 2016; 蒲島 1988）。言い換えれば，市民の中でもどういう人々が，政治に参加する傾向にあるのだろうか。大きく3つの見方がある。第1に，社会経済的な環境によって，参加のしやすさには違いがあるという，社会学的な見方がある。個々の市民がもつ社会的属性には違いがあり，社会経済的な地位が高いなど，資源を多く有する人々とそうでない人々がいる。前者のほうが政治に参加しやすいであろう。加えて，私たち人間は社会に埋め込まれた存在であるので，社会的環境が政治参加に与える影響も考えられる。身近なところに政治活動を行っている知り合いがいるなど，政治とつながりのあるネットワークを有している市民のほうが，そうでない市民より政治に参加しやすいであろうし，政治活動家からの動員も受けやすいと考えられる。社会に対する信頼が厚い（**ソーシャル・キャピタル**が豊かな）人々や集団は，社会的な問題解決が政治を通じて可能だと考えるので，政治に参加しやすいであろう（→第6章）。

　第2に，市民個々人が政治に対してどのように感じているかによって，政治参加の違いが生じると考える心理学的な見方がある。自分が政治に働きかけることに効果があると感じるか（**政治的有効性感覚**）や，政治参加への受容度，忌避態度は人によって異なるが，この違いが政治参加のしやすさの違いにつながる。市民個々人の政治に対する心理的対応が積み重なれば，当該社会，当該国家の政治文化になる。

　第3に，市民が政治に参加するかどうかは，政治に参加することで得られる便益と参加にかかわるコストを勘案して決定されるとする，経済学的な見方がある。市民が政治に参加する目的は，市民にとって好ましい公共政策を実現することである。しかし，そのため

表 3-2　政治参加の要因

	一般的	社会運動
社会学的見解	社会的属性，ネットワーク	革命理論，相対的価値剥奪論，政治的機会構造
心理学的見解	政治的有効性感覚，忌避態度など	新しい社会運動
経済学的見解	参加の合理的判断	資源動員論

［出所］　筆者作成。

に膨大なコストがかかるようでは，仮に目的をかなえたとしても市民にとって利益にはならない。つまり，市民の政治参加は優れて合理的な判断の結果であると考えることができる。

非制度的な参加の要因

　以上は政治参加一般になされる説明であるが，次に非制度的な参加，とりわけ社会運動に絞った場合，市民が運動に参加するのはなぜかについて考えてみよう。その見方は，先ほどと同じく大きく3つに分けて整理することができる。

　第1に，社会学的な見方である。市民を取り巻く社会経済的な環境が社会運動の発生に影響すると考えられる。この見方は，さらに2つに分けることができる。一つは，社会運動を引き起こす側に関することで，社会経済の変動によって市民が以前有していた社会的地位を失う，あるいは第三者が社会的に上昇することで相対的に地位が低下し，社会に不満を感じてその解消のために社会運動を引き起こす。マルクス主義をはじめとする**革命理論**や**相対的価値剥奪論**などがこれである（Gurr 1970; ハンチントン 1972）。もう一つは，社会環境が社会運動に寛容かどうかに関するものである。支配的なエリートの凝集力が高く，抑圧的であれば，対抗的な価値観を提起する社会運動に対して社会は閉ざされており，社会運動は発生しにく

4　市民参加とマスメディア　121

いが，逆の場合は発生しやすくなる。社会運動への寛容度という**政治的機会構造**の違いが重要になると考えられる（タロー 2006）。

第2に，心理学的な見方である。市民の価値観やイデオロギーの変化が，既存の制度や政策と不適合を起こすときに社会運動が発生するという見方である。その一つである**新しい社会運動論**によると，1970年代に先進国は産業化を終え，ポスト工業化の時代に入るが，ちょうどその頃に，各国で環境問題，女性解放運動が発生した。これらの背景に市民の価値観が大きく変わっていたことを重視する（トゥレーヌ 2011）。他に，何が争われるべきかという紛争の定義を変えることで，多くの市民が参加しやすくなるという見方も，このうちに含まれる（Snow et al. 1986）。

第3に，経済学的な見方である。経済合理的に考えれば，運動を起こして得られる便益よりも運動を起こすコストのほうが大きいので，市民は社会に不満があったとしても社会運動を引き起こすことはない。それでも社会運動が発生するとすれば，それは運動それ自体で便益を得られるなど，普通の市民とは効用関数が異なる社会起業家などが存在して，このジレンマが解消されるからである。運動に必要な資源調達に注目したこうした見方は，**資源動員論**と呼ばれる（塩原 1989）。

社会運動をはじめとする市民の非制度的参加は，制度的参加とどのような関係にあるのか。制度的参加は代議制民主主義と強い関係があるので，代議制民主主義との関係と読み替えてみれば，非制度的参加は代議制で十分に代表されない利益や価値観の表出ととらえるべき場合もあれば，代議制において，自らの主張をよりよく代表させるための市民の戦術ととらえるべき場合もある。ただし，一部にせよ市民の主張を直接政策に反映させようとする非制度的参加は，直接民主主義的であるがゆえに，代議制民主主義のもつ自由主義的

側面と緊張関係を引き起こさざるをえない。

マスメディアの政治的役割

次に，マスメディアについて検討しよう。テレビ，新聞，ラジオ
などのマスメディアは，前節で取り上げた中間団体よりもはるかに
多くの頻度で，はるかに多くの人々が接触するインターフェースで
ある。政府や政党，政治情勢，選挙など，政治に関する重要な情報
を市民が知るのは多くの場合，マスメディアを通じてである。また
マスメディアは，世論調査を通じて市民の意見や選好を政治に伝え
る。自らが代表になるわけでもなく，中間団体にも参加しない大多
数の市民にとって，選挙以外で政治にかかわるのは，主にマスメデ
ィアを通じてである。したがって政治家は，マスメディアの動向に
常に神経をとがらせるし，マスメディアを通じて市民の支持を得よ
うとする。

マスメディアはまた，それ自体が自立したアクターとして，権力
を見張る番犬であるといわれる。つまり権力の濫用をあばき，市民
に警鐘を鳴らす役割があるとされる。しかし，マスメディアが強力
になると，単なる番犬ではなく，それ自体が権力であるといわれる
ようになる。19世紀イギリスで，新聞は聖職者・貴族・市民に次
ぐ「第4の階級（estate)」と呼ばれるようなったが，今日ではそれ
が転じて，マスメディアは，立法，行政，司法に次ぐ**「第4の権
力」**であるといわれたりする。もとよりマスメディアは公権力では
ないが，三権と並び称せられるほどに強大な影響力をもつようにな
ったことを示唆している。

「第4の権力」となったマスメディアは，それ自体「権力の濫用」
を招くおそれがある。しかし民間の機関であり，しかも「報道の自
由」を尊重するため，マスメディアにまず求められるのは，自主的

4 市民参加とマスメディア 123

な倫理規定である。通常各国は，一様ではないが，正確性，公平性，中立性，客観性などを求める報道の倫理規定をもつ（大石 2005）。ただし事実を客観的，中立的に報道しようとすれば，結局政府当局の発表をそのまま報道する発表ジャーナリズムに陥ると考え，権力の番犬として批判的な立場を堅持すべきであるという主張もある。いずれにしても，私企業であるマスメディア各社には社主もいれば，広告主もおり，さまざまな経営判断が必要であろうが，市民が求める行動規範から大きく逸脱するような報道は支持を失うことになるだろう。

それではジャーナリズム倫理が確立すれば，マスメディアは民主主義に貢献するものになるのだろうか。リップマンは，1922 年に出版された『世論』の中で，現代社会の複雑さに対応するために，私たちは直接ふれ，経験できる現実環境の他に，頭の中で創られた**疑似環境**に基づいて行動するようになると指摘している（リップマン 1987）。疑似環境を創り上げるうえで決定的に重要性をもつのが，マスメディアのもたらす「事実」であるが，それは理解しやすいように紋切型に単純化され，加工された情報にすぎない。このようにしてイメージされた疑似環境に基づく判断や行動が，個人の偏見を克服した理性的なものであるとも，現実環境に適したものであるともいえない。

マスメディアの影響力

マスメディアとして最初に登場したのは，新聞である。世界初の新聞は紀元前 59 年，ローマでカエサルによって発行されたというが，1440 年代にドイツでグーテンベルクによる活版印刷の発明以来出版物が増え，新聞は日々人々によって消費される独占的な大量情報媒体となった。新聞は，国民意識を形成するうえで重要な役割

を果たしただけでなく，民主主義政治の要諦ともなった。新聞はより広範な人々に政治問題を伝え，彼らの間で議論を促し，世論と公共精神の形成を促すと考えられた。報道の自由は，自由かつ民主的な政治を実現するために不可欠のものと考えられるようになったのである。

しかし，マスメディアが市民に具体的にどのような影響を与えているのかについて，実証的関心が高まったのは20世紀に入って，ラジオが発明されてからである。とりわけ総力戦となった第一次世界大戦においては，ラジオがもつ宣伝効果が注目され，アメリカでは大衆操作の可能性が盛んに研究されるようになる。ラジオの影響力を物語るエピソードとしてよく取り上げられるのが，宇宙人襲撃のラジオ・ドラマが実話と間違えられたことや，第二次世界大戦中の戦争債券の購入キャンペーンの成功である。

マスメディアが受け手の意識や行動に直接影響を与えるという説は，**弾丸効果説**といわれる。新聞とラジオを比べると，ラジオがより大きな弾丸効果をもつと思われる。新聞の場合，情報提供と読むことの間には時間的隔たりがあり，しかも読者はいつ読もうと自由であり，情報を確認する時間的余裕もある。これに対してラジオは，現在進行形で情報を伝え，聴取者が，情報の真偽を確認する間もなく，即座に反応する可能性を引き出す。

このような弾丸効果説の背景にあるのは，メディア技術の発展にとどまらず，市民像の変化である。今や市民は己の内面に拠って立つ指針をもつ理性的な存在ではなく，外部からの情報に押し流される大衆なのである。大衆社会におけるマスメディアは，媒体というよりも，それ自体が世論を形成する存在であり，「第4の権力」と呼ばれるにふさわしい。

テレビの登場は，マスメディアと民主主義の関係をますます複雑

4 市民参加とマスメディア　125

なものにした。民主主義は言葉による政治であるといわれるが，テレビは，ラジオ同様に読み書き能力を求めないだけではなく，言語以外のメッセージを発し，それが人々の意識や意見に影響を与えるようになる。1960年のアメリカ大統領選挙において初めてテレビ討論会が導入されたが，テレビ視聴者の多くは，民主党候補 J. F. ケネディが共和党候補ニクソンに勝ったと評価した。ところがラジオ聴取者の間では，ニクソンに軍配が上がった。テレビでは，議論の内容だけではなく，両者の外見や立ち振る舞いの好感度が判断に大きく影響したのである（マクルーハン 1987: 310）。

しかし市民は，マスメディアに翻弄されるだけの存在ではない。合理的か否かは別として，情報の受け手は，自分なりに取捨選択を行う。自分の態度や意見（ステレオタイプであろうとも）にあったメディアを選択し，自分が関心をもつことだけを受け入れ，記憶するかもしれない。このような選択的接触，選択的知覚，選択的記憶が行われるとすれば，マスメディアは受け手の態度を変えるほどの力はなく，受け手があらかじめもつ意見（偏見）を強化するにすぎない。このような**限定効果説**は，市民を一塊の大衆としてではなく，異なる価値観や意見をもつ多様な集団に帰属する者としてとらえる多元主義理論（→第1章 *1*）に適合的なものであり，したがってマスメディアによる大衆操作から民主主義を救出するものであった。

アジェンダ設定機能

限定効果説は，弾丸効果説から民主主義を救出したが，それ自体が民主主義にとっては問題を引き起こす。限定効果説によれば，人々は自らの選好を変えることはないため，マスメディアの情報提供が人々の意識を変え，偏見を正し，理性的に世論が形成されるという可能性がなくなるからである。もっとも多元主義理論によれば，

民主主義政治は利害調整に還元されるので，このような規範的批判は意味のないことかもしれない。しかし，なお問題は残る。もし限定効果説が正しければ，広告宣伝の意味は激減するだろう。しかし現実の広告の氾濫を見れば，限定効果説がそれほど広く受け入れられていないことがわかる。

多元的なマスメディアの発達が一段落し，成熟した1970年代には，あらためてマスメディアの効果を問い直す研究が生まれてきた。そのパイオニアとなったのが，**アジェンダ（議題）設定研究**である。初期のアジェンダ設定研究の主張は，マスメディアは，多くの場合いかに考えるべきかを人々に伝えることには成功していないにせよ，何について考えるべきかを伝えることには成功しているというものである。アジェンダとは，通常政策決定に付される議題を意味するが，ここでいうアジェンダ設定とは議会や政府のアジェンダとなる前の段階を指す。アジェンダ設定機能分析においては，マスメディアの伝えるアジェンダ（メディア・アジェンダ）が受け手のアジェンダとなる条件を明らかにしようとする。

この分野の開拓者であるマコームズたちは，アジェンダの重要性（顕出性）を，マスメディアの取り上げる分量や頻度から検出し，そのランキングと意識調査の回答から得られるランキングが，強い相関関係を示すことを明らかにした（竹下 1998: 16-19）。さらに情報の受け手をいくつかのタイプに分けると，限定効果説が働く層が存在すること，さらには弾丸効果とはいかなくとも，かなりマスメディアのメッセージに影響を受ける層がいることが発見された。

選挙を例にとると，強い党派性をもち，あらかじめ態度決定をしているような人は，メディアへの接触によっても選好は変わらない。自らの選好に合致したメディアを選択して情報を得るかもしれないし，たとえ選好とは異なる情報が入ってきても，それを受け入れず，

当然記憶もしない。彼らの行動は，限定効果説に適合的である。しかし政党への帰属意識が弱まってくると，選挙への関心をもつが，どこに投票するかは決定していない人々が増える。彼らはさまざまな情報を吟味し，キャンペーン中に態度を決定する。この場合，メディアの情報提供は限定効果説以上の意味をもつと考えられる。

　さらにテレビは，さほど政治に関心のない層にも働きかける。あえて選挙情報を収集しようとしなくとも，娯楽番組を観たり，習慣的にテレビを視聴したりして，偶然に選挙情報に接触する人々が増える。彼らは棄権するかもしれないが，投票する場合，何気なく記憶したテレビ情報に頼って態度を決定する傾向がある。彼らは政治への関心が低いので，情報を吟味せず，偶然に接触したメディアの情報に影響を受ける可能性が高い。

　それでは，メディア・アジェンダの顕在性が，受け手にどのようにして引き継がれるのだろうか。私たちの記憶は諸概念のネットワークによって貯蔵されており，その中である概念が活性化されると，それに関連した別の概念も活性化されやすくなる（連想が働く）と考えられる。これを**プライミング効果**と呼ぶ。たとえばマスメディアがある争点に人々の注意を向けると，その問題そのもの，あるいはそれに関連する争点が，政治家，政党，政府の評価基準になる可能性が強まる。

　マスメディアの提供する情報は，いかに客観的かつ中立的であろうとしても，無限の情報を順序づけ，加工しないまま提供することは不可能なので，必然的にある視点から取捨選択し，整理したものとなる。つまりメディア情報は，意図していなくとも，**フレーミング**（枠づけ，定式化）されている。写真や映像であれば，捨てる情報はフレームの外に置かれるし，注目すべき情報にカメラの焦点は合わせられる。活字であれば，見出しや表現，記述の配列などで，受

け手の情報への関心や評価は大きく左右される。

　このようにフレーミングの理論は，マスメディアは，受け手が何について考えるかだけではなく，どのように考えるかについても影響を与える可能性を指摘する。また，アジェンダ設定研究の前提を超えて，その研究の幅を広げ，それを豊富化するものといえる。

ソーシャル・メディア

　今日，SNS（ソーシャル・ネットワーキング・システム），ブログ，ツイッターなどのソーシャル・メディアの可能性が注目されている。選挙運動への規制が少ないアメリカでは，とりわけ 1960 年大統領選挙以降，活発なメディア戦略が展開されるようになり，**ソーシャル・メディア**の利用も他の国より進んでいる。ソーシャル・メディアが決定的な意味をもったのは，2008 年大統領選挙であった。オバマは，ソーシャル・メディアの専門家チームを組織し，双方向参加型のメディア環境を創り上げ，それを通じて幅広い層に支持を拡大した。オバマはインターネットを通じて莫大な献金を集めたが，献金の 5 割以上が 200 ドル以下の小口の献金であった。その後，アメリカ政治において，ソーシャル・メディアの活用はスタンダードになっている（清原・前嶋 2011）。

　ソーシャル・メディアを使用した，いわゆるネット選挙が，民主主義政治にとって重要な鍵を握るのは間違いないが，各国の状況は相当に異なる。日本においても 2013 年に公職選挙法が改正され，ネット選挙が可能になったが，選挙規制が厳しいため，現段階ではソーシャル・メディアの活用が選挙を変えるまでにはいたっていない（西田 2013）。

　ソーシャル・メディアにおける水平性や双方向型コミュニケーションは，確かにマスメディアの垂直的かつ一方的なコミュニケーシ

ョンを補完するものではあるが，そこで提供されるのはマスメディア同様にあくまでも疑似環境であり，発信者の匿名性と相まって，ステレオタイプの偏見が蔓延する危険性も指摘される。ソーシャル・メディアは，見識の向上に結び付くとは限らないし，投票率の上昇に直接結び付くかもわからない。また，ネット選挙が選挙費用を軽減するわけではなく，それはより緻密で複雑なメディア戦略を必要とするため，アメリカのように，選挙ビジネスの巨大化を招く可能性がある。

　しかしながらソーシャル・メディアは，単なる手段ではなく，私たちの生活や思考様式そのものを変えつつあり，その変化は不可逆的であり，否応なく民主主義政治の変容を引き起こすことになるだろう。

▼ 引用・参考文献

ウィルソン，ジェイムズ・Q. 1983『アメリカ政治組織論』（日高達夫訳）自由国民社。

大石裕 2005『ジャーナリズムとメディア言説』勁草書房。

オルソン，マンサー 1983『集合行為論──公共財と集団理論』（依田博・森脇俊雅訳）ミネルヴァ書房。

オルソン，マンサー 1991『国家興亡論──「集合行為論」からみた盛衰の科学』（加藤寛監訳）PHP 研究所。

蒲島郁夫 1988『政治参加』（現代政治学叢書 6）東京大学出版会。

清原聖子・前嶋和弘編 2011『インターネットが変える選挙──米韓比較と日本の展望』慶應義塾大学出版会。

塩原勉編 1989『資源動員と組織戦略──運動論の新パラダイム』新曜社。

砂原庸介 2015『民主主義の条件』東洋経済新報社。

ダウンズ，アンソニー 1980『民主主義の経済理論』（古田精司監訳）成文堂。

竹下俊郎 1998『メディアの議題設定機能——マスコミ効果研究における理論と実証』学文社。

建林正彦・曽我謙悟・待鳥聡史 2008『比較政治制度論』有斐閣アルマ。

タロー，シドニー 2006『社会運動の力——集合行為の比較社会学』（大畑裕嗣監訳）彩流社。

辻中豊・森裕城編 2010『現代社会集団の政治機能——利益団体と市民社会』（現代市民社会叢書2）木鐸社。

坪郷實編 2009『比較・政治参加』ミネルヴァ書房。

デュベルジェ，モーリス 1970『政党社会学——現代政党の組織と活動』（岡野加穂留訳）潮出版社。

トゥレーヌ，アラン 2011『声とまなざし——社会運動の社会学〔新装〕』（梶田孝道訳）新泉社。

西田亮介 2013『ネット選挙——解禁がもたらす日本社会の変容』東洋経済新報社。

ハーシュマン，アルバート・O. 2005『離脱・発言・忠誠——企業・組織・国家における衰退への反応』（矢野修一訳）ミネルヴァ書房。

パットナム，ロバート・D. 2006『孤独なボウリング——米国コミュニティの崩壊と再生』（柴内康文訳）柏書房。

パーネビアンコ，アンジェロ 2005『政党——組織と権力』（村上信一郎訳）ミネルヴァ書房。

ハンチントン，サミュエル 1972『変革期社会の政治秩序』上・下（内山秀夫訳）サイマル出版会。

ベントリー，アーサー・F. 1994『統治過程論——社会圧力の研究』（喜多靖郎・上林良一訳）法律文化社。

ポグントケ，トーマス=ポール・ウェブ編 2014『民主政治はなぜ「大統領制化」するのか——現代民主主義国家の比較研究』（岩崎正洋監訳）ミネルヴァ書房。

マクルーハン，マーシャル 1987『メディア論——人間の拡張の諸相』（栗原裕・河本仲聖訳）みすず書房。

増山幹高 2003『議会制度と日本政治——議事運営の計量政治学』木鐸社。

増山幹高 2015『立法と権力分立』(シリーズ日本の政治7) 東京大学出版会。

待鳥聡史 2015『代議制民主主義——「民意」と「政治家」を問い直す』中公新書。

的場敏博 1998『政治機構論講義——現代の議会制と政党・圧力団体』有斐閣。

森脇俊雅 2000『集団・組織』(社会科学の理論とモデル6) 東京大学出版会。

山田真裕 2016『政治参加と民主政治』(シリーズ日本の政治4) 東京大学出版会。

リップマン, ウォルター 1987『世論』上・下 (掛川トミ子訳) 岩波文庫。

Aldrich, John H. 1995, *Why Parties?: The Origin and Transformation of Political Parties in America*, University of Chicago Press.

Fenno, Richard F. 1978, *Home Style: House Members in their Districts*, Little Brown.

Gurr, Ted Robert 1970, *Why Men Rebel*, Princeton University Press.

Ignazi, Piero 2003, *Extreme Right Parties in Western Europe*, Oxford University Press.

Katz, Richard S., and Peter Mair 1993, "The Evolution of Party Organizations in Europe: The Three Faces of Party Organization," *American Review of Politics*, 14.

Kirchheimer, Otto 1966, "The Transformation of the Western European Party Systems," in Joseph La Palombara and Myron Weiner eds., *Political Parties and Political Development*, Princeton University Press.

Kitschelt, Herbert and Steven I. Wilkinson eds. 2007, *Patrons, Clients and Policies:Patterns of Democratic Accountability and Political Competition*, Cambridge University Press.

Krueger, Anne O. 1974, "The Political Economy of the Rent-Seeking

Society," *American Economic Review*, 64(3).

Polsby Nelson W. 1975, "Legislatures," in Fred I. Greenstein and Nelson W. Polsby eds., *Handbook of Political Science 5: Governmental Institutions and Process*, Addison-Wesley.

Przeworski, Adam, Susan C. Stokes and Bernard Manin eds. 1999, *Democracy, Accountability, and Representation*, Cambridge University Press.

Sallamon, Lester M. and Helmut K. Anheier 1997, *Defining the Nonprofit Sector: A Cross-National Analysis*, Manchester University Press.

Snow, David A., E. Burke Rochford, Jr., Steven K. Worden and Robert D. Benford 1986, "Frame Alignment Processes, Micromobilization, and Movement Participation," *American Sociological Review*, 51(4).

4 リーダーシップと行政

　代議制民主主義では，市民が選挙によって選出した議員をはじめとする政治家が市民を代表して政策決定に当たる。第3章ではこの点を論じた。次の問題は，そうして決定された政策が，本当に市民のためになるのかである。問題は2つのレベルで発生しうる。第1の問題は，議会の決定と市民の意見が異なる場合である。議会を構成する議員たちは市民の利益を代弁する存在であるが，彼ら自身もまた自分の利益をもっている。市民の利益を忠実に代弁する保証はない。第2の問題は，仮に忠実に代弁したとして，それが実は市民のためにならないこともありうる。市民は政策の内容についてよく知らないし，個別の問題として取り扱えば正しい政策も，その他の政策も含めて考えると市民に不利益をもたらすこともある。

　この2つのレベルの問題を緩和するために，どのようなことが考えられるのかを，本章で検討していこう。第1の問題に対処する方法は，権力の分割である。ただ一つの代表機関に権力を集中させるのではなく，権力を複数に分割し，その間で競わせるのである。分割の方法は2つある。一つは，権力の機能に応じて分割するもので，一般的に権力分立と呼ばれている。もう一つは，地理的に分割する

図 4-1　代議制民主主義の制度補完

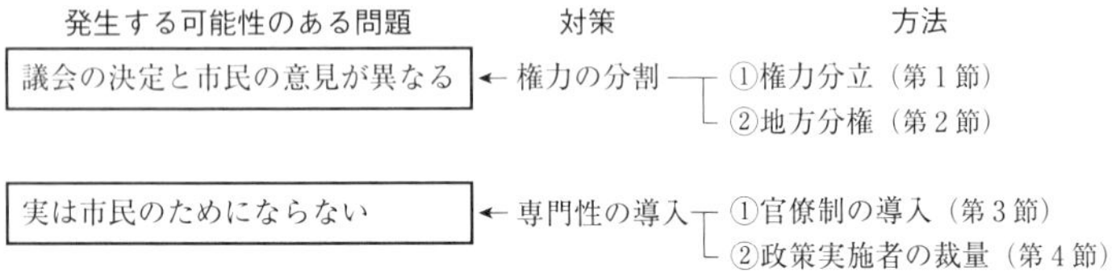

発生する可能性のある問題	対策	方法
議会の決定と市民の意見が異なる	← 権力の分割 ┬	①権力分立（第1節）
	└	②地方分権（第2節）
実は市民のためにならない	← 専門性の導入 ┬	①官僚制の導入（第3節）
	└	②政策実施者の裁量（第4節）

　[出所]　筆者作成。

もので，ここでは地方分権と呼んでおこう。権力機関としての政府を中央と地方に分けて，それぞれが市民の代表からなる政府を作り，相互に牽制させるのみならず，地方政府間でも競わせる。

　第2の問題に対処する方法は，**専門性**の導入である。市民の代表である政治家は，市民から選出されているという点で正統性を有するが，政策の専門家とは限らない。ましてや現代社会のように高度に複雑化した社会では，個別の政策内容に精通した専門家の知識が必要である。専門性の導入についても，2つの方法がある。一つは官僚制の導入であり，もう一つは，政策実施者の裁量である。前者が専門知によって市民のための政策形成に携わるとすれば，後者は現場知によって，現場から遠い政策決定者には理解困難な個々の政策対象に対応していく。

　しかし，第1の問題であればどのように権力を分割するのか，第2の問題であれば官僚や政策実施者にどの程度委任するのかは重要な問いで，やり方によっては代議制民主主義を機能不全に陥れかねない。

1 執政長官

執政長官と議会

はじめに，**権力分立**について考えてみよう。権力を機能的に分割する可能性があるのは，立法権と執政権である。立法権を議会に，執政権を大統領や首相などの行政府の長に割り当てれば，機能的な分割が可能である。ここでいう立法権とは，政策を形成，決定する権限であり，執政権とは，政策形成に関与し，決定された政策を実施する権限である（建林・曽我・待鳥 2008）。法律学やさらに広く一般常識的には，ここでいう執政権とは行政権のことではないかと考えられるであろう。あるいは三権分立という表現から，司法権についてはどうなのかという疑問が出てくるかもしれない。

現代の政治学では，行政を，官僚制など政策の実施にかかわる部分と，大統領，首相，内閣など行政を統括し，政策を実施させる部分とに分けて考えるべきという考え方が普及してきている。直感的にも，首相と警察署に詰める警察官が同じ「行政」の役割を演じているとは考えられないように，執政部分とそれ以外の行政部分とでは果たしている役割が大きく異なる。司法については，先進民主主義国であれば他の権力から分離されているうえ，多くの場合，市民が司法府を構成する裁判官の選出には関与できず，市民が政治的意思を反映させるための代表でもないので，本章ではとりあえず取り上げない。

執政という概念には，さらに積極的な意味がある（待鳥 2015）。大統領や首相が議会の忠実な代理人にすぎないのであれば，権力の機能的分割にはほとんど意味はない。権力は実質的に議会に集中することになるからである。そうではなく，大統領や首相が議会に政

1 執政長官　137

策を提案したり，議会の作った政策を拒否したりできるからこそ，権力を複数に分割する意義が生じる。なお，以後，本章では大統領や首相のことを**執政長官**と呼ぶ。

　執政長官は，政治家であると同時に行政官である。政治家であるので，選挙を通じて市民の意思を受け取るが，それは選挙区の大きさや選出のされ方の違いを反映して，代表される市民の意思が議員とは異なる。行政官であるので，政策実施の専門家としての官僚を通じて，現在何が政策課題であり，それについて何をしなければならないかを意識することになる。前者の立場からいえば，議会とは別の観点から代表性を有しているといえ，後者の立場からいえば，政策内容を専門的知識を背景に修正することにつながる。いずれも市民が議会に反映させた見解よりも，より市民の利益になる政策につながりうる。

　こうした執政長官に対して，どの程度の権限分割がなされるべきなのだろうか。議会が執政長官に対して多くの権限を委譲すればするほど，議会が行使する立法権は制約され，議会が独走することはなくなる。しかし，そうなれば，執政長官と議会の意思の違いゆえに政策は決定できなくなりやすい。また，最終的に形成された政策に対し，誰が責任をもつべきなのかがはっきりしなくなる。たとえば，高等教育充実のため，議会が大学での授業料無料化法案を可決したとしよう。それに対し執政長官は，予算全体のことを考慮して健全財政を維持するために，これを拒否したとしよう。双方が相談した結果，歩み寄って授業料の半額を国が補助するという制度を導入した。この場合，新たに導入された政策が失敗だと市民が判断する場合，いったい誰が責任をとることになるのだろうか。議会を支持した市民からすれば，半額しか負担軽減できなかったという点に不満が残るし，執政長官を支持した市民からすれば，半額分も本来

個人が負担すべきものを国が負担したと非難するかもしれない。両者の妥協の結果、導入された政策の責任主体は曖昧である。言い換えれば、第3章で議論した説明責任と代表性のトレードオフがここでも現れるのである。

同様のことは、立法権のみならず執政権についてもいえる。執政権を完全に執政長官に委ねると、執政長官の暴走が起こりうる。これは議会の暴走よりも危険ともいえる。なぜなら、議会と異なり執政長官は独任制であり、暴走すると文字通り独裁体制となってしまうからである。他方で、執政長官の権限を議会が制約すると、先ほどと同様の問題が生じるのである。

首相と大統領

では、立法権と執政権をそれぞれ担う議会と執政長官に、どのような形で権力分割がなされるのであろうか。焦点は、大きく分けて3つある。それは、第1に執政長官選出の方法、第2に執政長官の憲法的権限、第3に党派的関係である。それぞれ検討してみよう。

第1に、執政長官選出の方法は大きく分けて2つある（Shugart 2005）。一つは議会が議員の中から執政長官を選出するもので、もう一つは議会とは別に市民が執政長官を選出する。前者が一般的に首相、後者が大統領と呼ばれる。選出方法は執政制度を区分する基本的な特徴とされ、前者を**議院内閣制**、後者を**大統領制**（あるいは**二元代表制**）と呼ぶ。議院内閣制では、首相が首班となって構成される内閣は議会の信任のみに基づいて成立し、その信任を失えば総辞職となるので、首相は議会の代理人である。ただし、首相が議会解散権を有する場合、単なる代理ではなく、ある程度の自律性をもつことになる。議会の選好と首相の選好は本来近いはずだが、それが離れたとしても、解散権行使を武器にして首相が好む方向に政策を

1 執政長官 139

導くことが可能になる。

　他方，大統領制では，大統領と議員は市民によって全く別個に選出される。議院内閣制では，市民が直接選出するのは議員のみなので，執政長官に比べて議会のほうに民主的正統性があるが，大統領制では議会も執政長官も同様の正統性を有する。両者の関係は，大統領にどの程度の憲法的権限が与えられているかによって変わってくる。多く与えられていれば代表性が高まり，あまり与えられていなければ議会の説明責任が明確になる。とりわけ焦点となるのは，大統領がどれだけ立法活動に関与できるかである。この点についてはあらためて後述する。

　一般的に，議院内閣制のほうが説明責任を重視した制度であり，大統領制のほうが代表性を重視した制度であるといえる。しかし，のちほど述べる執政長官の憲法的権限や党派的関係次第で，相当のバリエーションが発生するので，両者の違いを強調しすぎることはよくない。

　議院内閣制でも大統領制でもない形態として，大統領と首相が併存する**半大統領制**がある。執政権を，市民が直接選出した大統領と，議会が選出した首相の2人に共有させるという制度である。この場合も，両者の関係をどのように位置づけるかで代表性と説明責任の機能は大きく変わる。とりわけ重要なのは，大統領が首相選任関与権，解任権を有しているかどうかである。両方を有している場合，首相は事実上大統領の部下であり，純粋な大統領制と何ら変わるところはないが，2つの権限，とりわけ後者がなければ，首相は大統領より対等の立場になる。この場合，説明責任は曖昧になる。半大統領制は議院内閣制と大統領制の中間形態と考えられることが多い。しかし，執政権自体の分割など2つの制度とは異質の特質を有しているので，第3の類型としてとらえる必要がある。

議会からの執政権分割について，もう一つ別に，執政権そのもの
を独任制の執政長官に委ねないという考え方がある。典型例はイギ
リスの地方議会に見られた議会統治型で，議会が政策分野別に執行
担当委員会を設ける。しかしこの仕組みは，行政機関としての議会
の効率化のために行われるものであって，議会とは別個に執政権担
当者を設けることを意味しない。なお，議員ではない第三者を，執
政担当者として議会が雇う市政担当官（city manager）制度もその
一種と考えてよいであろう。

執政長官の憲法的権限

　議会と執政長官の関係に関する2つ目の点，すなわち執政長官の
憲法的権限について検討しよう。この点で問題になるのは，主とし
て大統領制である。議院内閣制の場合，執政長官は議会の一員であ
るため立法権に関与するのは当然である。他方，元来は政策形成で
はなく政策執行のために大統領を設ける大統領制では，憲法にどの
ように権限が規定されているかによって違いが生じるので，以下大
統領を中心に議論を進めていく（Haggard and McCubbins 2001）。

　大統領の立法関与権は，大きく2つに分かれる。それは，議会が
立法権を行使する前に立法に関与する**事前的立法関与**と，その逆の
事後的立法関与である。

　事前的立法関与には，次の種類がある。第1に，戒厳令，大統領
緊急命令などで，議会に代わって立法権を大統領が行使する。多く
の場合，議会の事後承認が必要となる。非常時や緊急事態など，議
会での議論を通じての決定が困難な場合に限られているが，濫用さ
れる危険性はある。日本には縁遠いように思われるかもしれないが，
地方自治体において知事や市区町村長などの首長が，専決処分とい
う名称で同様の権力を行使できる権限が与えられていて，実際に濫

1 執政長官 141

用されたこともある。

第2に，門番機能と呼ばれ，大統領が提案しないと議会は審議もできない。予算，軍事政策，新しい官庁の創設，税制，貿易，通貨政策に関する法律などがその例として挙げられる。第3に，アジェンダ（課題）・コントロールといって，議会による修正に制約を課す。予算関連法案において，大統領提案よりも増額できないなどの制約が課せられるのがこれに当たる。第4に，法案提出権である。アメリカにはないが，新興国を中心にこの権限を有している大統領制は多い。本節では議会が立法行為を主導することを前提として説明しているが，今日の大統領制国家では，大統領こそ立法行為を主導し，議会はむしろその抑制役を担っていることが少なくない。

事後的立法関与の代表例は，議会が決定した法案を大統領が 覆す拒否権である。拒否権も，法案全体を拒否できる場合と，法案の個別条項レベルでも拒否できる場合など，いくつかのバリエーションが考えられる。

立法に関与するこれらの権限が，大統領に多く認められれば認められるほど，議会の説明責任は曖昧になる一方，代表性は高まるといえる。

政党のもつ意味

最後に，党派的関係について説明しよう。議院内閣制と大統領制を比べたとき，純粋に執政制度を見れば議院内閣制のほうが説明責任を問える制度で，大統領制のほうが代表性があると説明した。そこで留保したように，執政制度との関係で説明責任と代表性のうちどちらがより機能するかは，議会における党派構成を見ないと判断できない。

第3章第1節では，単独で議会の過半数を占める政党が存在し

ない多党制の場合，代表性が機能するが説明責任は曖昧になり，二大政党制の場合はその逆になると説明した。これに執政の制度を加えて考えてみよう。

議院内閣制の場合は，第3章での議会の説明がほぼ当てはまる。二大政党制では与党が単独で過半数を占め，与党党首が首相を務める。それゆえ，政府の政策は与党の政策とほぼ同じであり，誰が説明責任を有するのかは明確である。首相は与党のリーダーでもあるので，強いリーダーシップを発揮できる。他方，多党制の場合，内閣を複数の政党で構成する連立政権となる。首相は与党リーダーたちから選出されるが，他の与党との協調関係がないと内閣を維持できない。そのため，首相は，いわば「同輩中の主席」の位置を占め，二大政党制とは異なり，はるかに弱いリーダーシップしか発揮できない。政策は与党間の交渉によって決まるので，首相の選好とは異なる可能性が高い。つまり，多党制では議院内閣制とはいえ説明責任より代表性のほうが機能し，二大政党制の場合はその逆になる。

代表性を重視することになる多党制は，与党議席占有率や議会運営の方式に，二大政党制では見られない特色を生み出すことがある。与党議席占有率についていうと，与党が議会を支配するために必要な議席数は過半数であるが，過半数を割り込む場合や，大幅に超過するような与党構成になる場合が少なくない。前者は少数派内閣，後者は過大多数内閣と呼ばれる。少数派内閣は，野党がいつでも倒閣できるので不安定なはずである。他方，過大多数内閣は過半数で議決を行う以上の余分な政党を抱えているので，与党内での政策調整はより困難なはずである。このような内閣は，政党にとって与党になる価値があまり高くない場合に発生しうる。野党であっても政策形成に相当程度参加でき，自らの政策志向を反映させることができれば，他の政党と妥協してまで，あえて与党になる必要はな

1 執政長官　143

い。逆に余分な政党が与党として参加しても，そのことで他の与党が政策に与える影響にあまり変化が生じるわけではない。では，与党になる価値があまり高くない場合とは，どのような場合だろうか。それは，できる限り多くの政党の賛同を得ないと，議会が政策を決定しないなどのルールや慣行が存在する議会である。これを**コンセンサス・モデル**という。他方，過半数をとりさえすれば意思決定ができる議会は，**マジョリタリアン・モデル**と呼ばれる（川人2015）。

次に，大統領制の場合は，話はやや複雑になる（建林・曽我・待鳥2008; Haggard and McCubbins 2001）。2つの点で，議院内閣制にはあまり見られない現象が発生するからである。一つは，議院内閣制と比べて，議員が政党ごとにまとまる必要性が減少する。議院内閣制の場合，議員は政府や内閣の一員として政府に参画する可能性があるので，政党リーダーのもとに結集するインセンティブが働く。他方，議会とはほぼ関係なく政府が形成される大統領制の場合，議員が政党単位でまとまる必然性は低い。政党執行部が推進する政策に賛同できなければ，それに同調しなくてもよいのである。たとえば，アメリカの議会では，大統領と所属政党が同じでも，平気で大統領の方針に反した政策態度を示すことがよく見られる。もちろん，大統領制であれば必然的に政党の一体性が失われるわけではないが，その可能性が高まる。

もう一つは，大統領支持政党が，議会の多数派であるとは限らないということである。大統領と議会議員は別個に選挙で選ばれるので，大統領の所属政党が少数派になることも頻繁に現れると考えてよい。これを，一般的に**分割政府**という。他方，大統領の所属政党が議会の多数派を占める場合を**統合政府**という。

政党に一体性があり，分割政府の状態になっている場合，議会と

144　　**4　リーダーシップと行政**

大統領の意思は明確に異なり，政策に関する説明責任が曖昧になる。政党に一体性があり統合政府である場合は，マジョリタリアン・モデルに近いであろう。政党に一体性がない場合，分割政府であっても統合政府であっても，議会全体と大統領の政策選好は一致することもあれば，一致しないこともある。議員個人としては選挙の際に自らを支持した市民に対し，説明責任を果たしやすいかもしれないが，政党ラベルを目安に投票する市民から見れば，全体として議会も大統領も説明責任を果たしておらず，代表性があるのかないのかもわかりにくい。

　分割政府の発生に関して，もう1点指摘しておかなければならないのは，**選挙サイクル**である（Shugart 1995）。**コートテイル効果**といって，大統領選挙と議会議員選挙の時期が近ければ近いほど，市民は双方の選挙で同一の政党に属する候補者に投票する傾向があり，時期が離れれば離れるほど，議会議員選挙が現政権に対する中間評価の意味合いを帯びて，大統領とは別の党派の議員に投票する傾向がある。言い換えれば，双方の選挙サイクル次第で，統合政府になりやすくも，分割政府になりやすくもなる。アメリカを例にとると，大統領は4年任期で，連邦下院議員は2年任期なので，大統領選挙が行われる時期の連邦下院議員選挙では，大統領所属政党が勝利し統合政府になりやすいが，大統領選挙がない時期の選挙では，大統領所属政党が敗北して分割政府になる傾向が見られる。

　以上の検討でわかるように，執政制度は政策決定上重要ではあるが，議院内閣制が説明責任を重視し，大統領制が代表性を重視した制度であると言い切ることはできない。政党制のあり様によって，大きく変わるといえる。

1 執政長官

執政長官の専制

さて，ここまで本章は，議会の専制に対していかに執政長官が抑制的に機能するのかという観点から，議会と執政長官の関係を見てきた。しかし，行政国家化した今日，執政長官の役割は大きくなっており，官僚制を通じて得られる政策情報によって，執政長官こそが政策を提案することがきわめて多くなってきている。そうであれば，執政長官をどのように議会が牽制できるのかという観点からの検討も必要になる。言い換えれば，執政長官による専制をどのように防ぐか，ということである。

執政長官は，専制の誘惑にかられる条件も揃っている（リンス＝バレンズエラ 2004）。執政長官には巨大な官僚制という部下がいる。その中には警察や軍隊など強制力をもった装置も存在する。執政長官にしてみれば，官僚制がもたらす専門知識とそこから判断された政策は，議員のそれよりもはるかに優れていると考えやすい。個々の議員は選出基盤が狭いため部分的な市民の考え方しか代表していないが，自分こそは全体の利益を理解し代弁しているとも考えやすい。この傾向はとりわけ大統領制において顕著に出るが，議院内閣制でも，党の顔として首相が露出し，市民もまた個々の議員ではなく首相と直結しているという意識が働くようになると，**大統領制化**といって執政長官の専制に近づく可能性がある。そこまでいかずとも，執政長官にとって大衆的支持は議会を説得する重要な力の源泉である。

2 中央‐地方関係

民主主義の学校としての地方自治

次に，地方分権について考えてみよう。**地方分権**とは，政府の地理的分割であり，市民が自らの政治的意思を中央政府と地方政府に分割して委ねることを意味する。ただし，地方分権の前提となる地方自治には，これまで議論してきた，市民によき公共政策を供給するための代議制民主主義とは別の側面から，規範的に議論されることが少なくない。それは，イギリスの歴史学者**ブライス**が唱えた，「民主主義の学校」論である（Bryce 1921）。

民主主義は，市民が市民のために行う政治であるが，市民が代表を通じて政治を行う代議制民主主義では，政治の主体が市民である点が間接的になることは否めない。代議制民主主義は民主主義の一つではあるが，市民が意思決定に参加し，政策実施に携わる側面が後退するので，相対的に市民の主体性が意識されにくくなる。民主主義が本来もつ，市民自らが自らを統治することの重要性を，代議制民主主義のもとでは市民は学びにくい。その機会を提供するのが地方自治である。より身近な存在である地方政府であれば，市民が政治過程に直接関与する機会も多くもて，主権者としての判断を涵養することができる。つまり，地方自治は民主主義的市民を育成するうえで重要である。以上が「民主主義の学校」論である。

民主主義の学校としての地方自治は，第3章で議論した直接民主主義の重要性を私たちに語りかけるが，本章ではこの議論を正面から論じることはしない。なぜなら，現在の地方政府は代議制民主主義で運営されており，中央政府による一元的統治を意味する集権か，地方政府への権限移譲を意味する分権かの問題は，直接民主主

義的要素をどの程度加味させるかという問題とは，とりあえず関係がないからである。加えて，この議論は，中央と地方の間でどのように権力を分割するのかという，本章の問題意識に対し答えを与えるものではない。以下，本節では，地方分権が市民にとってよき公共政策を生み出すのかという観点から議論を進めていく。

地方政府の設計

権力の地理的分割をどのように行うか，言い換えれば地方政府の設計については，大きく2つの考え方がある。第1に，文字通り国土を地域で分割して，それぞれに政府を設置するという考え方である。ただし，地域を何層に分割し，政府を設置するかでさらなる議論がありうる。国家をいくつかの領域に分割したうえで，それぞれについて一つの地方政府を置くとする一層制もあれば，地方政府を広域的な単位とより狭い単位にそれぞれ設置する二層制，三層制もありうる。日本でいえば，都道府県という広域自治体と，市区町村という基礎自治体を設置しているので，後者に当たる。

階層単位の分割には，次のような課題がある。多くの国では，基礎自治体は，近代化以前から存在している自生的共同体を基礎としており，そこに住む市民の生活基盤であると同時に，アイデンティティの対象であることが多かった。しかし，近代化に伴う人口変動によって，自生的共同体が構成員の減少や共同体としての紐帯の喪失に直面し，自生的共同体を基礎自治体とする必然性が失われてきている。それは，分割のあり方の再検討につながる。日本でいえば市町村合併や大都市問題が該当する（金井 2007）。前者は共同体としての基礎自治体の機能が，人口減少によってもはや維持できないという問題と関連しており，後者は自生的共同体というには人口規模が大きすぎることと関係する。

大都市には，もう一つの制度設計上の問題がある（水口 1985）。大都市は，地理的には狭い領域に多くの市民が生活する空間である。大都市は多くの場合，単独で存在するのではなく，周辺に衛星都市を抱え，都市間の分業，相互依存が強く，単独で問題を解決できないことが多い。こうした特性から，大都市については基礎自治体と広域自治体というように階層的分割をせず，一層制にするという考え方や，周辺都市も含めた大都市圏域政府（metropolitan government）を設置するという考え方がありうる。これらの階層性に関する制度設計上の問題は，多くが以下に述べる中央政府と地方政府の管轄分割に関する問題と重複する。

　第2に，それぞれの領域に単独の政府を設置するのではなく，政策領域ごとに複数の政府を設置するという考え方がある（西尾 1990）。たとえば，日本の例でいえば教育政策については教育委員会を設置するなどが該当する。政策領域単位で管轄分割が進めば進むほど分立性が高く，逆により多くの政策を単独の政府が管轄すればするほど総合性が高いと表現できる。分立性が望ましいとする設計思想は2つありうる。第1に，該当する政策領域については，市民の政策選好を直接反映させないほうがよいとするものである。政策判断に高度な専門性が要求される場合や，市民が長期的な視点をもてない場合が，それに当たる。第2に，該当する政策領域の政策を実施するのに，既存の地方政府の規模が適当でない場合である。ゴミ処理問題などが該当するといえる。この場合は，別個に政府を市民が作るのではなく，一部事務組合など地方政府が政策単位の政府を作ることで対処することも可能である。

　以上の分割のあり方は，よき政策を形成していくうえで念頭に置く必要がある。

分権のもつ意味

　次に，地理的分割が市民に対してどのような意味をもつのかを，考えてみよう。

　本章冒頭で述べたように，中央政府の権力を地方政府に分割することで，中央政府による専制的な権力行使を防止できると一般的に考えられる。ただし，地方分権は，前節で見た執政府への機能的分割とは異なる，統治構造上の2つの効果をもたらす。それは，機能的重複の可能性と，地方政府間競争の発生である。議会と執政長官の権力分割は，基本的には立法権と執政権の分割であり，それぞれの権力にそれぞれがどの程度関与するかが議論の対象となる。それに対し，地方分権では政策の範囲が全国なのか，あるいは特定の地域に限定されるかの違いでしかなく，各政府の管轄範囲を制約しない限り，中央と地方の両政府は機能的に重複するので，調整が必要となる。地方政府間競争は，地方政府が国家の一地域に限定して設置されるのに対し，市民は国内を自由に移動できることに起因する。市民は，あたかもよりよい商品を提供するデパートに向かうように，よりよい公共サービスを提供する地方政府が設置されている地域に移住することができる。そのことが，地方政府間競争を引き起こすことになるのである。

　まずは，機能的重複について検討しよう（西尾 1990）。これは，より一般的には，中央集権か，地方分権かの文脈で述べられることが多いテーマである。中央集権とは権力が中央政府に集中している状態を指し，地方分権とは中央政府の権力が地方政府に分割されている状態を指す。集権的であれば，多くの権限と財源やマンパワーなどの資源は中央政府に集中しており，分権だとその逆で，地方政府が自律的に権力を行使できるということになるであろう。しかし，権限と資源の関係は必ずしも比例するとはいえない。中央政府が多

図 4-2 中央・地方関係をとらえる軸

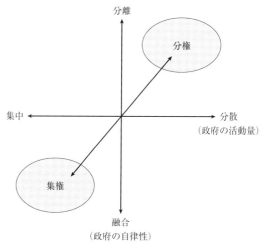

［出所］曽我 2013：229 の図をもとに筆者作成。

くの権限をもつ一方で，資源は地方政府が有する場合は，どちらといえるのか。たとえば，地方分権改革以前の日本は，地方政府は中央政府の関与を多く受けているが，資源が多く活動量は中央政府をはるかにしのいでいた（村松 1988）。単純な集権－分権の軸では，このようなケースを適切に位置づけることができなくなる。

そこで，権限と資源をそれぞれの側面に分けて検討してみよう。権限の点で重要なのは，管轄の重複の程度である。中央政府と地方政府それぞれが管轄する政策領域が重複している場合，両政府は単独で意思決定を行うことができず，双方の関与が必要であるが，切り離されている場合はその必要はなく，単独で決定できる。前者の場合を融合，後者の場合を分離という。資源の点で重要なのは，双方の政府がもつ資源の割合である。中央政府が多くの資源をもつ場合を集中といい，地方政府のほうが多い場合を分散という。この 2

つの軸は，それぞれ連続的にとらえることができるので，集権と分権は，**分離‐融合**と**集中‐分散**からなる二次元空間で描くことができる。分離‐融合の軸は，言い換えれば政府の自律性であり，集中‐分散の軸は，政府の活動量である。一般的に集権とは，融合かつ集中の象限を指し，分権とは分離かつ分散の象限を指すといえる。先ほど取り上げた日本の場合は，融合かつ分散なので，単純な集権でも分権でもないということができるであろう。

　管轄範囲が重複する場合，中央政府と地方政府のどちらが，より優越的な立場に立つのかが問題となる。本章では，どのように権力を分割するのかという視点から議論しているので，中央と地方が対等という関係もありうる。しかし，両政府が異なる判断に至った場合の混乱や非効率性を避けるためには，どちらかが優越的な立場に立つよう設計しておく必要がある。中央政府が優越する場合を**単一制国家**といい，地方政府が優越する場合を**連邦制国家**という（曽我2013）。単一制国家の場合，地方政府の設置自体は中央政府が行う。連邦制国家の場合は，中央政府は地方政府が連合して設置する。ただし，中央政府と地方政府のどちらが優越的であるかは，相対的に考えたほうがよい。いずれも，市民の代表である議会や執政長官が運営している点に変わりはなく，彼らが説明責任を負うのは，他の政府ではなく市民に対してである。中央政府が優越している単一制国家においても，中央政府の関与なしに地方政府が新たな政策を行うことはめずらしくなく，一度決定してしまうと，それが市民の意思を反映しているため，中央政府の方針と反していたとしても止めることは難しい。単一制国家の場合も連邦制国家の場合も，中央‐地方関係にはかなりのバリエーションがあるので，紋切り型で判断しないほうがよい。

図4-3 ある国家における政策決定の例

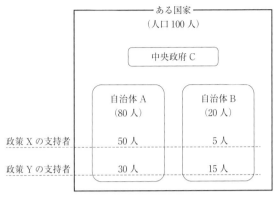

[出所] 筆者作成。

代議制民主主義に与える影響

分権がもたらす機能的重複は、代議制民主主義の機能にどのような影響を与えるのであろうか。代表性と説明責任に注目して考えてみよう。機能的重複と直接関係があるのは、融合-分離の軸であるので、はじめにこの軸に着目するが、2つの機能に与える影響はかなり複雑である。

仮に、A、Bの自治体からなる国家を考えてみよう。ここには現在、A、Bという2つの地方政府と、Cという中央政府が存在する。Aには80人、Bには20人の市民が居住している。ある政策分野について、XとYという選択肢があり、それぞれ、Aでは50人、30人、Bでは5人、15人が支持しているとしよう。

この政策を中央政府が決定する場合、X、Yの支持者はそれぞれ55人、45人なので、Xが採用される。しかし、この政策はBでは不人気である。そこで、この政策については地方でも決定できるとしよう。分離型の場合、中央政府の関与はなく地方政府が自律的に

決定できるため，AではX，BではYが採用される。この結果は，説明責任という点では中央政府による決定と同じで，決定主体が明確であり，誰の選好が反映されたのかもはっきりしているが，代表性の点では異なる。中央政府による決定で意思が代表されるのは，55%のX支持派のみである。しかし，分離型の場合，意思が代表されるのはAの50人とBの15人で，単純に考えて65%に達し，代表性も増すことになる。

　他方，融合型では，AはXを，BはYを，CはXを支持する。しかし，どの政府も単独で決定できないので，調整が必要である。BとCは支持する政策が異なるので，XとYの中間的な政策に調整されるであろう。AとCは同じであるが，Cは全国的な一貫性を保つ必要があるので，XではなくBと調整した，よりYに近い政策をAに要求し，やはり中間的な政策を採用することになるであろう。この場合，全国的に見れば，Y支持派に配慮した政策となるので，中央政府の単独決定よりも代表性が上がり，Aの少数派，Bの少数派にも配慮した形になるので，分離型よりも代表性は高いかもしれない。しかし，採用された政策はA，B，Cいずれの政府の選好からもずれているので，説明責任は不明確になる。機能的重複の程度は，2つの機能に複雑な影響を与えるといえる。

　これまでの検討をふまえて，集中-分散の軸を加えてみよう。2つの軸の連続性はとりあえず無視して，類型論的に考えてみると，分離・集中，融合・集中，分離・分散，融合・分散の4つに分かれる。中央政府の優越性を前提とすると，前者2つはいずれも地方政府の存在をほぼ無視してもかまわない。資源が中央政府に集中しているということは，実際には管轄もまた大半が中央政府にあるので，地方政府に与えられた権限はそもそも少なく，市民生活に与える影響は限られているからである。すなわち，分離型と融合型に関する

先ほどの考察は，後者2つにこそ当てはまるということになる。もちろん，ここで述べた分権に関する軸は連続的であるので，相対的に考える必要がある。しかし，権限と資源の配分のあり方によって，分権の姿はかなり異なり，代議制民主主義の機能に複雑な影響を与えるということができる。

地方政府間の競争

地理的分割がもたらすもう一つの効果である，地方政府間競争についてはどうだろうか。すでに述べたように，居住地を自由に移動できる市民は，自分にとって好ましい公共サービスを提供する地方政府を選択することができる。これを，**足による投票**という（Tiebout 1956）。市民は居住地において納税するので，より多くの市民が支持し，居住地として選択されればされるほど，地方政府は多くの税収を得て，豊かな資源で政策を実施することができる。それゆえ，地方政府は市民の支持をめぐって競争し，全体として市民が受ける公共サービスの質は向上すると考えられる。すなわち，このような地方政府間競争は，政府における説明責任も代表性も強化する。足による投票は資源の移動を伴うため，市民が実際に行う投票以上の効果をもたらす。

しかし，足による投票は，すべての市民が平等に行使できるわけではない。市民にとって足による投票が地方政府に効果的であるためには，2つの条件が必要である。一つは，市民自身が地方政府に供給可能な資源，すなわち納税額の寡多である。納税額が多くなければ，市民に他所へ移住されたとしても，地方政府が受ける打撃は少ない。もう一つは，市民の移住可能性である。居住行為は，他の消費行為と異なり巨額のコストを伴う。多少好ましくない政策を地方政府が実施したとしても，そのコストを払ってまで移住しようと

2 中央-地方関係 155

は考えないであろう。つまり，足による投票を効果的に使える市民
は，自身の資源が豊かで，移住によるコストをあまり重視しない階
層に限られ，それだけ代表性は限定されると考えられる。

地方分権のパフォーマンス

機能的重複と地方政府間競争という分権の効果は，市民に対して
よき公共政策を提供するうえで，どのように作用するのであろうか。
効果別に検討してみよう。

機能的重複の点で焦点になるのは，地方政府が提供するサービス
の量と質である。地方政府の規模が小さければ小さいほど，提供さ
れるサービスに対してコストが高くつく。一般の経済活動と同様に，
公共サービスにも規模の経済が働くので，提供母体が大きいほど効
率的である。つまり，資源は分散しているよりも集中しているほう
がよく，その点においては集権的であることにメリットがある。し
かし他方で，公共サービスは労働集約的であることが多い。窓口業
務や警察，ケースワーカー（福祉関係の行政機関で働く相談員）など
は，大規模化しても効率的になるとは限らない。むしろ，市民のニ
ーズが地域によって多様である場合は，現場に近い地方政府が資源
をもって決定するほうがいいといえる。

分離－融合の軸に即していえば，同じ分権でも財政規律に与える
影響が異なる。分離型の場合，自律性が高く財政も自己完結的にな
るので，地方政府経営者に放漫財政は許されない。他方，融合型の
場合，政策実施の責任は中央政府と共有され，自律性が低い分，財
政もまた自己完結的でなく，中央政府に対し何らかの財政負担を提
供させている。政策実施の結果として財政赤字に陥ったとしても，
その責任は地方政府で完結しないので，中央政府が財政破綻に陥ら
ないようにする責任が生じる。そのことを地方政府経営者がわかっ

ていれば，市民の要望に反してまで財政規律を堅持するインセンティブは生じないため，財政赤字に陥りやすくなる。それは結果として市民へのツケとなって回ってくる。これは**ソフトな予算制約問題**といわれる（北山 2000; Oates 1972）。

　地方政府間競争も，市民に対しよき公共サービスをもたらすこともあれば，逆にも作用しうる。先ほど述べた足による投票は，公共サービスの質向上に貢献しうるが，正確には政策分野によるともいえる。仮に低福祉・低負担を掲げるA市と高福祉・高負担を掲げるB市があったとしよう。よく知られているように，福祉の充実は主として低所得層にメリットがあり，負担の行く先は主として高所得層なので，A市の政策は高所得層には魅力的で，B市の政策は低所得層に魅力的である。足による投票を行えば，高所得層はA市に移住し，低所得層はB市に移住するであろう。そうなれば，高福祉を実施するための負担の引き受け手がいなくなるB市は財政破綻に陥るので，B市もまた，高福祉政策を放棄せざるをえなくなる。結果的に地方都市間競争に政策を委ねると，福祉をはじめとする再分配政策を地方政府はどこも実施しなくなるであろう。これと同様の作用は，企業の移動によっても生じうる。企業もまた，法人税などの負担が少ない地方政府のある場所へと移動するであろう。結果的に生じるのは，地方政府が競って福祉を切り下げていく「**最底辺への競争**」となる（Peterson 1981）。

　ただし，財政健全化をめぐる地方政府間競争は，市場での企業間競争を健全に保ちうる。これは，**市場保全的連邦制**という考え方である（青木 2001）。財政と課税権が中央政府から分離している場合，地方政府は，先述したように企業から高い法人税をとることができない。他方で，経営破綻した企業を救済することもできない。救済に必要な多額の資金は市民の税金から賄うほかなく，そのために納

2　中央‐地方関係　　157

税額を引き上げると，市民が足による投票を行使するからである。それゆえ，地方政府は経営状態のよい企業に負担をかけず，非効率な企業を市場から退出することを引き止めないため，市場競争を健全に保つことができる。これに対し，競争圧力が低い中央政府はそれぞれ逆の行動をとることができる。結果として，分権化が進むほど経済成長につながるのである。

地理的分割に関して，未検討の点がもう一つある。それは，政党である（建林 2013）。政党組織の違いによって，これまで述べてきた地理的分割によって生まれる効果は大きく変わりうる。本節では，機能的重複に関する検討は，中央政府の優越性を前提に議論してきた。しかしこの前提は，政党組織がどの程度地方組織に依存しているかによって単一制国家でも変わりうる。すなわち，中央の政党が地方の政党組織に依存していない場合，中央の政党は，地方政府の選好に対し注意を払う必要はない。地方政府が何を考えようと，中央の政党への市民の支持に影響がないからである。しかし，地方政党組織に依存している場合は，地方組織を介して伝達される地方政府の動向に敏感にならざるをえない。中央政府の優越性は相対的になり，地方政府は，中央政府を構成する株主であるかのごとく振る舞い，中央政府の政策に影響を与えることが可能になるのである。

地方分権は，代表性と説明責任という代議制民主主義の機能に対し複雑に作用する。市民にとってよき公共政策をもたらすのかというと，そう単純な答えが出るわけではない。分権化の程度や政党の組織構造によっても，答えは大いに変わりうる。日本では，どちらかというと地方分権に肯定的な主張がよくなされるが，一歩引いて考える必要がある。

3 官 僚 制

官僚制の特徴

　専門性の導入に議論を進めよう。**官僚制**は，元来は議会や執政長官など市民の代表が決定した政策を執行する機関である。しかし，現代政治ではその役割を超えて，政策形成にも深く関与している。

　官僚制は，ここまで検討してきた議会や政党などの合議体とは異なり，指揮命令系統が定められた組織である。典型的には軍隊や警察に見られるように，頂点に独任制の長を戴き，その下に幾層もの**階層（ヒエラルキー）**をもつ，ピラミッド型の組織構造になっている。ただし，こうした官僚制そのものは古代から存在している。現代政治における官僚制は，加えて，法律などで組織内の関係が規定され，個人の恣意を排するという意味での公式性という特徴をもっている。

　それは，官僚制が現代国家の特徴である合法的支配を体現する存在であることに由来する。第1章第**3**節ですでに述べたように，**ウェーバー**によれば，私たちが政治の支配を受け入れる理由の一つである合法的支配を実施するためには，法律が適用されるに際し，支配者の恣意が排除され，国家の行動が人々にとって予測可能である必要がある（ウェーバー 1960）。そのためには，行政は，論理一貫性と計算可能性からなる**形式的合理性**を具備しなければならない。官僚制はそのための道具であるため，公式性を有している。具体的には，現代の官僚制は，業務が客観的に定められた規則に従って継続的に行われ（規則による規律），当該組織の管轄，命令権と制裁権の範囲が明確で（明確な権限の原則），指揮命令系統が一元的に確立（明確なヒエラルキー構造の原則）している。行政上必要な措置は，基本的にすべて文書で行われ（文書主義の原則），第三者による検証が

可能である。

現代官僚制のもう一つの特徴は，組織化された専門家集団であるということである。業務に従事する官僚たちは，公開競争試験によって証明された能力で採用され（資格任用制の原則），官僚の職位は任命によるもので，選挙によるものではない（任命制の原則）。また彼らは兼業が禁じられている（専業制の原則）。彼らは官僚組織に入る前に，およびその後に蓄積された専門的能力を発揮して，業務遂行に当たることが予定されている。

官僚制は，これまで検討してきた他の政治アクターにはない権力を有している。議員や執政長官が影響を与えるのは，基本的に政策をインプット（投入）する過程であって，政策アウトプット（産出）という形で市民に対するのは官僚制である。官僚制が行う政策実施は，徴税や福祉サービスの給付，行政処分，逮捕罰金などの形で，市民のもつ財産や権利に対し強制的に制約を与える。市民に対する強制力が働くがゆえに，公式性が必要で，扱う業務が専門化されているがゆえに，そのための能力が必要とされる。

官僚制がもつこれらの特徴は，政策執行のみならず，政策形成上，政治家とは別の点から官僚に重要な役割を与えることになる。官僚制に蓄積された専門的知識やノウハウは，政策形成上も有益である。政治家は，市民の支持を得て選挙で選出されているので政策形成上の正統性は有するが，必ずしも専門的知識を有しているわけではない。官僚制はそれを補い，政策を改善するうえで重要な役割を果たすことになる。

政治家との違い

官僚が政策形成にかかわる利点は，それのみではない。官僚は政治家とは動機づけや職業的性格が異なるため，政治家からは得にく

160　　**4　リーダーシップと行政**

い形の貢献をなしうるのである。両者が職業人として取り組む動機づけの違いから考えてみよう。

　一般的に政治家は，3つの動機から政治活動に取り組む（→第3章）。それは，再選，昇進，よき公共政策の実現である。他方，官僚の動機は，政治家ほど自明ではないが（ダウンズ 1987），対応させると，給与，昇進，よき公共政策の実現と考えることができる。官僚は専業職であり，政治家とは異なり，ある程度長期の雇用が保障されている。それゆえ，会社の職員同様，彼らには給与，昇進という職務遂行上の動機が存在する。よき公共政策の実現については，官僚によって濃淡があり一概にはいえないが，職業の性格上その実現をめざすことはやりがいにも直結する。

　両者の動機づけのうち，市民にとって最も重要なのは，両者に共通するよき公共政策の実現である。しかし，そのアプローチは異なる。政治家は市民の意思を代表しているので，彼らが公約として市民から負託を受けた政策の実現をめざす。単純にいえば，市民の意思の実現が，すなわちよき公共政策の実現になる。他方，官僚にとってよき公共政策は，専門的見地から市民の利益に資すると考えられるものであって，それは表明された市民の意思とは異なりうる。あるいは，そもそも市民が気がつかない，ないしは集合行為上の問題（→第3章3）から市民によって表明されないこともある。政治家は民主性，官僚は専門性の観点から，よき公共政策の実現に取り組むということになるが，こうした観点の違いは，補い合うことで優れた政策を形成することにつながる。政治家だけでなく官僚も，政策形成に参加すべき積極的な理由がこれである。

　政策の内容についても，政治家と官僚では力点の置き方が異なる。選挙によって短いタイム・スパン（時間間隔）で評価を受ける政治家は，短期的に効果が上がり，具体的に誰の手柄かがわかりやすい，

3 官 僚 制

個別的な政策を追求する傾向がある。他方，長期の雇用が保障されており，昇進への評価も長期的なスパンで受ける官僚は，視野も長期的になり，より総合的な政策を追求する傾向がある。こうした違いもまた，相補的たりうるのである。

政治家による統制

政治家と官僚は異なる視野から政策にアプローチするがゆえに，相互補完的になりうる。市民にとって，その結果は，政治家単独で政策が作られるよりも好ましいものとなりうる。しかし，視野や，政策に反映させようとする利益が異なる場合，両者は補完的というよりも対立的になる可能性が出てくる。地方分権における中央－地方関係同様，どちらが優越性を有するかが重要になる。

しかしこの点は，中央－地方関係とは異なり，結論は明確である。すなわち形式的にも実質的にも，民主的正統性を有する政治家が優越すべきである。官僚制のほうが実質的に優越する場合を**テクノクラシー**と呼び，高度に行政が発達した現代社会ではありうるが，民主的とはいいがたく，避けるべき事態である。

では，官僚制はどのようにして統制されるのか。**本人－代理人理論**に依拠して考えてみよう。本人－代理人理論は，政治学，経済学で広く用いられる，代理人契約に関する理論である。私たちは，日常生活においても多くのことを代理人に行わせている。たとえば，病気になれば，私たちは病院に行って医師の診断を受け，処方箋を得て病気を治すが，これは医師が私たちから病気を治すという「代理人契約」を受けて，治療に当たると表すことができる。同様のことは弁護士，学校教員などについてもいえる。これらの原理や発生する問題はすべて，私たちを本人，医師たちを代理人ととらえる本人－代理人理論で説明される。本人は，本人が行うには時間などの

コストが生じるか，専門性が不足する場合に，特定の行為を代理人に依頼する。代理人は，それをなすことによって報酬を得る。その成果は事後的に評価され，次に代理人契約を結ぶかどうかに影響する。ただし，本人と代理人の間には**情報の非対称性**が存在する。代理人に特定の行為を依頼した時点で，本人は代理人ほど，その行為の内容について知ることはできない。本人と代理人の利害が完全に一致しており，かつ代理人が有能な場合，情報の非対称性はそれほど問題ではない。しかし，利害が異なる場合，代理人は本人に依頼されていない行為を行いうる。虫歯の治療さえすればいいのに，抜歯までして診療報酬を稼ごうとする歯科医師がそれに該当する。このように，本人の意思に反した行為を代理人自身の利益のために行う余地のことを，**エージェンシー・スラック**という。この発生をいかにして抑えるかが重要になる。

　政治家と官僚の間にも，同様のことが成立する。つまり，政治家を本人，官僚を代理人として両者の関係を分析するのである。先ほど説明したように，両者の利害の一致は前提とすることができない。民主的統制を図るためには，政治家が官僚をいかに統制するかが重要になる（曽我 2005）。

　その手段は，事前コントロールと事後コントロールに分かれる。**事前コントロール**は，官僚制の政策選好をあらかじめ政治家に合わせてしまうことである。**事後コントロール**は，官僚制が政治家の選好から逸脱しないように，事後的に賞罰を与えて規律することである。前者には，採用人事，行政組織編成，法律による制約賦課などがある。後者には，待遇変更，昇進管理などの報奨と処罰がある。本人に従わない組織の改編なども含まれる。ただし，事後コントロールを行う場合，官僚制が本人にとって好ましくない情報を本人から秘匿しうるので，監視コストが必要になる。監視には，本人が直

接監視する**パトロール型**と，利益集団などその政策領域に関心が高い集団を利用して，間接的に監視する**火災報知器型**などがある。

　これらの統制がうまく機能しないとき，官僚はエージェンシー・スラックを利用して自己の利益を追求する。その一例として，**ニスカネンの予算最大化官僚モデル**を説明しよう（Niskanen 1971）。先ほど説明したように，個々の官僚は，給与，昇進，よき公共政策の実現を追求する。ただし注意が必要なのは，政治家とは異なり，官僚は官僚制という組織として行動しているため，組織としての利益も発生しているということである。官僚の自己利益を満たすためには，より多くの給与，昇進先を組織がもたらすほうがよい。組織がそれに応えるためには，組織がより大きな権限，財源などの資源を有する必要がある。つまり，組織は常に拡大をめざして行動する。しかも，官僚制はその国で一つしかなく，当該官庁が専門とする情報を独占している。複数の民間企業が類似した商品開発の競争をしている場合，市場メカニズムが働いて情報独占は発生しないので，本人である消費者が適切な価格で適切な量の商品を購入することができる。しかし，いわば独占企業体である官庁の場合，本人である政治家はどこまでが適切なサービスなのかを知るのが難しい。結果として官僚制は必要以上のサービスを作り出し，資源を浪費してしまうことになる。高速道路を管轄する官庁が，必要以上の高速道路を作ってしまうなどが，その例である。

　統制の失敗にはこの他，官僚制を統制しすぎる場合と，官僚制への委任が不十分で官僚制が不十分な政策アウトプットしか生み出さない場合がある。統制しすぎる場合，官僚制は萎縮して彼らの強みである専門性を十分に生かせない可能性が生じる。委任が不十分な場合，本人である政治家が不慣れな専門領域に足を踏み入れ，市民に不適切な政策を決定することにもなりうる（曽我 2013）。日本で

164　　**4　リーダーシップと行政**

2009 年に発足した民主党政権が，政治主導を唱えて官僚制を意思決定から排除しすぎたために生じた混乱を想起してほしい。

　では，仮に適切に統制されたとして，官僚制はどのように政策形成に携わるのであろうか。もし本人である政治家の政策選好にそのまま従って政策形成にかかわるのであれば，官僚制のもつ専門性という利点は何も生かされないことになる。専門性を活かそうとすれば，政治家が許容する範囲で，官僚制側から見て適切と考えられる政策を提案する必要がある。たとえば，仮に現在 8% である消費税を引き上げるにあたって，財務省が専門家としての見地から 20% を適切であると考えていたとしても，政治家が許容しうる 10% にとどめて提案するなどである。政治家は，現状よりも官僚制の提案が自身の政策選好に近ければ，それを許容するであろう。ただし，大統領と議会のように，本人である意思決定者が複数いて，彼らの政策選好が異なる場合，官僚制がどのような提案をするかは意思決定の制度によって変わりうる。もし本人のどちらかが官僚制の提案を承認すれば政策が実現する場合，官僚制の自由度は高まる。他方，両方の承認が必要な場合，その自由度は狭くなる（曽我 2013）。

信託者としての官僚制

　本節では，官僚制を政治家の代理人として政策への影響を考えてきたが，官僚制を本人 – 代理人の連鎖から切り離したほうが，専門性という側面を超えて市民の利益，「公益」にかないうることも考えておく必要がある。2 つの場合を考えてみよう。

　一つは，官僚制のほうが，政治よりも市民の利益が何であるのかをわかっている場合である。官僚制は政治家と異なり，政策執行過程を通じて市民と接触しており，市民のニーズをより直接的に知りうる立場にある。官僚制は政策実施を適切に行うために，市民団

体や業界団体とのネットワークを形成していることも多く，それら
は官僚制が進めたいと考える政策推進を支持する母体にもなりうる。
たとえば，環境問題への対応を政治家が経済開発を重視しておざな
りにしているときに，環境問題を所管する官庁が，環境団体などと
連携して政策を推進する場合，こうした官庁の行動が市民の利益に
なる可能性がある。このように，官僚制がそのネットワークを生か
して，政治家の政策選好に反してでも市民の直接的な代理人として
振る舞う，すなわち，官僚制が政治家の代理人として行動しないほ
うが政策形成上適切となりうる場合がある（Carpenter 2001; Huber 2007）。

　もう一つは，市民の短期的な利益から，あえて距離を置くほうが
長期的にはよい政策アウトカムを生み出すことがある。たとえば，
官僚制ではないが，中央銀行がインフレを抑制するために高金利政
策をとるとき，景気が冷え込み，市民が労働者として得られる給与
が抑えられて不満が発生したとしても，物価の安定がもたらされる
ことで企業業績が改善し，長期的には市民の所得増につながるかも
しれない。別の例を挙げれば，新薬の早期承認を製薬業者も患者も
望んでいたとしても，新薬承認を担当する官庁が慎重で，科学的根
拠の十分な検証を重視したために承認時期が遅れるほうが，薬害問
題の発生を抑え，市民の間にパニックが起こるのを防ぎうるかもし
れない（Carpenter 2010）。

　こうした見方は，官僚制を代理人としてではなく，専門的な政策
に関する信託者と見る考え方につながる（Hood 2002）。民主的正統
性が欠如しているため，政治家による監視と承認は必要であるが，
管轄する政策領域では，どういう政策目標を設定し，そのためにい
かなる手段を用いるのかについて官僚制の裁量を広く認めたほうが，
市民にとってよき公共政策の実現につながる可能性がある。

行政責任論

　官僚制への業務の委任は，代議制民主主義において不可欠である。委任が発生する以上，受任する官僚制は本人である政治家，究極的には市民に対し責任が発生する。本人－代理人関係であれ，信託関係であれ，この点に変わりはない。では，官僚制はどのような責任を負う必要があるのだろうか。これは，行政国家化が進行し，行政の役割が重要になればなるほど重要な問題となる。市民はもちろん，政治家もよくわからない政策領域では，官僚制に対し詳細な指示を下すことは難しく，**自由裁量**が生じざるをえない。それをどの程度認めるべきなのか。これは，本節のテーマである，民主性と専門性のジレンマが直接反映するテーマである。それゆえ近代化が進行した1930年代のアメリカでは，すでに行政責任をめぐる論争となっていった。論争の中心人物であった**ファイナー**と**フリードリッヒ**の頭文字をとって，**FF論争**と呼ばれている。

　簡単に説明すると，以下の通りである（村松 2001）。官僚制は，政治家に対し責任を負わなければならない。その責任は，大きく3つに分かれる。すなわち，第1に，議会が行政に下す命令に従う義務，第2に，命令を実施するために，どのような手段を用いるかという自由裁量，そして，第3に，現実に選択した手段がもたらした結果について，議会に説明し，納得を得るという合理的説明の可能性である。第3の要素は説明責任（アカウンタビリティ）とも呼ばれている。この3つのうち，第1の要素を官僚制が果たすのは当然である。ファイナーは，第2の要素についても，技術的に可能である限り詳細な点まで法律で規定すべきとする。他方，フリードリッヒは，第2の要素については，むしろ自由裁量の拡大が専門家である官僚の知識，技術を引き出すうえで必要であり，認めるべきとする。それゆえに，第3の要素が重要で，合理的な説明がなされるなら，

自由裁量は積極的に肯定されるべきだとする。

　本節の言葉でいえば，ファイナーは民主性を重視し，民主的正統性をもたない官僚制による判断を回避しようとしているのに対し，フリードリッヒは，よき公共政策の実現のためには専門性も重視すべきだとしているといえる。両者の見解の違いが最も際立つのは，**行政責任のジレンマ**という状況が発生するときである。すなわち，周辺状況の要求に基づく専門家としての判断がきわめて重大な内容をもち，政治家や市民の漠然とした示唆(しさ)とは異なる選択が必要となるとき，本来の本人への責任である政治的責任と，専門的知識に基づく機能的責任に衝突が生じる。

　民主性を代表する政治家と，専門性を代表する官僚制が協力して政策形成に当たることが，よき公共政策の実現において理想的である。しかし，両者は必ずしも調和的ではなく，民主性を有するという点で，正統性をもつ政治家の判断を優先することが結果的によいとは限らない。民主性と専門性をどう調整するのかが，官僚制の政策関与に関して問われる課題となる。

4 政策実施

公共サービスの提供者

　市民の声を代弁する政治家の意思決定に，専門性を有する官僚制が加わることで，政策は市民にとってよりよき公共政策になりうる。これに続いて必要なことは，政策実施である。しかし，実施過程もまた数多くの決定プロセスからなる。新幹線や高速道路の線引きから，生活保護受給者の決定，警察官による犯人逮捕まで，いずれの政策実施にも決定が伴わないことはない。

その過程で必要となるのが**現場知**である（河野 2009）。政治家と官僚が決定した政策には，政策実施担当者から見れば2つの問題がある。一つは，抽象化からくる具体性の欠如である。政策は現場から離れたところで決定せざるをえず，多くの事例を包含できるように抽象化されている。それだけに当該政策をそのまま実施することはできず，個々の事例に適用するための解釈や決定が必要になる。もう一つは，情報集約から生じる理想化である。政策形成にあたって，政治家や官僚が有する情報や知見はそのまま反映されるのではなく，集約過程で，多くの個別論点から本質的でないと考えられたものをふるい落としていく。結果として政策に結実した中身は，たとえば，その政策のみが機能すれば適切な結果が得られるという意味で理想化されている。しかし，政策が実施される現場には，さまざまな環境が存在し，他の事象と相互に干渉し合うため，そのままでは予定された結果が得られるとは限らない。現実化し，個別のニーズに対応する必要が生じる。その際に必要となるのが，現場知である。ただし，実施過程で現場知を加えることで，政策内容そのものが変容してしまう可能性がある（Pressman and Wildavsky 1984）。

　現場知を取り込むことは，市民によき政策アウトプットを供するために必要である。しかし，政策実施過程での政策変容は，政策内容の民主性を損ねうる。現場による勝手な解釈や想定外の作為または不作為は，議会による決定ではないため正統性がなく，責任を負うことができない。加えて，現場知をもつ者もまた個別的な利益を有するため，実施内容が市民のためにならない可能性もある。

　政策実施は，政策形成と逆の過程をたどる。政策形成が，市民からの知見や情報を集約し，政策化するプロセスであるのに対し，政策実施は，決定された政策を市民に還元していくプロセスである。それゆえに，実施にあたって必要な現場知は，多くの関係者が保持

しており，本来の政策実施担当者として想定される官僚制内部に限られない。それらの取り込み方次第では，現場知と民主的正統性が衝突する。一例として，都市計画を考えてみよう。都市計画は，中央政府が国土全体の産業配置などを構想した国土計画と関連をもちつつ，地方政府によって計画される。都市計画は国土計画との整合性が求められるが，設計主体が異なるため，国土計画本来の意図を損ねてしまうことがありうる。たとえば，物流の円滑化を考えて，中央政府は大都市圏間を大型道路で結ぶ計画を決定したとしよう。ところが，多くの場合，大都市圏間には，住環境を重視した衛星都市が存在している。これらの都市住民にとって，大量の物資輸送を担う大型道路は迷惑施設そのものである。騒音や排気ガス，大型道路自体のもつマイナス・イメージが，住環境や土地価格に悪影響を与える。それゆえ，そういう都市では住民の反対運動が生じ，大型道路の幅員を予定よりも狭くした都市計画を策定するであろう。そうなれば，交通輸送の大動脈を作るという当初の意図は頓挫することになる（北原 1998）。

　同様の問題は，空港や原子力発電所，大型ゴミ処理施設，基地などの建設でも生じる可能性があり，それぞれ中央政府の運輸政策，電力政策，環境政策，防衛政策などを実質的に変容させうる。政策実施の現場では，複数の価値観がぶつかり合う。現場知と民主的正統性をどう調和させるかが問題となる。

いかなる機関に政策実施を委ねるか

　政策設計者である政治家や官僚制が政策実施にあたって初めに直面する課題は，いかなる機関に政策実施を委ねるかである。新しい政策の実施や政策の変更は，政策実施機関の活動や優先順位にも変更をきたすため，予想外のさまざまな抵抗や障害に遭遇する（真山

1994)。それゆえ，既存組織を使うか，新規に組織を立ち上げるか
を検討する必要がある。既存組織を使う場合，その組織には実施に
あたっての現場知があり，関係する市民との間にもネットワークが
存在するので，比較的スムーズに政策を実施できる。しかし，すで
に組織としてのルーティンを確立しているため，新規政策などによ
るルーティンの変更や新たなルーティンの作成を嫌う。当該組織が
すでに抱えている他の政策課題との調整も重要なので，政策設計者
の想定より優先順位を落とす可能性もある。他方，新規組織は，政
府内部や社会からの支持を調達する力が弱いこと，専門性や確立さ
れたルーティンをもっていないことから，実施活動が円滑には進ま
ない可能性がある。

　並んで重要なのは，中央政府が直接実施するのか，地方政府に委
ねるのか，という問題である。中央政府が**出先機関**などを通じて直
接実施する場合，政策の趣旨は比較的実施過程に反映されやすいが，
地方政府に委ねる場合，エージェンシー・スラックが発生し，中央
政府の意図の誤解や歪曲が生じやすい。出先機関などの場合は同
一の官僚制内での委任であり，中央政府による監視は容易なうえ，
出先機関は下部機関として本庁組織に従う義務がある。しかし，地
方政府の場合は，中央政府から委任された政策の趣旨よりも，選挙
で表出された市民の意思を地方政府が優先するうえ，中央政府によ
る監視も難しく，結果として中央政府の意図通りには進まない。他
方，地方政府は市民の直接的な支持を背景にしているので，政策実
施の客体である市民からの政策に関する同意を得やすく，実施に関
するコストは出先機関よりも低いと考えられる。

　政策実施に関して，もう1点検討しなければならないのは，公共
サービスをどう提供するかである。提供方法には，大きく分けて，
直接的な提供と間接的な提供がある。前者は，官僚制が直接サービ

4 政策実施 171

スを提供し，後者は，官僚制が，官僚制外部に存在する何らかの組織や個人に委託して，サービスを提供してもらうことを意味する。間接的提供で使用される組織や個人を使う理由は，これらが現場知を有しており，その活用が資源の節約につながるからである。ただし，間接的提供を行う場合，エージェンシー・スラックが発生しうるので，政策実施内容に民主的正統性が毀損されている可能性がある。

現場知を抱え込む──第一線公務員論

提供方式がもたらす民主的正統性と現場知の緊張関係は，政策実施の客体としての市民とサービス提供者が直接接触する，政策実施のミクロレベルでも生じうる。政府によるサービスの直接的提供に当たる公務員の場合と，間接的提供に当たる，非営利組織（NPO），非政府組織（NGO）などの民間団体の場合を，それぞれ検討してみよう。ただし，前項でのマクロレベルの検討以上に，その関係は複雑である。直接的提供のほうが民主的正統性を担保できるとは単純にはいえない。

はじめに，公務員の場合は，具体的には，行政機関の末端業務に当たる行政職員によってなされる。警察官，学校教員，福祉事務所のケースワーカー，窓口業務職員など，実際に第一線の現場にあって政策実施活動を担っている行政職員で，**第一線公務員**，あるいは**ストリート・レベルの官僚制**と呼ばれる。彼らがもっている法令上，組織上の権限は小さい。扱っている対象は具体的だが，その一つ一つは社会のほんの一部に過ぎない。しかし，彼らなしに政策は実施されず，彼らの中に蓄積される現場知の質と量が政策の具体的な内容を決めているといえる（リプスキー 1986）。

第一線公務員の属する組織の性格，職務内容は，これまで述べて

きた官僚制のそれとは大きく異なる。官僚制の特徴である階統制構造や公式性，専門性は第一線公務員にも存在するが，職務執行にあたっては，専門性を除いてこれらの特徴は後景に退き，別の特徴が前面に出てくる（田尾 1994）。

それは，第1に，組織が生み出した成果としてのサービスを，市民（クライアント）に提供するサービス組織である点である。サービス組織は市民への接触が多いため，業務遂行が外部環境に左右される。また，サービス組織にとって決定的に重要なのは，サービスの直接の送り手そのものである。それゆえ，組織の正当性についての評価と存続可能性は，組織というよりも第一線公務員個々人にかかっている。

第2に，提供されるサービスの個別性である。クライアントの状況は，市民の個性がそれぞれ全く異なるのと同様に，千差万別である。加えて，第一線公務員が用意するサービスの内容も多様である。したがって，クライアントにいかなるサービスを提供すべきかは，個々の事情に配慮して判断されることになる。

第3に，第一線公務員の裁量，判断の重要性である。提供すべきサービスが個別的で複雑なため，サービス提供にあたって，送り手である第一線公務員個々人の裁量，判断が優先される。クライアントに対したときに，直接の担当者以外は，必要な知識を持ち合わせていないし，何が必要とされるかも判断できない。しかし，どのサービスがどのような効果を与えるのかに関する客観的な因果関係に既知のことが少ないため，どの程度のサービスを提供すべきかの判断は困難である。現場では不確実さが過剰であり，臨機応変に処置する必要がある。それゆえ，評価基準は未確定で，第三者による評価や介入が難しくなるうえ，第一線公務員の間ではサービス提供に関する競争がなく，お互いのつながりも薄くなる。

4 政策実施 173

この状況は，小学校の教員などを念頭に置くと理解しやすいであろう。彼らの業務である授業の内容は，学年単位で大きくは決まっている。しかし，それをどのように教えるのか，児童にどこまで理解させるのかは，個々の児童の置かれた状況によって大きく変わる。どの程度児童の能力を引き上げればよいのかの判断は，担当教員でないとできず，教務主任や教頭，校長でも十分な監視は困難である。教員間の関係は緊密でありうるが，対象が異なるため真の意味での競争は発生せず，結果に責任をもてない以上，無責任に介入することを避けるので，相互のつながりは本質的には薄い。

このような状況下に置かれている第一線公務員は，クライアントに過剰に関与してクライアント側に立って行動することもあれば，逆にストレスを回避するために省力化に励むこともある。前者の場合，政策そのものを変容させてしまうことがある。教育政策の変更により授業内容が削減されても，補助教材の活用などで従来の内容を補完したり，受験対策のために補習授業を行ったりすることで，実質的に教育政策を変えてしまうなどがそれに当たる。また，過剰な関与は第一線公務員を極度の心身疲労に追いやり，**バーンアウト（燃え尽き）現象**を引き起こすことがある。他方で，後者の場合，自らが仕事のしやすいように，クライアントを支配し，自分の権威を承認させるために，クライアントを外部との交渉を絶つように隔離して自身への依存を強めたり，無愛想な応対，長く待たせる，必要な情報を提供しないなどの制裁を科し，えこひいきをしたりすることがありうる。

この他に，第一線公務員の隠れた機能として，実施活動を通じたサービスの需要量の決定がある。第一線公務員の資源には限界があり，すべての需要に応えることはできないので，社会に対して政策対象となりうる問題の存在を知らせないインセンティブが生じる。

つまり，彼ら／彼女らは，意図的に消極的な実施活動をして，見かけ上のサービスの需要を少なくすることができる。たとえば，学校で特定の生徒に対していじめが実際に起こっていても，教員がそれをいじめとして取り上げなければ，いじめ問題として認識されない。彼ら／彼女らの不作為が，見かけ上いじめ問題の減少を引き起こすのである。

外部の現場知を活用する――NPM，NPO など

　次に，間接的提供を検討しよう。第3章冒頭で述べたように，代議制民主主義は直接民主主義と異なり，政策執行は官僚制に委ねており，市民が直接執行にかかわることは原理的にはない。しかし，市民がよき公共政策の利益を受けるためには，民主主義社会における究極の本人である市民自身が，執行過程に参加したほうがよい場合がある。大きく3つに分けて考えよう。

　第1のタイプは，住民組織や市民団体の実施過程への参加である（サラモン 2007）。市民は近代国家誕生以前から，自らの必要に応じて公共政策に該当する活動を行ってきている。入会地や猟場など共有資源を維持するために，村落共同体は村民に賦役や利用料を課し，資源管理を行ってきた。社会保障が発達する以前はもちろん，それ以後でも，宗教団体やボランティア団体は生活困窮者に対する慈善活動を行っている。これらはあくまで民間の活動ではあるが，目的は私的利益の追求ではなく，公益への貢献である。こうした団体は行政と協力関係をもって，行政機関だけでは十分に供給できない公共サービスの提供を行うこともある。たとえば，日本では町内会などの地縁団体が以前から，行政広報の配付・回覧，地域活動に関連する女性組織，青少年組織への委員派遣などの形で行政と協力してきた。本来，市民の自衛組織であった消防団は，行政組織の一部と

4　政策実施　175

して位置づけられている。近年ではこれらに加えて，ボランティア団体，NPO／NGO が，行政機関からの依頼を受けて政策実施業務に携わるようになってきている。これらはいずれも，特定の市民社会あるいは政策対象の状態をよく知り，実施上の現場知を有しており，行政機関が直接行う以上の質で業務を提供できるかもしれない。他方，これら団体はいずれも営利目的ではないが，それゆえに対象への過剰な関与や，団体目的と構成員の目的のズレから生じる非効率性を発生させ，政策変容を引き起こすかもしれない。彼らは公務員ではないので，その業務は政策実施機関や第一線公務員以上に，正統性が不足している点を考慮する必要がある。

　第 2 のタイプは，政府が民間企業のノウハウを取り入れ，実施業務の効率化を図るために実施される NPM（ニュー・パブリック・マネジメント）の一手法である，営利団体による政府業務の代替である（曽我 2013）。業務そのものを政府から切り離してしまう民営化，契約によって民間企業などにサービス提供を行わせる民間委託，民間企業などによって提供される公共サービスを政府が購入する PFI（民間資金等活用事業），政府が民間企業などとの協働を契約によって行う PPP（官民パートナーシップ）などがある。営利企業の介在は実施業務の効率性を上昇させるが，エージェンシー・スラックを活用して必要なサービス供給を怠る可能性がある。

　第 3 のタイプは，政策実施を超えて決定や評価に市民が直接参加するものである。一般市民が行うパブリックコメント（原田 2011）や行政苦情相談，市民団体が行政を監視するオンブズマン（日本オンブズマン学会 2015）などがそれである。公共政策の客体である市民の参加は，民間企業が行う顧客満足度調査同様，公共政策の質向上に役立つであろう。しかし，このプロセスに参加する市民はすべての市民を代表しているわけではないので，政治家のような民主的

正統性をもたず，特定の利益を代表しているにすぎないかもしれない。そうだとすると，市民にとってよい政策に結び付かない可能性もある。

間接的提供は，1980年代以降，先進国各国で行われた新自由主義改革後，世界各国で多用されるようになってきている。第二次世界大戦後，1970年代に石油ショックが発生するまで続いた高度経済成長期には，財政が豊かであったので公共サービスの直接的提供を行う余裕があったが，経済成長の鈍化によって税収が伸び悩むようになると，行政需要を財政ですべて賄うのは難しくなった。それゆえ，官僚制外部にサービス提供を委ねることが多くなってきている。

調整役としての幹部公務員の重要性

以上に説明してきたように，政策実施過程には現場知をもった多数のアクターが参加する。彼らの現場知は政策を変容させる可能性があり，それは結果として市民にとってよいものになりうる。しかし，このような過程が政策の民主的正統性を毀損する可能性は大きく，これらアクターがもつ特徴や自己利益が反映することで政策内容がよくない方向に向かう可能性もある。

最後に重要になるのは，さまざまな現場知を統制する可能性をもつ，実施機関の幹部公務員である（Scott 1997; Jewell and Glaser 2006）。政策実施のマクロ変容に関しては，さまざまな団体のアクセスを統制することによって，ミクロ変容に関しては，行政資源の配分を変更することによって現場知の出入りを調整し，彼らが適切と考える範囲内で政策変容を抑えたり，あるいは逆に促したりすることが可能である。現場知採用に関する幹部公務員の自由度は，第**3**節の官僚制で述べた複数の本人問題の応用である。現場知をもった諸々

4 政策実施 177

のアクターは幹部公務員にとって本人ではないかもしれない。しかし，そのうちの誰かの知見や情報を採用すれば，彼らの支持を獲得し，政策変容をある程度正当化できる。民間企業が指摘した非効率性の見解を採用すれば，業務削減の方向にもっていくことができるであろうし，福祉の充実を求めるボランティア団体の主張を採用すれば業務は拡大できるであろう。その意味で政策実施過程において幹部公務員の自由度は大きく，自らの政策選好を反映させる余地は大きくなりうる。それゆえ，幹部公務員を誰がどういう方向で統制するのかが，現場知の反映や政策変容を考える際の重要な点となりうる。

▼ 引用・参考文献

青木昌彦 2001『比較制度分析に向けて』(瀧澤弘和・谷口和弘訳) NTT 出版。

ウェーバー，マックス 1960『支配の社会学』I (世良晃志郎訳) 創文社。

金井利之 2007『自治制度』(行政学叢書 3) 東京大学出版会。

川人貞史 2015『議院内閣制』(シリーズ日本の政治 1) 東京大学出版会。

北原鉄也 1998『現代日本の都市計画』成文堂。

北山俊哉 2000「比較の中の日本の地方政府——ソフトな予算制約下での地方政府の利益」水口憲人・北原鉄也・秋月謙吾編『変化をどう説明するか 地方自治篇』木鐸社。

河野勝 2009「政策・政治システムと『専門知』」久米郁男編『専門知と政治』早稲田大学出版部。

サラモン，レスター・L. 2007『NPO と公共サービス——政府と民間のパートナーシップ』(江上哲監訳) ミネルヴァ書房。

曽我謙悟 2005『ゲームとしての官僚制』東京大学出版会。

曽我謙悟 2013『行政学』有斐閣アルマ。

ダウンズ，アンソニー 1987『官僚制の解剖——官僚と官僚機構の行動様式』(渡辺保男訳) サイマル出版会。

田尾雅夫 1994「第一線職員の行動様式」西尾勝・村松岐夫編『業務の

執行』（講座行政学 5）有斐閣。

建林正彦・曽我謙悟・待鳥聡史 2008『比較政治制度論』有斐閣アルマ。

建林正彦編 2013『政党組織の政治学』東洋経済新報社。

西尾勝 1990『行政学の基礎概念』東京大学出版会。

日本オンブズマン学会編 2015『日本と世界のオンブズマン——行政相談と行政苦情救済』第一法規。

原田久 2011『広範囲応答型の官僚制——パブリックコメント手続の研究』信山社。

待鳥聡史 2015『代議制民主主義——「民意」と「政治家」を問い直す』中公新書。

真山達志 1994「実施過程の政策変容」西尾勝・村松岐夫編『業務の執行』（講座行政学 5）有斐閣。

水口憲人 1985『現代都市の行政と政治』法律文化社。

村松岐夫 1988『地方自治』（現代政治学叢書 15）東京大学出版会。

村松岐夫 2001『行政学教科書——現代行政の政治分析〔第 2 版〕』有斐閣。

リプスキー，マイケル 1986『行政サービスのディレンマ——ストリート・レベルの官僚制』（田尾雅夫・北大路信郷訳）木鐸社。

リンス，J. = A. バレンズエラ編 2004『大統領制民主主義の失敗——その比較研究〔理論編〕』南窓社。

Bryce, James 1921, *Modern Democracies*, Macmillan.

Carpenter, Daniel P. 2001, *The Forging of Bureaucratic Autonomy: Reputations, Networks, and Policy Innovation in Executive Agencies, 1862–1928*, Princeton University Press.

Carpenter, Daniel 2010, *Reputation and Power: Organizational Image and Pharmaceutical Regulation at the FDA*, Princeton University Press.

Haggard, Stephan, and Matthew D. McCubbins eds. 2001, *Presidents, Parliaments, and Policy,* Cambridge University Press.

Hood, Christopher 2002, "Control, Bargains, and Cheating: The Politics of Public-Service Reform," *Journal of Public Administration Research and Theory*, 12(3).

Huber, Gregory A. 2007, *The Craft of Bureaucratic Neutrality: Interests and Influence in Governmental Regulation of Occupational Safety*, Cambridge University Press.

Jewell, Christopher J., and Bonnie E. Glaser 2006, "Toward a General Analytic Framework: Organizational Settings, Policy Goals, and Street-Level Behavior," *Administration & Society*, 38(3).

Niskanen Jr., Willam A. 1971, *Bureaucracy and Representative Government*, UT Back-in-Print.

Oates, Wallace E. 1972, *Fiscal Federalism*, Harcourt Brace Jovanovich.

Peterson, Paul E. 1981, *City Limits*, University of Chicago Press.

Pressman, Jeffrey L., and Aaron Wildavsky 1984, *Implementation*, 3rd ed., University of California Press.

Scott, Patrick G. 1997, "Assessing Determinants of Bureaucratic Discretion: An Experiment in Street-Level Decision Making," *Journal of Public Administration Research and Theory*, 7(1).

Shugart, Matthew Søberg 1995, "The Electoral Cycle and Institutional Sources of Divided Presidential Government," *American Political Science Review*, 89(2).

Shugart, Matthew Søberg 2005, " Semi-Presidential Systems: Dual Executive And Mixed Authority Patterns," *French Politics*, 3(3).

Tiebout, Charles M. 1956, "A Pure Theory of Local Expenditures," *Journal of Political Economy*, 64(5).

5 国際政治

　前章までは国内政治について考えてきた。しかし政治は，国内のみで完結するわけではない。それは国境を超えて広がり，国際政治というもう一つの政治を形づくっているのである。ほとんどの国は，国内で「価値の権威的配分」としての政治を十分に実現できず，不足する価値を国外に求めている。発展途上国は開発の資金を，豊かな先進国も資源や自国産業の市場などを，海外に求めているのである。また各国は，国外から迫る負の価値を抑えようと試みる。他国における軍事力やテロ，感染症などの脅威は，その典型的な対象であろう。このような必要性に応えて，各国が他の国々と協力関係を築き，また軋轢に直面している。しかも，グローバル化が大きく進んでいるために，各国の関係は互いに深く，きわめて複雑なものになっている。

　本章では，その国際政治の姿をとらえてみよう。国際政治も，国内政治と同様に「価値の権威的配分」として展開し，やはり対立・強制の側面と協調・同意の側面を伴っている。ただし，その様相は，国内政治とはかなり異なっている。国際政治上の対立は，しばしば剥き出しの暴力を伴い，目を背けたくなるようなジェノサイド（大

量殺戮）に至る場合さえある。そこまでではないにしても，緊迫した外交上の駆け引きや，民族間・宗教勢力間の衝突はめずらしくない。他方で，国際的な協調は，各国ごとでは実現の難しい経済改革や地球環境の保護などを可能にする。このような対立と協調の背景を考えてみよう。

1 国際政治とは

政府なき政治，社会なき政治

アナーキーな政治　国際政治の最大の特徴は，国内政治に当たり前に存在する，2つの要素を欠いている点にある。政府と社会である。

　国内には一般的に政府が存在する。しかし国際的には，それに対応する世界政府は存在せず，予見しうる将来にも成立しそうにない。このため，国内で政府が提供する手厚い行政サービスや厳格な法律，また誰もが正統性を認める権威は，国際的な場には見られない。国際政治は「政府なき政治」として展開しているのである。その意味において，国際政治は**アナーキー（無政府的）**だとされる。

　そうはいっても，国際連合（国連）や国際通貨基金（IMF）など，世界政府に準じるような国際機構が存在するではないか，という声もあろう。こうした国際機構は，確かに国際的課題を検討し，その解決に向けて各国の対応を方向づけるうえで，なくてはならない役割を果たしている。国際機構の職員が，各国の利害を超えて独自の自律的役割を演じる場面も少なくない。しかし国際機構の多くは，各国を超える超国家的組織というよりも，各国の支持や了承に基づいて機能する国家間協議の場になっている。たとえば国連の安全保

障理事会（安保理）も，それを構成する常任理事国の5大国（アメリカ，イギリス，フランス，ロシア，中国）の意見が合致しなければ，緊急を要する国際紛争を前にしても機能しない。ある国連の事務総長が語ったように，国際機構は世界の理想を示す鏡というよりも，世界の現状をそのまま映す鏡に近いのである。

したがって国際政治は，国家間の関係性において展開している。国内政治に準えるなら，政府が存在せずに市民間関係で成り立つような政治であろうか。このような国家間関係としての国際政治は，**ウェストファリア体制**と呼ばれる。1648年に三十年戦争が終結した後，ヨーロッパ諸国が中心となってウェストファリア講和条約を結んだが，それと前後して，こうした国際政治が基調になったからである。三十年戦争は複雑な展開を示し，カトリックとプロテスタントの宗教勢力間の対立に加えて，神聖ローマ皇帝・領邦君主間，ハプスブルク家・ブルボン家間，またオランダ独立をめぐるスペイン・オランダ間の対立が絡み合っていた。この戦争を経て，神聖ローマ帝国や封建領主，そして宗教対立は，国際政治の表舞台から次第に姿を消していったのである。この国際政治の原型がヨーロッパから世界へ広がり，同時にアジアや中東など各地域の実情に応じて変化を遂げて，世界規模の国際政治が成立した。

脱国家的社会への途上　国内政治にあって国際政治に欠けている，もう一つの要素は社会であった。社会とは，人々がほぼ共通した価値観をもち，一定の行動様式をとる空間を指す。国内においては，こうした社会が相対的に成立しやすく，それが価値の権威的配分を円滑にする役割も果たしている。しかし国際的に見ると，人々の結び付きは民族ごと，宗教ごとに分裂しがちであり，国境によって断絶しているのである。

もちろん各国の社会的主体は，すでに国境を超えて活動の場を広

1 国際政治とは　183

げ，国際政治に無視できない影響を及ぼしている。たとえば，スターバックスやゴールドマン・サックスなどの多国籍企業は経済的価値の国際的配分にかかわり，オックスファムやアムネスティ・インターナショナルなどの非政府組織（NGO）は，地球環境の保護や人権の保護に独自に取り組んでいる。また，こうした企業や NGO が国境を跨いで連携し，国家間関係とは別に，新たな各国社会間の空間を形成しつつある。その延長線上には，ホフマンが述べた「脱国家的社会」が展望できよう（Hoffmann 1987）。しかし，それが先に述べた意味の社会として，国際的に成立するには至っていない。国際政治は，なお「社会なき政治」なのである。

　各国の社会的なつながりも，ウェストファリア体制に劣らず古くから見られる。特に 15 世紀の大航海時代には，ヨーロッパの貿易商が世界的に活動した。また，多くの教会から宣教師が各国に渡り，キリスト教を伝えるとともに，世界各地の文化や知見をヨーロッパに持ち帰った。今日の NGO のような組織も，18 世紀末には奴隷制廃止のために立ち上がっていた。ただし，社会的なつながりが国際政治に対して持続的に顕著な影響を及ぼすのは，1960 年代後半からであろう。国際的な貿易や投資が劇的に拡大し，また地球環境や人権などの国際的課題が浮上して，企業や NGO などの国境を超えた活動が定着したのである。

　こうした動きが，国家間の対立を超えて，直線的に協調的な脱国家的空間へと収束しているわけではない。多国籍企業は，経済的利害をめぐって激しく競い合っている。また NGO も，豊かな専門知識と資金を有する先進国の組織と，それらを欠きながらも現場を熟知する途上国の組織とで，しばしば立場を異にする。

　このように，国際政治は「政府なき政治」「社会なき政治」であり，国内政治とは異質である。しかし，それは異常な状態ではない。

むしろ国内政治の必然的な帰結でもある。第1章第3節で見たように，各国はそれぞれに至上の権利として主権をもっている。各国がともに主権をもつのであれば，それを超越する国際的権威は論理的に成立しないのである。世界政府を樹立するには，各国がそれに主権を委譲する必要があり，各国と世界政府との間で主権をどのように分有するのかが問題になる。この難問は，IMFや欧州連合（EU）などの国際制度と各国との間において，すでに程度の差はあれ表面化している。こうした国際制度が各国の権限を制限し，国際的課題への対応を最優先させるのは容易ではない。かといって，各国にすべてを委ねるのでは，国際的課題の解決は覚束ない。このジレンマの間で，国際的な政府的・社会的機能のあり方が摸索されているのである。

　以下では，第1に，国際政治における対立と協調の姿を確認したうえで，それをどのようにとらえるべきか，手がかりとなる視点を示す。第2に，その視点に基づいて，各国がなぜ，どのように対立し，協調しているのか，その構図を示す。第3には，その対立・協調状況のもとで，どのような国際秩序が実現しうるのかを考える。最後に，国際秩序の延長線上に国際正義が展望できるのか，これまでの国際的動向を確認しながら吟味してみよう。

リアリズムとリベラリズム

対立の世界　　国際政治における対立と協調は，それぞれどのような姿をしているのだろうか。第二次世界大戦後の世界を概観してみよう。

　対立の典型的現象として目に入るのは，やはり戦争・内戦だろうか。第一次・第二次世界大戦という，世界規模で市民を巻き込んだ戦争は幕を閉じたが，その閉幕と並行して冷戦が発生した。冷戦は

1　国際政治とは　　185

直接的な武力衝突ではなく、「交渉不可能性の相互認識にたった、非軍事的単独行動の応酬」（永井 2013, I : 12）という、奇妙な特徴をもつ対立であった。アメリカを中心とする西ヨーロッパ諸国や日本など、いわゆる西側陣営は自由主義を、ソ連を中心に東ヨーロッパ諸国や中国などの東側陣営は共産主義を、互いに譲れないイデオロギーとして掲げた。この考え方の相違を背景にして、双方が軍事的に対峙し、政治や経済、文化・芸術に及ぶ多分野で鋭く対立したのである。両陣営は核戦争という破滅的事態を回避し、それを招きかねない直接的な武力衝突を避けようとしながらも、互いに激しく優位を競い合った。

　もっとも、米ソ間の直接的衝突に発展しにくい地域では、冷戦ではなく熱戦が勃発した。朝鮮戦争やベトナム戦争、4度の中東戦争などであり、米ソ両国もこれらに間接的に関与して、事態は複雑化した。冷戦は、1960年代後半の緊張緩和や70年代末からの新冷戦など、対立の振幅を伴いながら長期に及んだ。そして1989年、ようやく終結のときを迎えた。

　しかし冷戦終結は、期待された平和ではなく、内戦が続発する不安定期の扉を開いた。冷戦によるイデオロギー対立の重石がとれると、各国で抑圧されていた宗教や民族など、人々のアイデンティティに基づく不満や不安が噴出した。それに経済政策や開発の失敗、過去の歴史問題などが重なって内戦へと発展し、しばしば深刻な人権侵害や大量虐殺を伴ったのである。こうした現実から振り返ると、冷戦中はむしろ大国間戦争や内戦がほとんど発生しない、稀な半世紀にも見えた。歴史学者のギャディスが、逆説的にも冷戦とは「長い平和」であったと語ったのは、そのために他ならない（ギャディス 2002）。

　内戦の深刻化や人道的被害を抑えるために、先進国はあえて軍事

的介入に踏み切るという，人道的介入をしばしば選択した。その結果として内戦が終結しても，今度は武装解除や警察・軍隊の再構築，法整備や経済発展といった，平和構築の難しい作業が待っていた。旧ユーゴスラヴィアや東ティモールなどでは，一定の成果があったものの，人道的介入や平和構築が失敗して内戦が再発し，IS（「イスラーム国」）などのようなテロリスト集団の台頭につながった例も少なくない。

協調の世界　戦争・内戦に目を奪われがちだが，各国間の協調も確かに拡大し，それを強化する取り組みも進んでいる。協調とは，各国が対立に陥っていないという消極的な状態ではなく，政策や立場を互いに調整し，関係を安定化させる積極的な動きを意味する。

第二次世界大戦で戦火を交えた各国は，終戦後に2国間外交を通じて関係修復を図った。その過程で，領土の確定や戦争被害の賠償といった難問にも対処した。それと前後して本格化したのは，協調を2国間外交だけに頼るのでなく，多国間の国際機構・協定などで制度化し，安定化させる試みであった。大戦前の国際連盟が十分に機能せず，また世界恐慌（1929年）の打撃を受けて自由貿易の2国間協定が崩壊し，各国が対立して戦争に突入したという苦い教訓に基づいていた。第二次世界大戦の最中に国際連合の構想が浮上し，自由な経済交流を支えるIMFと世界銀行（国際復興開発銀行）が成立したのは，そのためである。1947年には関税及び貿易に関する一般協定（GATT）も誕生した（→第2章**2**）。

しかし冷戦が激化すると，国際制度も東西両陣営間に分裂してしまった。IMFやGATTは西側の国際制度となる一方，東側は独自に経済相互協力会議（COMECON）を創設したのである。とはいえ，東西間の貿易・投資は拡大し，食糧難に陥ったソ連をアメリカが支援する局面もあった。1960年代に入ると，特に西側諸国間で経済

1 国際政治とは　　187

交流が進展し，主要国が戦後復興と繁栄を享受するにいたった。もっとも，多くの発展途上国は，世界銀行や先進国の経済支援にもかかわらず，開発を実現できなかった。また先進国間でも，1970年代後半になると輸入拡大に伴う失業や企業倒産が深刻化し，経済摩擦が激化してしまった。

このように，国際協調は対立の影を宿したが，やはり国際制度による協調化が試みられた。経済摩擦に対しては，各国が保護貿易の拡大を懸念して，GATT における貿易自由化交渉を推進したのである。また GATT では，1965 年に途上国の要求を受け入れて第 4 部（「貿易及び開発」）の規程を設け，限定的ながら開発問題に対応した。1975 年には，先進国が首脳会談（サミット）を創設し，世界経済上の諸問題に対応をするために政策協調を摸索し始めた。

ただし国際経済の活発化は，地球環境の汚染や労働環境の悪化などを促すという，副作用を伴った。このため国際制度による対応は，多分野に広がった。たとえば地球環境分野では，1992 年の国連環境開発会議が「持続可能な開発」を目標に位置づけ，地球温暖化を抑える気候変動枠組み条約を調印する場となった。後者は 1997 年の京都議定書と 2016 年のパリ協定という，温暖化効果ガスの排出規制に結実した。他にも生物多様性条約をはじめ，多くの国際環境条約が成立している。人権の分野でも人種差別撤廃条約，子どもの権利条約などが誕生し，テロ防止や難民保護など，他の分野にも国際協調の成果が見られる。もちろん，これらによって問題が解消したわけではなく，各国の意見対立や軋轢も目立つが，国際協調の進展は確かに認められる。

2 つの視点——リアリズムとリベラリズム　　国際政治は，このような対立と協調が複雑にからんで推移している。とはいえ国際政治「学」として，現象を貫くパターンを把握し，理論化を進めるた

めには，対立と協調のどちらがより一般的で本質的な傾向なのか，明確にする必要がある。自然科学が示唆するように，現象は一見複雑でも，それを動かしている基本原理はシンプルだと考えられるからである。また，こうした明確化を図らなければ，具体的な課題に対する政策を考える際にも，基本となる立場を定めにくい。そのため，国際政治の本質的な傾向をどう考えるべきかが長年の論争となり，大別して2つの対照的な立場が鋭く対峙してきた。

すなわち，対立こそが国際政治の常態であり，協調は一時的例外だとするのが，**リアリズム**である。これに対して**リベラリズム**は，対立の背後にも各国の共通利益が潜んでおり，それを国際協調に発展させることが可能だと論じた。

この2つの理論的な視点は，第一次・第二次世界大戦期の国際政治学の創成期に登場し，人間と人間集団のあり方を議論の出発点とした。すなわちリアリズムは，人間が本質的に利己的で，他者を支配しようとすると想定し，悲観的な人間観を原点にした。単純化していえば，人々は互いの利己心によって傷つけ合うのを避け，国内の安定を達成するために，社会契約を結んで国家を形成する（→第1章**3**）。その結果，国内は安定するが，人々はその安定性を保とうとして，むしろ国外の脅威に対抗的な行動をとる傾向をもつ。こうした人間観・社会観から，国際政治が対立的なのは必然的だと考えられたのである。仮に，ある国が協調的な行動をとったとしても，それは利己的な目的によるかりそめの姿にすぎず，遠からず対立姿勢に戻ると解した。

これに対してリベラリズムは，人間の本質には理性があるとして，楽観的な人間観に依拠した。その理性に基づいて，社会はより平和的，民主的な方向へと推移してきたのであり，人々に共通利益のありかを気づかせるようなメカニズムも，すでに存在すると考えた。

1 国際政治とは　　189

その主たるメカニズムが，市場や国際制度である。

市場とは自由な経済取引の仕組みであり，各国が販売の利益や商品の獲得を求めて国際的に競争する。市場の調整機能が働くと，各国が自己利益を追求しても，自ずと一定の経済的利益をともに獲得できる。こうして，市場が利己的行動と共通利益を調和させ，対立を緩和すると見たのである。また，国際制度とは国際機構・条約などであり，各国が相互利益や関係安定化のために設けたルールや協議の場を指す。これを活用すれば，各国の対立を平和的に処理でき，合意に基づいて互いに利益を確保できると考えたのである。このようにリベラリズムは，対立を乗り越える手がかりを経済交流や国際ルールなどに見出した。

こうしたリアリズムとリベラリズムの視点は，基本的に17世紀後半以来の啓蒙思想や経済学などの知見に基づいている。それらは，今日にも部分的に通用する洞察を備えているのである。

　視点の展開　　上に見たリアリズムとリベラリズムは古典的な議論であり，理論的な厳密さを欠いていた。国際政治現象を貫く一般的な因果関係を見出し，それを客観的に検証するという科学的観点からすると，限界をもっていた。そこで登場したのが，**ネオ・リアリズムとネオ・リベラリズム**である。

この2つの理論的視点は，従来の人間観を離れ，各国の政治家や国内政治さえ捨象して，シンプルに国際政治に特有のパターンに迫った。双方が議論の出発点にしたのは，国際システムである。各国は合理的に行動し，国際システムがその各国の行動を等しく左右すると仮定したのである（合理的行動については，第3章第3節を参照）。その国際システムは，先に見たようにアナーキーな「政府なき政治」としての性格をもつ。そのため各国は，合理的行動として自助を，つまり他国の協力を当てにせず，自らの生存と繁栄を追求する

と想定したのである。各国がこうした行動をとるなら、（後で述べる特別な条件がない限り）国際政治は対立的にならざるをえないと、ネオ・リアリズムは仮定した。

　ネオ・リベラリズムも、この考え方を基本的に踏襲した。しかし同時に、各国間に共通利益が存在し、協調の可能性があると想定して、その可能性を国際制度が高めると論じた点で、リベラリズムの伝統を引き継いでいた。すなわちネオ・リベラリズムは、各国が自助的に行動するとしても、その場限りの判断で対立するのでなく、将来の状況を考慮に入れて継続的に交渉する点に着目し、協調姿勢へと転じる可能性を指摘した。しかも国際制度こそが、各国が交渉を通じて共通利益を確認するのを助ける、と仮定したのである。

　このような2つのネオ理論にも限界があり、さまざまな修正理論が登場した。同時に、両者の基本的な考え方そのものに再考を迫る議論が登場した。その典型は**コンストラクティヴィズム（構成主義）**である。コンストラクティヴィズムが特に批判したのは、2つのネオ理論が国際システムを原点としたために、国際政治の変化の要因を見逃した点であった。冷戦終結のような国際システムの重大な変化さえ十分に予測できなかったのは、そのために他ならないと指摘したのである。コンストラクティヴィズムは、変化の要因が実は各国国内にあり、さらにいえば政策決定者の観念や認識、それに刺激を与えるNGOや国際機構の理念に潜んでいると論じた。したがって、議論の原点を国際システムだけでなく各国、特に双方の間の相互関係に置くべきだとしたのである。

　その視点からすると、国際システムがアナーキーなのは、各国が主権尊重や内政不干渉の理念を当然視しているからに他ならない。その理念に変化が生じれば、国際政治のアナーキーな特性は部分的にせよ変化しうる。すなわち、コンストラクティヴィストのウェン

1　国際政治とは　　191

トによれば，アナーキーな国際システムは，実は各国が創ったものなのである（Wendt 1999）。こうしたコンストラクティヴィズムの視点は，2つのネオ理論が国際政治を過度に単純化したのを修正し，同時に古典的なリアリズムとリベラリズムのもつ理念や規範の次元を再評価する手がかりになった。

　以下では，第1節で見てきた視点を手がかりにして，国際政治の背景を明確化してゆこう。

2　対立の世界

　第2節では，国際政治の対立的な側面に照準を合わせ，古典的なリアリズムとネオ・リアリズムの知見に基づいて，対立の構図とその背景を描き出してみる。

パワーと錯誤

　先に眺めたように，第二次世界大戦後の世界は，一面において冷戦や内戦，テロなど，対立の歴史であった。形を変えながらも対立が繰り返されるのはなぜか。その主な原因は，「政府なき政治」であり「社会なき政治」であるという，国際政治の仕組みそのものにあると考えるのが一般的である。つまり，対立は悪しき政治指導者の仕業というよりも，国際政治の性格からして避け難い傾向，つまりは「悲劇」だと考えられる。各国間あるいは各民族・宗教勢力間の価値配分を，大半の関係者が正統だと認める権威のもとで，対立を避けて実現するのは元来難しいのである。

　どのようにして，国際政治の仕組みが国家間の対立に行き着くのか。第1に，ネオ・リアリズムが強調したように，アナーキーな

「政府なき政治」が国際政治の基本構造である限り，各国が自国の安全や繁栄のために頼りにできる，世界政府のような存在は見出し難い。そのため各国は，自らの安全や繁栄を自ら確保しようとして，自助と称される自力救済的な行動をとる。具体的には，軍事的・経済的な強化や，利害の合致する国との連携，つまりは同盟の形成を図るのである。各国が自らのパワー（権力）を拡大し，望ましい価値配分を追求するわけである。こうなると，各国がパワーとパワーをぶつけあい，対立する可能性が自ずと高まってしまう。国際政治は，古典的なリアリストのモーゲンソーが提示したように，国内政治と同様に，しかしよりあからさまにパワー・ポリティクス（権力政治）として現れるのである（モーゲンソー 2013）。

　第2に，「政府なき政治」「社会なき政治」においては，各国が共通の理解や認識を抱くのが難しく，錯誤に陥る。各国が互いに自助的な行動をとる状況では，約束や合意の信憑性が相対的に低いため，各国の人々は主権やナショナリズムを背景に，自国の都合を優先的に考えがちになる。各国は互いに相手国の行動から，その真意を推し量るものの，その真意を誤認してしまうのである。この錯誤のために，各国は過剰なパワー行使を選択しやすくなる。

　そのパワーとは，各国が求める価値を獲得するために，他国の関係者の心理と行動に働きかける手段である。各国は，まず安全保障，経済成長などの価値を目標に設定し，それを実現する手段としてパワーを用いるのである（その際，パワーを強化すれば，それを手段として追求する目標も拡大できるため，パワー拡大は自己目的化しやすい）。パワーを大別するなら，核兵器や各種の通常兵器などの軍事的パワー，資金や資源などの経済的パワー，課題に対応するための考え方や情報などの理念的パワーという，3つの類型がある。大まかにいえば，軍事的パワーは威嚇や牽制のために用いられ，経済的パワーは利益

提供・制限による支持獲得や懐柔などに用いられる。また理念的パワーは，他国に対する説得や誘いかけなどに効果を発揮しやすい。もちろん，これらを複雑に組み合わせて用いるのが一般的であり，リアリストのカーが各分野のパワーは本質的に不可分だと述べたのは，そのためである（カー 2011）。

他方で，構造的パワーと称される手段もある。少数の特定国に対して行使するのでなく，多数の国々の行動を大きく方向づけ，国際政治のいわば土俵を設定するように国際ルールの形成を主導して，中長期的な優位を築くのである。アメリカが世界銀行やIMFなどの構築を通じて得たのは，このタイプのパワーである。

安全保障のジレンマ

国際政治がパワー・ポリティクスだとしても，常にすべての国家間で対立が発生するわけではない。対立が特に激化しやすいのは，次の2つの場合であろう。

第1は，**安全保障のジレンマ**が生じる場合である。国際政治が「政府なき政治」であるため，各国は安全保障に最も高い優先順位を置く。ここで安全とは，自国にとって決定的に重要な価値について，現状が脅かされない状態を指す。安全保障とは，そのような状態を創り出し，維持する動きを意味する。決定的に重要な価値に相当するのは，伝統的には自国の独立や領土，国民の生命や自由などであった（しかし，その対象は時代とともに変化し，今日では資源の確保や，人権なども対象に含まれることがある）。その伝統的な安全保障のために，各国は軍事的パワーの拡大と同盟の形成・強化を手段に用いてきた。こうした安全保障の追求は，各国が当たり前の行為として実施しているが，しばしば負の連鎖を引き起こし，ひいては対立の激化を招く。

仮にA国が，安全保障のために軍事的パワーの増強，もしくは同盟の形成・強化を図ったとしよう。すると，その真意が防御的なものであっても，他のB国の目には攻撃的な意図を秘めた行動だと錯誤されうる。このためB国も，やはり軍事的パワーの増強や同盟によって対応する。この動きはA国にしてみると，安全保障上の脅威が再び増大したものと映る。すなわち，各国が安全の追求という合理的な行動をとると，逆説的にもむしろ不安が増し，双方が望んでいない軍拡競争に陥るという，安全保障のジレンマが生じるのである。両国間の緊張や錯誤を高い観点から緩和するような，世界政府的な権威が存在しないためである。

　このように同盟は，自国の軍事的パワーを補充し，安全保障上の協力関係を結ぶ手段として多用される。しかし，アナーキーな国際関係のもとでは，同盟国間にも錯誤が生じうる。敵対国間に安全保障のジレンマが生じたように，同盟を結んだ友好国間にも，**同盟のジレンマ**が生じるのである。すなわち，一方では，安全保障上の危機に陥った際に，同盟国が約束通りに助けてくれず，「見捨てられ」るのではないかという懸念が生じうる。他方では，同盟の相手国が開始した戦争に「巻き込まれ」るのではないか，という心配が払拭できないのである。

　安全保障のジレンマを避けるには，他国の攻撃的行動を抑止するために一定の武力行使の脅しを用いるとしても，それが過度の脅しにならないように，特定の場合以外には武力行使をしないと約束する必要がある。後者の措置は，相手国の不安を取り除くための**安心の供与**を意味する。とはいえ，抑止と安心の供与を両立させつつ，深刻な懸案を平和的に処理するのは容易ではない。

　こうして，対立が交渉によって処理できず，戦争に至る要因については，フィアロンが明確化している（Fearon 1995）。それによる

2　対立の世界　195

と，第1に，交渉が成功するには，交渉の不確実性を低めるような情報が必要である。たとえば互いの軍事力，戦争を実施する意思などの情報である。第2に，交渉が失敗した場合に，双方が軍事力を行使するという信憑性（コミットメント）がなければ，交渉は妥結しにくい。第3に，交渉において問題を複数の論点に分けて取引することが困難な場合も（争点分割可能性が低い場合），交渉が決裂して戦争に陥る可能性が高まるという。

現状維持勢力と現状変更勢力

　国際政治上の対立が激化しやすい第2のケースは，現状維持勢力（status quo power）と現状変更勢力（revisionist power）が衝突する場合である。**現状維持勢力**は既存の国際秩序を是認し，その持続を選好する国々である。現状維持勢力が優位にある間，既存の国際秩序は持続する。これに対して**現状変更勢力**は，その国際秩序に不利益や不満を感じ，その変更を期待する国々である。ここでは，国際秩序のあり方が争点になっているため，対立は多くの国の利害にかかわり，当事国以外にも波紋を広げる。この問題については，古典的リアリズムが強い関心を寄せ，またネオ・リアリズムの後に登場した新古典的リアリズムも関心を示してきた。

　国際秩序は元来，容易には成立せず，変化もしない。そのため国際秩序の成立と変化は，歴史的には世界規模の戦争を契機として実現する場合が多かった。戦勝国が国際秩序を主導し，そこに成立した国際秩序は，自ずと終戦時のパワーの配置状況や，戦勝国の理念を反映していた。国連安保理の常任理事国が第二次世界大戦時の連合国の構成に対応し，IMFやGATTの理念がアメリカやイギリスの自由主義に呼応しているのは，そのためでもある。このような国際秩序が多くの国に受け入れられたとしても，やはり不平等や利益

の不均衡は避け難く，不満を抱く勢力が現れてしまう。

　問題は，この不満に基づいて国際秩序を適切に修正する，平和的変更（peaceful change）が難しい点にこそある。カーは，戦争の違法化が進む一方で，戦争に代わる国際秩序の平和的変更の手段が確立していない点を強く懸念した（カー 2011）。また，先に見たように各国間では錯誤が生じやすく，互いが現状維持勢力なのか現状変更勢力なのかを見極めるのが難しい。しかも，どのような秩序の修正であれば，現状維持の範囲内として許容されるのかも了解されてはいない。現状維持勢力と現状変更勢力の間には，対立が複雑化する要因が幾重にも存在するのである。

　以上のように，対立の発生と激化の要因は，国際政治のあり方自体に組み込まれており，容易に解消できそうにない。少なくともリアリズムとネオ・リアリズムは，そのように想定している。そのうえで双方のリアリズムは，対立の暴力化を抑制する条件を検討してきた。それを見る前に，国際政治のもう一つの側面である協調の世界に目を移そう。

3　協調の世界

　第3節では，国際政治の協調的な側面を検討し，協調の構図とその背景を明確化してみよう。

相互依存

　先に第二次世界大戦後の光景に見たように，各国は対立しながらも協調し，それを強化してきた。何が協調を促したのか。リベラリズムが着目した市場と，コンストラクティヴィズムが目を向けた理

念が，「政府なき政治」「社会なき政治」においても各国間・各国社会間のつながりを強め，分厚くする役割を果たしたのである。

　国家間の経済的交流が政治的協調を生み出すという考えは，第二次大戦後に国際秩序を構想した政策決定者も，念頭に置いていた。その典型的な人物は，アメリカのハル国務長官であろう。この考えの源流は，18世紀の経済学者アダム・スミスの議論にある。先に言及したように，国際市場において自由に製品を取引すれば，その価格が需要と供給を調整する機能を果たす。そのため，各国が利己的に経済的利益を追求したとしても，相互に利益を獲得でき，したがって協調の余地が生まれるのである。逆に，対立が強まって経済取引自体が縮小すれば，各国がともに不利益を被ってしまう。こうした根拠に基づいて，19世紀イギリスのコブデンや20世紀初頭のエンジェルをはじめ，多くの政治家やリベラルな論者が国際協調の展望を論じたのである。

　こうした考えの系譜の中で，国際政治の理論を示したのはコヘインとナイであった。その中核となる概念が**相互依存**である（コヘイン＝ナイ 2012）。貿易や投資などの経済交流を拡大すると，それを前提とした経済状況が各国に成立し，ひいては交流を縮減できない状態に至る。この経済交流を断ち切るコストやリスクが高まった段階を，相互依存と呼んだのである。この段階に達すれば，各国が対立を避けて協調を選好しがちになるという。

　同時に，コヘインらによると，相互依存が深化すると各国が敏感性と脆弱性を相対的に強め，パワー・ポリティクスの様相も変わるという。**敏感性**とは，他国の経済的変化の影響を受けやすい状態であり，たとえばアメリカや中国の景気低迷が，多くの国の経済に悪影響を及ぼすような現象である。また**脆弱性**とは，他国の影響によって自国の政策や措置を変更し，そのために高い調整コストを払

わざるをえない状態をいう。アメリカや中国の経済的変調に対応して、財政赤字を抱えた国が大規模な景気刺激策を余儀なくされる場合が、それに当たる。このような敏感性や脆弱性が強まると、各国は、他国との相互依存関係を考慮に入れて行動せざるをえなくなる。

そのため、小国が意外なほどパワーを発揮する場面も生まれた。たとえば第4次中東戦争（1973年）において、イスラエルと戦火を交えたアラブ諸国は軍事的には劣位にあったが、豊かな石油資源を擁していた。そのアラブ諸国が、当時の日本やヨーロッパ諸国の石油貿易上の脆弱性に着目し、自国を外交的に支持しない場合は石油輸出を禁じるという方針を打ち出し、政策の転換を迫ったのである。

この例に見られるように、相互依存が深化すれば、それで対立が姿を消してしまうわけではない。相互依存状況のもとでも、将来の経済的利益への期待が大きく萎めば、むしろ対立が先鋭化するという議論もある（Copeland 2015）。とはいえ、経済交流によって協調的な空間が相対的に拡大し、大国のパワーを相殺する場合さえ生まれたことは無視できない。

理念の伝播

各国間の交流は製品や資金など、経済分野の物質的な存在にとどまらない。各種の考え方や知見、情報など、多様な分野の**理念**も各国間に伝播する。たとえば、地球環境の保全や人権の擁護に関する理念は各国に普及しており、それが浸透したために、あからさまにそれに反する行動をとるのは難しくなっている。

もちろん、理念には協調的なタイプだけでなく、冷戦のイデオロギーや内政不干渉のように、対立を助長しかねないタイプも存在する。奴隷制や植民地などの考えが、世界的に一般化していた時代もあった。ただし、大まかな歴史的傾向としては、開発支援や難民支

3 協調の世界 199

援など，第二次世界大戦以前は一般的でなかった協調的理念が，今日では深く浸透している。先に見た経済交流に基づく協調も，実は理念を背景にして実現していた。19 世紀のイギリスやフランスで自由貿易の理念が浸透し，国際市場を通じた経済的相互利益への期待が広がった。それが 2 つの世界大戦を経て，世界的に定着したのである。

　理念の伝播はなぜ進むのか。もちろん，大国が特定の理念を他国に「強制」したり，各国が「競合」したりして理念を選択するという，リアリズム的なパターンも認められる。しかし他方では，他国による説得や国際機構における検討を通じて，各国が理念の意義や効用を「学習」するパターン，あるいは他国による理念の実践とその成果に触発されて，それを「模倣」というパターンが広く見られる（Barnett and Duvall 2005）。学習や模倣は，リベラリズム的な視点と符合する動きだといえる。

　理念が伝播すると，各国に対して規制的作用と構成的作用を及ぼすと考えられる。規制的作用とは，理念が各国の行動に枠をはめる動きである。たとえば自由貿易の理念が浸透すると，各国が保護貿易的措置への誘惑を抑えざるをえなくなる。構成的作用は，理念が国際的にふさわしい行動を各国に示し，それに応じるように仕向ける働きである。たとえば民主主義的な大国は，自国の利益に反しても他国の人権侵害に対して経済制裁を発動し，また自然災害に直面した国に無償で大規模な支援を実施する。民主主義的な大国はそのように振る舞うものだという役割認識が，国際的に定着しているためである。このため大国化した民主主義国は，その役割認識を自国のアイデンティティに組み込み，利害計算の方程式を組み替えるのである。

対外行動過程の多元化

上に見たように相互依存が深化し，理念が伝播すると，それに対応して各国の対外行動の決定過程も変化した。その変化は，特に1960年代後半から70年代に生じたと考えられる。その結果，第1に，対外目標の選択において，各国が従来のように伝統的な安全保障など，いわゆるハイ・ポリシー（高次元の政策）を最優先する度合いを低めた。資源の確保や国際金融危機への対応など，従来はロー・ポリシー（低次元の政策）だと見られていた政策が，重要度を高めたのである。逆にいえば，安全保障の概念自体が変化し，経済活動や環境の保護，人権の擁護などが安全保障の対象に組み込まれている。こうして「経済安全保障」「人間の安全保障」といった理念が，定着してきているのである。

第2に，その対外目標を追求する手段も変化し，軍事的パワーの有効性が相対的に低下した。経済的・社会的目標を追求する手段として，軍事力は効果的ではない。また多くの国において，核兵器や生物化学兵器などの大量破壊兵器は非人道的であるとタブー視する理念が広がり，少なくとも主要国は威嚇手段として利用しにくくなっている（Tannenwald 2007）。

第3に，対外目標の決定・実施過程に関与する主体が多様化して，経済的・社会的関心が政策に反映しやすくなった。今や安全保障・外交の専門家が，政策を一元的に決定するのは難しいのである。財政や貿易，司法などを管轄する官庁が関与し，また政治家が産業団体や労働組合などの利害を政策過程に反映させる。産業団体やNGOなどは国境を超えて結び付き，連携して複数国の政府に働きかける。このため，公的な国家間関係とは異なる次元で，**トランスナショナル・リレーションズ（脱国家的関係）**が成立している。特にNGOを中心とする市民社会同士の絆は，強さと広がりを増してお

3 協調の世界 201

り，グローバル市民社会と称される脱国家的な空間を創出しつつある。「社会なき政治」であった国際政治にも，国際社会の成立に向けた動きが顕れているのである。

　こうして国際政治は，たとえ「政府なき政治」「社会なき政治」であっても，政府と社会の両レベルで国家間の結合が強まっている。ただし，それには疎密があり，一般的に主要な民主主義国の間では結合が緊密だが，途上国や権威主義体制の国々では密度が相対的に薄い。しかし，そうだとしても，国際政治は国家間の安全保障・政治関係にとどまらない広がりをもつにいたっている。そこに新たな協調的ダイナミズムが生まれているのである。

4 国際秩序

秩序化の条件──集合行為問題，調整問題

　ここまで，国際政治上の対立と協調を検討してきた。対立は，しばしば暴力化して戦争・内戦にエスカレートするため，その抑制が必要になる。協調も，それが一時的・局所的な現象に終始しないように，安定化が求められる。すなわち国際秩序を構築するのが望ましく，その条件について伝統的なリアリズムとリベラリズム，ネオ・リアリズムとネオ・リベラリズムが論争しながら知見を磨いてきた。この場合の国際秩序とは，国家間の価値配分が円滑かつ適切に実現し，その結果として国際政治に安定性と正統性が生じる状態だといえよう。各国は他国の行動をある程度予想できるようになり，そのためパワーのあからさまな行使を控え，また共通利益の所在を確認しやすくなる。

　とはいえ，「政府なき政治」「社会なき政治」において，200もの

国が国際秩序を形成し，維持するのは難しい。その困難の中核は，集合行為問題にある。**集合行為問題**とは，国際秩序の形成・維持に要する負担と，それに対応する各国の動機とのギャップを示す議論である。国際秩序は公共財に相当し，国内でいえば公園や横断歩道などのように，すべての国にほぼ等しく便益を提供する。言い換えれば，特定の国に対して国際秩序による便益を禁じるのは難しく，国際秩序のために貢献したかどうかにかかわりなく，すべての国が同等に便益を享受できる。国際秩序を形成・維持するには多大な負担を要し，非協力的な国を説得し，秩序を侵害する国に圧力を加える必要があるにもかかわらずである。

　このため各国は，合理的行動として国際秩序のための負担をせずに，最大の便益を得ようとしかねない。いわゆるフリー・ライディング（ただ乗り）が生じるのである。オルソンによれば，フリー・ライディングは集団の規模が大きいほど発生しやすいため（→第3章*3*），多数の国から構成される国際政治では発生する可能性が高い（オルソン 1996）。しかし，すべての国がフリー・ライディングすれば，国際秩序は成立しない。この問題に対処するには，一定の国が国際秩序に伴う負担に応じるように，何らかの誘因を与えるしかない。問題はそれをどのように実現するかである。

　集合行為問題の一部として，**調整問題**も検討が必要である。各国が，仮に国際秩序のために協調姿勢をとっても，それを特定のポイントに集約し，具体的な手段に結晶化して初めて，国際秩序は成立する。というのも，国際秩序の形態もその実現手段も複数あり，その選択をめぐっても対立が生じうるのである。それぞれの国際秩序の形態や実現手段によって，各国が享受する便益には相違が生じる。そのため，各国が国際秩序のために協調できるかどうかに加えて，どのように協調するのかというハードルを乗り越える必要がある。

***4*　国際秩序**　203

こうした難問をどのように解決するのか。その解答は複数あり，先にふれたリアリズムやリベラリズム，コンストラクティヴィズムなどが，それぞれに手がかりを示している。それらはどのような国際秩序の像を描き，また集合行為問題や調整問題への対応を考案したのだろうか。

勢力均衡と覇権安定──対立の世界の秩序

勢力均衡　まず，対立的な世界における国際秩序を検討しよう。リアリズム的な理論は，厳しいパワー・ポリティクスが国際政治の常態だと想定した。したがって，国際秩序は各国間の関係性において，パワーの支えによってしか成立しないと考えた。そのパワーの支えのタイプによって，リアリズム的な国際秩序像は3つに分かれる。複数の大国によるパワーの均衡（勢力均衡），二大国によるパワーの均衡（二極安定），単一の超大国のパワーの優越（覇権安定）である。古典的なリアリズムは特に勢力均衡に関心を向け，ネオ・リアリズムは二極安定と覇権安定について因果関係を示した。

第1の**勢力均衡**は，複数の大国が互いにパワーの釣り合いをとるために軍事力の強化や同盟の締結を行い，国際的安定を追求する動きである。その目的は，特定の大国が過度に優越して，他の国が自律性を失い，国家間関係が不安定化するのを避ける点にある。現状維持勢力を優位にして勢力均衡が成立すれば，国際秩序は安定的に持続する。勢力均衡の結果として戦争も抑制されるが，その目的は平和よりも安定にある。このため，勢力均衡を図る観点から限定的な戦争や，小国の分割が容認されたこともあった。

勢力均衡が成果をあげたのは，特に18世紀のヨーロッパにおいてであった。1713年，スペイン継承戦争の講和条約（ユトレヒト条約）が初めて勢力均衡の語を明記し，その後，フランスとプロイセ

ン，オーストリア，ロシア，イギリスの5大国がパワーを均衡化したのである。ただし，勢力均衡はパワーの物理的調整のみで成立したわけではない。モーゲンソーが見抜いたように，勢力均衡が実現するには，各国が互いのパワーを計測して比較する必要があるが，その客観的な方法はなく，互いのパワーに対する錯誤は避け難い。そのため各国は，もしもの場合に備えて，余計にパワーをもつ誘惑にかられる。すなわち，勢力均衡が機能するには，主要国が互いに勢力均衡を正当な秩序維持策とし，また，どの程度のパワーを保有し合うかについて，一定の共通認識をもつ必要がある（モーゲンソー 2013）。勢力均衡をめぐる国際規範の裏づけを欠いては，安定した国際秩序は実現しないのである。

　この共通認識の意義を洞察していた点で，モーゲンソーはコンストラクティヴィストとしての側面をもっていた（Little 2007）。ブルが，国家間で互いの了解が成立した状態をあえて国際社会と呼び，その構成要素として勢力均衡を挙げたのも，同様の国際規範の裏づけを想定したためであろう（ブル 2000）。18世紀のヨーロッパでは，主要国がキリスト教やローマ法を尊重し，各王朝が縁戚関係を結んでコミュニケーションを維持しており，こうした暗黙の国際規範が成立しえたのである。

　この国際規範によって，集合行為問題や調整問題は秩序化を阻害しなかった。主要国が勢力均衡を当然視し，その具体的方法にも一定の共通理解をもったため，調整問題が深刻化しなかった。しかも勢力均衡の主体は，ヨーロッパの安定を左右する大国同士であり，互いの行動を監視して集合行為問題を防いだのである。またイギリスが，調整役を演じたのも重要であった。

　やがて，その勢力均衡も安定性を失った。18世紀末にフランス革命が起こり，民主主義が実現して市民の声やナショナリズムが政

治に反映した。それが，王朝間の国際規範を揺さぶったのである。周辺の大国がフランスに介入して**ウィーン体制**を築いたのは，従来型の君主制のもとで王朝間の協調を再構築し，勢力均衡の国際規範を補強する意味をもっていた。とはいえ，その国際規範はさらに形骸化し，第一次・第二次世界大戦に至る。その後，各国の民主化と冷戦下のイデオロギー化が進み，勢力均衡の国際規範は再構築されなかった。

　もちろん，今日にも勢力均衡は見られる。それは18世紀のような国際秩序の維持システムではなく，各国の勢力均衡政策であり，そこに生じた勢力均衡状況である。それらも，各国のパワー追求を相互に抑制する効果を伴っている。ただし国際規範を欠くため，一部の国が過度にパワーを拡大し，国際政治が不安定化するのを効果的に抑えるのは難しい。今日の勢力均衡の議論は，それを政策や状況としてどのように運用するかという，戦術論の色彩を強めている。

　二極安定と均衡化　第2は，二大国のパワー均衡に基づく**二極安定**である。上に見た18・19世紀の経緯からすると，勢力均衡は数カ国の大国間で成立しやすいと考えられる。しかし冷戦期には，米ソの二大国が対峙して，先にふれた「長い平和」が見られた。二極間でも勢力均衡は働くのか。そこに因果関係は見出せるのか。この問題に明快な解答を示したのは，ネオ・リアリズムを提起したウォルツであった（ウォルツ 2010）。

　ネオ・リアリズムは，国際システムが各国の行動を規定すると想定する。その国際システムが「政府なき政治」を特徴とし，また二極のパワー構造をもっているなら，各国の合理的行動によって国際秩序は成立するのか。ウォルツは次のように指摘した。多極の場合は，一国がパワーを増強すると，その意図がどの国に向けられているのかが明確でないため，他の多くの国が脅威を覚えて対抗を図る。

そのため，各国間で安全保障のジレンマが発生しかねない。しかし二極であれば，一方の大国がパワーを増強すれば，他方の大国に向けた行動であることは明白である。しかも両国は大国として，自国の行動が国際システム全体に影響を及ぼすことを理解している。すなわち，大手2社が支配する寡占的市場のように（寡占の妥当性は別にして）国際政治が安定化するのである。

この二極の均衡も，集合行為問題と協調問題を軽減できる。二大国の合理的行動として勢力均衡が成立するため，数カ国間では不可欠だった国際規範や協調ポイントの確認は必要ない。二大国間ではフリー・ライディングが発生しにくく，（同様の敵対行動をとるためだが）調整問題の想定する秩序維持策の不一致も発生しにくいのである。

勢力均衡と二極安定の議論は，各国が自ずと**均衡化**を図るものと想定している。しかし，均衡化が自然に生じるのか，あるいは各国が意図的に選択するのかについては，議論が分かれる。また，そもそも均衡化以外の行動のほうが一般的ではないか，という議論も根強い。というのも，たとえば冷戦後の一時期，アメリカが圧倒的な超大国となった際にも，それに対抗する同盟は生まれなかったからである。むしろ対米同盟を維持・強化する動きが現れた。歴史的に見ても，均衡化よりもバンドワゴニング（大国追従）のほうが一般的だとする指摘もある（Schweller 1994）。バンドワゴニングとは，各国が勝ち馬に乗るように，強大化する国に追従し，その恩恵を期待する現象をいう。また，バックパッシング（責任転嫁）のパターンも指摘されている。国際政治の安定化よりも自国の利益を優先し，秩序形成に必要な役割を他国に押しつける動きである。

他方で，冷戦後に軍事的な均衡化は現れなかったが，別の均衡化は見られた。軍事的パワーによる対抗や同盟による均衡化，すなわ

4　国際秩序　　207

ちハード・バランシングではなく，ソフト・バランシングである。軍事的パワーを利用しても限定的であり，政治的協力や経済的な地域制度を活用し，大国をメンバーから外して牽制し，あるいはあえて取り込んで懐柔するのである（Paul, Wirtz and Fortmann 2004）。2000 年代後半のアジアにおいて，東南アジア諸国連合（ASEAN）が東アジア・サミット（EAS）や ASEAN プラス 3（ASEAN・日本・中国・韓国協議）の創設を推進し，双方から当初アメリカを外したのは，ソフト・バランシングに該当する。

覇権国による安定　第 3 の国際秩序形成の論理は，単一の超大国のパワーに基づく**覇権安定**である。ナポレオン戦争の後，第一次世界大戦前までの国際政治は，しばしば「パックス・ブリタニカ（イギリスの平和）」と呼ばれる。第二次世界大戦後の約 20 年間も「パックス・アメリカーナ（アメリカの平和）」と称される。前者の時期にはイギリス，後者ではアメリカが超大国として君臨し，そのもとで一定の国際秩序が見られたのである。この一極のパワーと国際秩序との因果関係を説明したのが，ギルピンやクラズナーらが論じた覇権安定論であり，これもネオ・リアリズムに含められる（Gilpin 1981）。

　このような超大国は**覇権国**と呼ばれる。それは突出して強大なパワーを，多分野で有する大国であり，上記のイギリスやアメリカが典型例である。覇権安定論によれば，国際秩序をめぐって各国がフリー・ライディングしたとしても，覇権国のみは公共財としての国際秩序を提供する傾向があり，集合行為問題を乗り越えられるという。その動機について，一方には，覇権国のみが世界規模で他国を説得し，抵抗する国に対処する指導力を備えているという議論がある。他方には，覇権国に有利な状態を固定するためにパワーを行使して，他国に追従を強要しているという議論がある。いずれにして

も，覇権国は自らの秩序構想を協調ポイントとして他国に提示し，調整問題も軽減できる。

ただし，国際秩序を維持する外交上・経済上の負担は巨大であり，それが覇権国にのしかかる。そのため，覇権国はパワー行使の過剰拡張に陥り，ひいてはパワーを喪失していく。それに伴って国際秩序は動揺し，また第2位の大国が覇権国に挑戦を図ると考えられている。それが覇権戦争に発展し，覇権国と挑戦国がともにパワーを失う結果，第3の大国が新たな国際秩序を形成するという説もある。

実際にアメリカは，第二次世界大戦後にIMFや世界銀行などの創設を主導し，国際秩序を支えた。また1960年代半ば以降，アメリカのパワーが相対的に衰退し，それに呼応して国際秩序も揺らいだ。1971年にニクソン大統領がIMFを支える金・ドル兌換性を一方的に停止し（ニクソン・ショック），固定相場制が崩壊したのは，その象徴的な出来事であった。もっとも，覇権戦争は発生せず，またアメリカが衰退した1995年に，GATTは後継の世界貿易機関（WTO）へとむしろ発展した。また，アメリカが国際合意に背を向けたにもかかわらず，2005年に地球環境制度の京都議定書が発効するなど，覇権安定論では説明のつかない現象は少なくない。

とはいえ，対立的な世界においても，パワーのあり方によっては国際秩序が成立することを，古典的リアリズムとネオ・リアリズムは示した。逆にいえば，例外的条件なくしては国際秩序が実現しないほど対立が根深いと，リアリズムは語っているのである。

勢力交替と外交　　以上の国際秩序論は，少数の大国が比較的長期間，パワーを維持すると想定していた。逆に大国の変化を論じ，そのため勢力均衡が不安定性を秘めていることを示したのが，**勢力交替論（パワー・トランジション論）**である。これをオーガンスキーが提起したのは1950年代末であったが（Organski 1958），2000年代

4　国際秩序　209

に中国をはじめとする新興国が急速に台頭する中で，再び脚光を浴びた。

　勢力交替論は，特に各国の経済成長率が異なる点に着目し，大国が交替する可能性を指摘した。また，その過程で，衰退国と新興国が衝突する危険性を検討したのである。すなわち，既存の大国と新興国の間で緊張が高まり，双方の国内政治体制が異なる場合には錯誤が生じやすく，既存の大国が新興国を現状変更勢力とみなして対立が深刻化しかねないという。先にふれたように，ある国が現状変更勢力なのかどうかを客観的に把握するのは難しい。今日も，たとえば中国が現状維持勢力なのか現状変更勢力なのかをめぐって，議論が分かれている。

　以上のように，対立的な世界でも国際秩序を創設・維持できるとしても，その条件は容易には揃わない。そうだとすれば，当面の安定をどのようにして確保するのか。古典的リアリストが期待を寄せたのは，国益であり外交であった。

　まず国益とは，各国が対外目標として追求すべき，死活的に重要な価値を意味する。この概念は，各国が対外目標を追求し，時に衝突するのは避けられないとしても，その目標を必須の範囲に抑える基準を示したものである。ナショナリズムやイデオロギーを背景にして，各国の目標はどこまでも膨張しかねない。近代ヨーロッパの政治指導者は，先に述べた勢力均衡の国際規範に加えて国家理性の考えを念頭に置き，対外目標を相互に自制していた。国益の概念は，この時期のように，目標を無制限に追求するのでなく，自制を求める含意を秘めていた。とはいえ，国益の概念は曖昧でとらえにくい。そのために政治の現場では，むしろ対外目標の拡張を正当化する語に転用されがちである。

　また外交とは，対外的な交渉であり，他国と対話を重ねて平和的

に問題解決を図る手段である。平和的とはいえ，圧力を加えたり強硬姿勢を示したりすることも，常套手段となる。外交は手段であるため，その前提には目標としての対外政策がある（日本語では外交政策，外交交渉という語が多用されるが，より正確には対外政策〈foreign policy〉と外交〈diplomacy〉であろう）。外交の条件として，モーゲンソーやアロンらが異なる意味を込めて強調したのは，**慎慮**である（モーゲンソー 2013；Aron 1966）。慎慮とは，単純化していえば，外交の選択肢がもたらす結果を冷静に比較衡量し，実施する態度を意味する。

ただし，外交の前提となる対外政策は，政府が一元的・合理的に決定できるとは限らない。アリソンは，それが実現する場合を**合理的主体モデル**と名づけ，それとは異なるパターンがあることを示した。すなわち，政府内には多様な組織があり，それらが既定の作業手続きに沿ってルーティン的に問題に対応し，その対応の集合として対外政策が定まる場合は多い（**組織行動モデル**）。あるいは，政府内の多様な官僚や政治家が各々の立場に従って行動し，そこに生じる駆け引きの偶然の結果が対外政策になるのが一般的かもしれない（**政府内政治モデル**）（アリソン＝ゼリコウ 2016）。したがって，各国が国益と慎慮に基づいて外交を実施するのは容易でなく，多様な要素を考慮に入れつつも，大局的な観点に基づいた賢明なリーダーシップが必要になる。

国際制度と国際規範──協調の世界の秩序

国際制度の２つの形態　　国際秩序がどのような条件で実現するかについて，今度は協調を重視する理論の観点から検討してみよう。リベラリズムとネオ・リベラリズムは，少数の大国のパワーではなく，多数の国が構成する国際制度の下で，各国が見出す共通利

益に着目した。

先に見たように，国際協調は経済交流と理念の拡散を背景に発展している。前者の経済交流が相互依存の段階に至れば，協調はより確かになるとされるが，同時に貿易摩擦や経済危機などが問題化する。したがって，経済交流を円滑に拡大するには，一定のルールを設けて，相互依存状況を適切に運営する必要が生まれる。その際に，各国間に伝播した理念が，ルールの基本原則を提供する。こうして成立した国際協調の枠組みが，**国際制度（国際レジーム）**である。すなわち国際制度とは，貿易や金融，難民などの分野ごとに，関係国が互いに了解し合った行動の仕方であり，国際協調のための原則や規則，手続きなどを備えている。

もっとも，国際制度の形態はさまざまである。一方には，国際協議の場やスタッフ，明文の規定などを伴う国際機構や国際条約，すなわちフォーマルな国際制度がある。国連やWTOが，その具体例である。他方にはインフォーマルな国際制度があり，世界人権宣言や被災国を無償支援する国際慣行など，明確な組織や規程を欠いた紳士取り決め，暗黙の慣行が該当する。このインフォーマルな形態は，後に見るように，国際規範として論じられることが多い。

国際制度における多国間交渉　フォーマルな国際制度は，多国間交渉を通じて国際協調を促すとされる。コヘインはネオ・リベラリズムの立場から，対立的な交渉ゲームにおいても，各国が将来の展開を考慮に入れてゲームを繰り返し，対立を協調に転換できる可能性があると論じた。同時に，国際制度こそが，それを確かなものにすると指摘したのである（コヘイン 1988）。

コヘインは，その根拠を経済学の「コースの定理」に求めた。この定理は，政府が介在しなくても民間主体が互いに協力する条件を示しており，それが「政府なき政治」における国際協調に合致する

212　**5　国際政治**

と見抜いたのである。すなわち，国際制度のもとで各国は多国間交渉を重ねており，他国の真意について確かな情報（完全情報）を得やすい。また，そこには無理なく交渉できる環境（低い交渉コスト）と，権利義務の基準（権利義務のルール）が備わっている。このため，各国が互いの共通利益を見出せる可能性が高いと論じたのである。ここにネオ・リベラリズムは，覇権国や二大国によらない協調の可能性を示し，ネオ・リアリズムに対峙した。先に見たように，覇権安定論はWTOや京都議定書などを説明できなかったが，各国が多国間交渉を通じて共通利益を見出したと考えれば，それらも説明が可能なのである。

　ただし，ネオ・リアリズムの反論によれば，各国が共通利益を探り当てたとしても，それは絶対利益に基づいており，各国間の対立は解消しない。各国は，他国と比較したうえでの自国の利益，すなわち相対利益に敏感なのであり，その利益の大小が今後の互いの優劣をも左右すると考えるのだという。もちろん，ネオ・リベラリズムが指摘したように，この相対利益が常に作用するわけではなく，相対利益と絶対利益が特に作用する条件を明確にする必要がある。

　　国際規範　　コースの定理に基づく説明は，特にフォーマルな国際制度に該当する。インフォーマルな国際制度は，紳士取り決めや暗黙の慣行であるため，各国に協調を促す作用も限定的なのかといえば，そうではない。それが国際規範として独自の作用を及ぼす点は，コンストラクティヴィズムが指摘した。

　国際規範とは，国際政治上の主体が一定の社会的関係を結び，そこで適切な行動として期待されている理念を指す。理念が各国に伝播すると，「社会なき政治」のもとでも特定の分野や問題について緊密な国家間関係，あるいはそれにNGOや企業なども関与した関係が生まれる。単一の堅固な国際社会は成立していないが，社会に

4 国際秩序　213

準じるような空間が分野ごと，問題ごとに生まれるのである。この国家間関係のもとで，各国がとるべき行動や許されない行動について，一定の共通理解が醸成されれば，それが国際規範になる。その実態は，各国の相互認識（間主観的意味）である。この認識の次元が，各国のフリー・ライディングの意図を抑えて集合行為問題を緩和し，また各国の行動を一定の協調ポイントへと方向づけ，調整問題を軽減すると考えられる。

　国際規範の成立過程については，フィネモアらがシンプルなサイクルを示した。国際規範の元になる理念を提案する国，NGO などは，**規範起業家**と呼ばれる。規範創出の局面では，その規範起業家が特定の理念を各国に説得する。続くカスケード（雪崩的な急速な伝播）の局面では，理念が各国に広がり，それが全体の約3分の1にいたると，一気に国際的に浸透するという。そして最後の内面化の局面では，各国が理念を受容し，国内法制にするなどして，当然のものとして遵守し，国際規範に至るのである（Finnemore and Sikkink 1998）。

　もちろん，このようなシンプルな経過はむしろ稀であり，一般的には各国ごとに理念を受容する度合いが異なり，また理念の導入をめぐって激しい論争が起こる。国際規範が成立した後も，一部の国による不遵守や反発は避けられない。また，各国が理念を通じて認識を共通化しても，なお互いの錯誤は生じうる。したがって，国際規範を軽視し，遵守しない国に対しては，各国が非難や制裁をし，あるいは前進が見られた場合には賞賛を示すなど，社会的圧力をかけることになる。すなわち，国際規範が確立してゆく過程は直線的ではなく，複雑な推移をたどるのである。

　国際規範が確立すると，先に言及した規制的作用と構成的作用が各国に及ぶ。特に構成的作用を受けると，各国は国際規範を自国の

214　**5　国際政治**

アイデンティティに刻み，国際的に適切だとみなされている行動を
とるようになる。また，その行動自体が国際規範を強化し，国際秩
序を支える意味をもつ。

　こうして国際規範は定着し，また異なる国際規範を加えて，重層
化してゆく。具体的には，まず主権尊重や内政不干渉など，国際政
治そのものを成り立たせる国際規範が確立し，これに勢力均衡や大
国の役割，自由貿易など，国際政治を安定化させる国際規範が加わ
った。さらに，開発支援や地球環境の保全，人権の擁護など，理念
自体は古くから存在しながらも，国際規範としては戦後に定着した
ものもある。後発の地球環境や人権の擁護などは，先行する内政不
干渉などに抵触し，各国国内の法制や政治体制の国際的調整など，
内政介入的な措置を必要とした。すなわち国際規範は，程度の差は
あれ矛盾や緊張をはらんでおり，互いに変化しながら相互調整して
ゆく途上にある。その相互調整は，突発的な国際危機や新たな事態
が発生した際に，劇的に進展する。

　NGO や企業などの民間主体は，規範起業家として各国に働きか
けるだけでなく，自らトランスナショナルな規範を形成する。それ
は**私的制度（プライベート・レジーム）**と呼ばれる。国家間の規範を
創設するには時間と政治的コストが必要であり，その間に事態が悪
化しかねない。プライベート・レジームは，それを避け，企業や消
費者など直接の関係者に即した解決を図るうえで，効果を発揮する
のである。2003 年に成立したキンバリー・プロセス承認制度は，
その好例であろう。アンゴラやシエラレオネでは，武装集団がダイ
ヤモンド採掘を資金元とし，先進国の産業はその紛争ダイヤモンド
の販売によって利益を得ていた。NGO がそれを批判して国際問題
化すると，ダイヤモンド産業はむしろ NGO と協力し，紛争ダイヤ
モンド取引を払拭するプライベート・レジームを創設したのである。

4　国際秩序　　215

法化とグローバル・ガバナンス　国際制度・規範が国際秩序を支えるのなら，それを強化し，拡大するのが望ましい。そのために，一方では，国際制度・規範をいわば垂直方向に厳格化してゆき，各国による違反や不遵守を防ぐ方向がある。他方では，国際制度・規範を水平方向に分野横断的に拡張し，より多くの主体や領域を包含する方向がありうる。前者の現象が法化に該当し，後者はグローバル・ガバナンスに当たる。

法化は，典型的にはEUやWTOなどに見られる。すなわち，国際制度・規範が緻密なルールを備える点，そのルールが各国を強く拘束する点，また各国がルールに関する判断を第三者的機関に委ねる点において，高度化を進めるのである。WTOは，その紛争解決手続きにおいて，顕著な法化を達成している。WTOの前身のGATTは，1970年代から90年代初めに貿易摩擦が激化した際，それに効果的に対処できなかった。そこで各国はGATTの多国間交渉を通じてWTOの創設に合意し，貿易摩擦を法的・技術的に明確な手続きのもとで処理する機能を整備したのである。WTOのもとでは，貿易摩擦が政府間協議で妥結しなければ，法律専門家の構成する第三者機関が法律論に基づいて裁定を下す。それをすべての関係国が一致して否定しなければ，訴えられた国は遵守しなければならない。遵守しなかった場合，その貿易問題を訴えた国は，WTOのもとで対抗措置をとる権限を与えられるのである。

これは厳格な紛争解決メカニズムであり，貿易摩擦は激化しなくなった。ただし，WTOは貿易・経済ルールであるため，環境や人々の健康，国内社会の個別的な事情を軽視しがちであった。このためNGOや途上国などが強く反発し，反WTO・反グローバル化の動きが高まった。それは，WTOの法化をいっそう進める多国間交渉（ドーハ・ラウンド）を停滞させる一因になった。法化の進展は，

むしろさらなる法化を阻んだのである。

グローバル・ガバナンスは，さまざまな分野の国際制度・規範を組み合わせ，包括的な秩序化を進める動きを意味する。主体の点で，国家だけでなく企業やNGOなどの協働や役割分担を促し，またルールの点で，フォーマルな国際制度だけでなくインフォーマルな国際制度を結び付け，複合的に秩序形成を図るのである。この概念は，国連のグローバル・ガバナンス委員会において，冷戦後の課題に対処するという実践的な意図でも検討された。地球環境問題や内戦，破綻国家など，新たな課題が噴出したため，伝統的な国家間の国際制度・規範のみでは対処しきれなかったのである。法化は「政府なき政治」においても，世界政府的な要素を模索したが，グローバル・ガバナンスはむしろ政府的要素は追求せず，政府が提供するような統治的機能のみを追求したのである。近年はオーケストレーション（調和的編成）という概念が提起され，国際機構や一部の国家がNGOや企業などの多様な主体や国際的な仲介組織に働きかけ，間接的に秩序化へと促す動きが，新たに注目されている（Abbott et al. 2015）。

|　**外交の二層ゲーム**　| 協調の世界においても，外交は国際秩序のための重要な手段である。ただし，相互依存や理念の伝播が進んでいるため，各国政府だけでなく，国内外の多様な主体が外交に関与してくる。このため対外政策の決定と外交の実践は，多元的で複雑なものになる。

こうした状況において，各国がまず直面するのは，国際的な合意形成と国内的な同意調達のジレンマである。この国際・国内関係は，パットナムの**二層ゲーム・モデル**が明快に示している。すなわち，各国の交渉者は国際交渉と国内政治の双方に取り組み，国際的合意は国内的同意の範囲内でしか成立しない。この範囲はウィン・セッ

4 国際秩序　217

トと呼ばれる。ウィン・セットが、国内政治上の主体の多様化と分裂によって縮小すれば、国際合意の可能性も縮小してしまう。逆に、ウィン・セットが円滑な国内調整によって拡大すれば、国際合意の可能性も増大するのである。より重要なのは、ウィン・セットが小さい場合に、国内的な譲歩が困難であるため、対外的にはむしろ強い態度がとれる点である。逆に、ウィン・セットが大きい場合は譲歩が国内的に容易であり、それが他国の目にも明らかであるため、譲歩を迫られやすいのである (Putnam 1988)。

もちろん、この二層ゲームは、対外交渉が2国間でなく国連や地球環境会議のような多国間であると、様相が変わる。また今日では、トランスナショナル・リレーションズが拡大しているために、対外関係にもう一次元加わった三層ゲームが展開する場合もある。こうしたゲームの複雑な連立方程式を解き、国際的な秩序化を進めるのは容易ではない。しかし同時に、多国間の多元的な交渉では、さまざまな主体が多様な利害をもって交渉に臨むため、各主体がいずれかの争点で交差的に利益を確保でき、むしろ合意形成が相対的に容易になるという指摘もある。

5 国際正義

ここまで述べてきたように、国際政治においては対立の緩和や協調の安定化をめざして、さまざまな議論と実践が試みられてきた。最後に、その延長線上の重要なテーマとして、正義を検討しよう。**正義**とは、人々が形成する社会として、あるべき道理に適った状態、あるいはそれに接近する過程だと考えられる。政治の定義に関連づけるなら、価値の配分が適正な状態（配分的正義）、または不当な配

分が是正される過程（修復的正義）に相当する。国際政治上の正義
は，はるか彼方に描く願望というよりも，深刻な戦闘や格差に直面
する中で具体的課題として摸索されてきた。

戦争と格差の修復

国際秩序と正義　　正義は，本来なら普遍的な存在であるはずだ
が，国際政治上は，時と場によって異なるものとして考えられがち
だった。正しさの基準となる価値観は，人々の形成する社会によっ
て定まるが，国際政治は「社会なき政治」だからである。すなわち，
国内では単一の社会が成立しやすいため，共通する価値観の裏づけ
を得て，正義が比較的明確になる。しかし国際政治においては，各
国ごと，国家グループごとに異なる正義が成立しうるのである。た
とえば冷戦は，東西両陣営の異なる正義の衝突でもあった。

　逆にいえば，国家間関係が緊密になって，いわば国家間社会のよ
うな状態に近づけば，一定の正義がイメージされうる。あるいは，
トランスナショナルな国内社会間のつながりが強まり，いわば脱国
家的社会に接近しても，正義がイメージされるだろう。今日では，
その国家間・国内社会間の結び付きが相対的に強まっており，先に
述べたように，さまざまな国際規範が成立している。その国際規範
の内実を確かなものにする観念として，正義が探索されているので
ある。

　ただし，ブルが論じたように，正義は国際秩序と矛盾しかねない
（ブル 2000）。リアリズム的な視点からすると，国際秩序は大国間の
パワー配置に基づいて，主権尊重や内政不干渉など，現状維持的な
国際規範を支えにして成立する。これに対して，リベラリズム的な
視点から国家間の平等性，国内における人権などの正義を追求すれ
ば，その国際秩序が揺らいでしまうのである。もっともブルは，大

国が正義の要請に応えれば，中長期的には国際秩序がむしろ安定する可能性を指摘した。

このように，一方で正義は，大国によって，既存の国際秩序や政策を正当化する観点から掲げられてきた。リアリズムの視点からすると，絶対的な正義は存在せず，パワーが大きければ自国流の正義を主張しやすくなると考えられる。しかし他方では，正義は平等性や人権の実現などを志向する動きとして，歴史的に一定の進展を遂げてきた。リベラリズムの立場からすると，この動向は必然的な進歩だと考えられる。

大国の正義と平和・人道に対する罪　　まず国際政治の舞台に現われたのは，**大国の正義**であった。大規模な戦争が終わると，戦後の国際秩序が構想される。その際に戦勝国は，自ら主導する国際秩序を正義の名で語るのが常であった。カーが喝破したように，その国際秩序は正義の表現で語られても，その背後に大国の利害を秘めていた（カー 2011）。また多くの大国が，他国への軍事介入を正義の言葉で正当化してきた。第二次世界大戦後には，たとえばソ連は1968 年に，チェコスロヴァキアに軍事介入して民主化運動を封じた際（プラハの春），社会主義国としての国際的責務だと主張した。アメリカは，1964 年にベトナム戦争に本格的に介入した際，自由主義の危機を唱え，正義の語を掲げた。

こうした軍事介入や戦争は深刻な被害をもたらし，逆説的にも人権・人道に基づく正義を求める動きを刺激した。すでに第一次世界大戦中には，戦争や虐殺の責任者を国際法廷で刑事的に処罰すべきだとする議論が見られた。それが実現したのは，第二次世界大戦後のニュルンベルク国際軍事裁判と極東国際軍事裁判（東京裁判）においてであった。その際に，通常の戦争犯罪に加えて平和に対する罪，人道に対する罪という考え方が提起されたのである。それらは

事後的な法的措置であったため，手続き上の妥当性などが議論になったが，戦争に対して正義を追求する端緒になった。1951年のジェノサイド条約（集団殺害罪の防止および処罰に関する条約）の発効も，この流れを受けた動きであった。

しかし，戦争と正義のかかわりを問うと，両者の複雑な関係が問題にならざるをえない。その厄介な議論は，たとえば政治思想家ウォルツァーによってベトナム戦争の際に提起された。彼は，自衛のための戦争が国際的に承認されているとしたうえで，リベラリズム的な立場から，民族自決の支援や大量殺戮の停止などのための戦争を是認したのである（ウォルツァー 2008）。

国際経済の格差是正　　正義の模索は，国際経済上の富の配分についても試みられた。第二次世界大戦の前には，先進国を文明国とし，当時の発展途上国を非文明国ととらえて植民地化する動きが広く見られた。しかし戦後，その経済的搾取を見直す正義が，脱植民地化の主張として浮上したのである。しかし，途上国が経済的に自立するのは容易ではなかった。IMF や GATT などの国際制度のもとで経済交流が進んだが，途上国・先進国間の経済交流は相互依存（interdependence）ではなく従属（dependence）的関係に陥り，経済的格差が固定化したのである。この南北問題を解消するために，途上国は国際制度のあり方自体に目を向け，1970年代初めにその是正を要求し始めた。

ただし途上国は，リアリストのクラズナーによると，国際交渉力における対外的脆弱性と，国内社会における対内的脆弱性をもっていた。そこで途上国は，国連で 77 カ国グループを形成して前者の脆弱性をカバーし，国際制度を新国際経済秩序（NIEO）に改編するように要求した。国際制度への途上国の実質的参画，天然資源の恒久主権，貿易拡大のための特恵関税などが，その具体策であった。

5 国際正義　221

それらは，クラズナーの指摘した対内的脆弱性に対応して，途上国政府の権限強化にも資する，正義の主張であった。NIEO は 1974年の国連資源特別総会で決議されたが，その実現は GATT 第 4 部などに限られた。それでも国際制度の部分的修正が実現したのは，途上国の主張が現状変更勢力のそれではなく，正義として受け入れられたためであった。同時に，GATT 第 4 部であれば先進国の経済的打撃が軽微だという，リアリズム的な考えも作用していた(Steffek 2003；ヒュデック 1992)。

冷戦後の正義と介入

移行期と紛争後の正義　冷戦の終結は，戦争をめぐる正義の転換点となった。移行期正義や紛争後正義が進められ，人道のための軍事介入が喫緊の検討課題になったのである。

　まず**移行期正義**とは，独裁的・権威主義的体制の国が民主化した際，旧体制下の人権侵害や大量虐殺に関して，被害者の救済と真実の解明，責任者の処罰を図るといった，修復的な正義を指す。それは冷戦期にも見られたが，冷戦終結後に旧共産主義政権が次々に民主化すると，大きな広がりを示した。その際，各国は過去に向き合うために真実委員会を活用した。それは，1996 年に南アフリカが設けた真実和解委員会をモデルにしている。同国では 1980 年代後半以降，アパルトヘイト（人種隔離政策・制度）を順次廃止し，過去の差別や虐殺の実態を調査して国民的和解を実現するために，この委員会を用いたのである。

　こうした移行期正義は，新たな国家建設と並行して進める必要があるため，難しいジレンマに直面した。正義の観点からすると，真実の解明と責任者の処罰は当然だが，それを徹底すれば社会的混乱や優秀な人材の不足が生じ，新国家の建設に支障が生じる。かとい

って不徹底であれば，旧体制への逆流が生まれかねないのである。

　また冷戦後には，こうした政治体制の移行が円滑に進まず，内戦に発展して，新たな被害が発生したケースも多い。旧ユーゴスラヴィアのボスニア＝ヘルツェゴヴィナやコソヴォ，またソマリアやスーダンなどにおいて，異なる民族集団間・宗教勢力間で内戦が勃発したのである。ソマリアやスーダンの大量虐殺では，それぞれ40万人以上が命を失うほどであった。冷戦期・独裁体制期には，いくつかの国が特定のイデオロギーを掲げ，国民の宗教的・民族的なアイデンティティを封じていた。これに伴う不満や軋轢が，経済運営の失敗や歴史問題などを背景に噴出したのである。しかも，アフリカなどの一部の国は，政府の統治機能を元来欠いており，国内を実効的に統治しておらず，脆弱国家と称されていた。それらはかつて植民地から独立し，国際的に主権を承認されていたものの，国内が多様な民族や部族に分裂し，政府も一部の特権的集団のもとにあった。ジャクソンのいう「準主権国家（quasi-state）」だったのである（Jackson 1993）。脆弱性が顕著な国は破綻国家と呼ばれ，特に内戦が発生しやすかった。

　内戦をめぐっては，二重の正義の課題があった。まず，内戦による人道的被害を防ぐために，他の国が軍事介入に踏み切るかどうかが問題化した。この点は後で述べよう。また，内戦の終結後には，**紛争後正義**が課題になった。後者の紛争後正義は，移行期正義と同様に，内戦時の被害の解明と責任者の処罰などを内容とした。それは内戦の再発を防ぐために，**平和構築**と並行して進められた。平和構想としては，紛争当事者の武装解除と民主的な警察・軍事制度の構築，法の整備，選挙，各種の経済制度の形成などを順次進める必要があった。

　　保護する責任　　内戦下の人道的被害は，内政不干渉の国際規範

に基づいて当該国政府の同意を条件とするなら，国際的に解決するのは難しい。そのような中，1992年に国連のブトロス-ガリ事務総長が報告書『平和への課題』で**平和執行**の考えを示し，それが一つの転機になった。その考え方に基づいて，人道的被害を止めるために，当該国の同意がなくとも他国が軍事介入に踏み切るのが，**人道的介入**である。それは従来型の大国の軍事介入とは異なり，原則として国連の総会もしくは安保理の承認に基づいて，多国間で実施されてきた。

とはいえ，現状の国際秩序は主権尊重や内政不干渉の国際規範に依拠しており，それらと人権・人道規範との調整は不可欠であった。前者を墨守すれば，人道的危機を見過ごしかねず，かといって後者を過度に尊重すれば，人道を掲げた「正戦」に陥りかねない。それぞれ，リアリズム（前者）とリベラリズム（後者）を硬直的に政策に適用すれば，生じかねない弊害である。

2000年代に入ると，このジレンマを調整して，**保護する責任**という理念が登場した。すなわち，市民の人権・人道を保護する責任は，第一義的に自国政府にある。しかし，その政府が責任を果たす能力もしくは意思を欠く場合，その責任は国際社会へと移り，同国政府の同意を得ずに責任を果たすのである。この理念の中核的な考えは多くの国に受容され，国際規範となった。しかし，具体的な判断基準や介入の条件などについては，解釈の余地や見解の相違が残っている。このため2011年に発生したシリア内戦でも，国連安保理の常任理事国内で意見が衝突し，保護する責任を実施するにはいたらなかった。他の多くの国際規範と同様に，この国際規範も，実践を通じて適用基準の明確化や慣例の蓄積を進めている段階にある。

今日の正義は，国際機構や先進国などの組織的な介入によって初めて実現しており，その介入の正当性を，冷戦後に浸透した民主主

義や市場経済，人道などの理念・国際規範が支えている。それと連動して，国際政治上の主権の国際規範も変化している。主権はかつて，単に各国の領土，国民などに対する排他的支配権を意味していた。しかし今日では，人権の擁護，法の支配などの理念をある程度満たさない限り，その国の主権は国際的には是認されないのである。

グローバル化と社会開発

冷戦終結は，一面では経済のグローバル化の反映であった。社会主義諸国が，西側諸国の進めるグローバル化に対応できず，国内経済改革に踏み切らざるをえなくなったのである。その後のグローバル化は，民主主義や市場経済などの理念の伝播に支えられて，進展した。それらの理念は，ワシントンDC に位置するアメリカ財務省，世界銀行，IMF において支配的な考えに合致しており，その暗黙の合意はワシントン・コンセンサスと呼ばれた。

ワシントン・コンセンサスは，途上国支援に適用された。世界銀行やIMF が構造調整を基本方針に掲げ，途上国に融資する際の同意条件（コンディショナリティ）に民主化や市場化，よい国内統治（グッド・ガバナンス）などを求めたのである。構造調整は，経済の効率化に成果をあげた場合もある。しかし，市場競争を過度に刺激し，伝統社会の動揺や貧困を助長した。1997 年のアジア金融危機などにおいて，ワシントン・コンセンサスは新興国の支援にも援用された。このような中で，経済的格差の拡大が問題化し，配分的な正義を求める声が途上国や新興国，またトランスナショナルな反グローバル化運動などに表れた。

これに対応して，国連などの国際機構において，社会開発の理念が浮上した。途上国支援の力点を，衛生や教育，福祉などに向ける考え方であった。この理念は各国に受容されていき，2000 年の国連ミレニアム・サミットでミレニアム開発目標（MDGs）の国際合

5 国際正義 225

意に結実し，また2015年に成立した持続可能な開発目標（SDGs）に引き継がれた。これらの実施状況は十分ではないが，各種の平等や疾病対策，環境保護などの具体的目標とグローバルなパートナーシップについて，国際合意が成立した意義は大きい。

　以上に見てきたように，今日の国際政治では，パワー・ポリティクスがなおも根強く，国家間の対立や軋轢が絶えない。同時に，国際制度・規範などを背景にして，協調的な空間も拡大している。平和や正義の追求も，ガラス細工のような脆さを伴ってはいても，確かに見られる。このように，国際政治の展開は複合的ではあるが，それを明確かつ一貫性をもって説明・解釈するために，理論的な知見が蓄積されてきた。その知見は，大きくリアリズムの視点とリベラリズムの視点に分かれ，競合している。国際政治学上の確定的な知見はまだ豊富ではなく，特に正義をめぐっては曖昧さを相当に残している。今後の国際政治は，どこに向かってゆくのだろうか。また，それを鮮やかに説明・解釈するような知見は獲得できるのだろうか。

▼ 引用・参考文献

阿部利洋 2007『紛争後社会と向き合う──南アフリカ真実和解委員会』京都大学学術出版会。

アリソン，グレアム＝フィリップ・ゼリコウ 2016『決定の本質──キューバ・ミサイル危機の分析〔第2版〕』（漆嶋稔訳）日経BP社。

石田淳 2013「対外政策の選択」中西寛・石田淳・田所昌幸『国際政治学』有斐閣。

ウォルツ，ケネス 2010『国際政治の理論』（河野勝・岡垣知子訳）勁草書房。

ウォルツァー，マイケル 2008『正しい戦争と不正な戦争』（萩原能久監訳）風行社。

大矢根聡 2009「レジーム・コンプレックスと政策拡散の政治過程——政策アイディアのパワー」日本国際政治学会編／大芝亮・古城佳子・石田淳責任編集『国境なき国際政治』（日本の国際政治学 2）有斐閣。

大矢根聡 2014「国際規範と多国間交渉——GATT・WTO ラウンド事例の比較分析」『グローバル・ガバナンス』1 号。

大矢根聡編 2016『日本の国際関係論——理論の輸入と独創の間』勁草書房。

オルソン，マンサー 1996『集合行為論——公共財と集団理論［新装版］』（依田博・森脇俊雅訳）ミネルヴァ書房。

カー，E. H. 2011『危機の二十年——理想と現実』（原彬久訳）岩波文庫。

吉川元 2007『国際安全保障論——戦争と平和，そして人間の安全保障の軌跡』有斐閣。

ギャディス，ジョン・L. 2002『ロング・ピース——冷戦史の証言・核・緊張・平和』（五味俊樹・坪内淳・坂田恭代・太田宏・宮坂直史訳）芦書房。

ギルピン，ロバート 1990『世界システムの政治経済学——国際関係の新段階』（佐藤誠三郎・竹内透監修・大蔵省世界システム研究会訳）東洋経済新報社。

コヘイン，ロバート・O 1988『覇権後の国際政治経済学』（石黒馨・小林誠訳）晃洋書房。

コヘイン，ロバート・O.＝ジョセフ・S. ナイ 2012『パワーと相互依存』（滝田賢治監訳）ミネルヴァ書房。

テシィケ，ベンノ 2008『近代国家体系の形成——ウェストファリアの神話』（君塚直隆訳）桜井書店。

永井陽之助 2013『冷戦の起源——戦後アジアの国際環境』I・II，中公クラシックス。

ヒュデック，ロバート・E. 1992『ガットと途上国』（小森光夫編訳）信山社出版。

平野健一郎編 1994『地域システムと国際関係』（講座現代アジア 4）東京大学出版会。

ブル，ヘドリー 2000『国際社会論——アナーキカル・ソサイエティ』（臼杵英一訳）岩波書店。

モーゲンソー，ハンス・J. 2013『国際政治——権力と平和』上・中・下（原彬久監訳）岩波文庫。

Abbott, Kenneth W., Philipp Genschel, Duncan Snidal, and Bernhard Zangl, eds. 2015, *International Organizations as Orchestrators*, Cambridge University Press.

Aron, Raymond 1966, *Peace and War: A Theory of International Relations*, Doubleday.

Barnett, Michael, and Martha Finnemore 2004, *Rules for the World: International Organization in Global Politics*, Cornell University Press.

Barnett, Michael, and Raymond Duvall eds. 2005, *Power in Global Governance*, Cambridge University Press.

Copeland, Dale C. 2015, *Economic Interdependence and War*, Princeton University Press.

Fearon, James D. 1995, "Rationalist Explanations for War," *International Organization*, 49(3).

Finnemore, Martha 2003, *The Purpose of Intervention: Changing Beliefs about the Use of Force*, Cornell University Press.

Finnemore, Martha, and Kathryn Sikkink 1998, "International Norm Dynamics and Political Change," *International Organization*, 52(4).

Gilpin, Robert 1981, *War and Change in World Politics*, Cambridge University Press.

Herz, John H. 1950, "Idealist Internationalism and the Security Dilemma," *World Politics*, 2(2).

Hoffmann, Stanly 1987, *Janus and Minerva: Essays in the Theory and Practice of International Politics*, Westview Press.

Jackson, Robert H. 1993, *Quasi-states: Sovereignty, International Relations and the Third World*, Cambridge University.

Johnston, Alastair Iain 2008, *Social States: China in International Institutions*, 1980–2000, Princeton University Press.

Jones, David M., and Michael. L. R. Smith 2010, "Constructing Communities: the Curious Case of East Asian Regionalism," *Review of International Studies*, 33(1).

Krasner, Stephen D. 1999, *Sovereignty: Organized Hypocrisy*, Princeton University Press.

Kydd, Andrew 2000, "Trust, Reassurance and Cooperation," *International Organization*, 54(2).

Little, Richard 2007, "The Balance of Power in *Politics Among Nations*," in Michael C. Williams ed., *Realism Reconsidered: The Legacy of Hans J. Morgenthau in International Relations*, Oxford University Press.

Organski, A. F. K. 1958, *World Politics*, Alfred A .Knopf.

Paul, T. V., James J. Wirtz, and Michel Fortmann eds. 2004, *Balance of Power: Theory and Practice in the 21st Century*, Stanford University Press.

Putnam, Robert D. 1988, "Diplomacy and Domestic Politics: The Logic Two-Level Games," *International Organization*, 42(3).

Schweller, Randall. L. 1994, "Bandwagoning for Profit: Bringing the Revisionist State Back In," *International Security*, 19(1).

Stein, Arthur A. 1982, "Coordination and Collaboration: Regimes in an Anarchic World," *International Organization*, 36(2).

Steffek, Jens 2003, "The Legitimation of International Governance: A Discourse Approach," *European Journal of International Relations*, 9(2).

Tannenwald, Nina 2007, *Nuclear Taboo: The United States and the Non-Use of Nuclear Weapons Since 1945*, Cambridge University Press.

Wendt, Alexander 1999, *Social Theory of International Politics*, Cambridge University Press.

6 近代政治の限界

　本章では，現代の政治が今後どのようになっていくのか，また，なっていくべきであるのか，に関する政治学の知見を説明していく。近代（現代）政治の「限界」を扱うということは，現在までの政治にどのような問題があり，その問題を乗り越えるために，どのような方向に進んでいくべきかを考えていくということである。したがって，本章の記述は，現在の政治に対する批判的な診断と，あるべき政治の姿や原理に関する規範的な考察という形で行われる。

　今日の政治学は，さまざまな下位分野に分かれて発展している。それぞれの下位分野で扱われる「問い」の種類，その「問い」に答えるための分析の手法も，ますます細分化・専門化している（→第7章）。その細分化・専門化の進行は著しく，同じ「政治学者」を名乗る研究者たちの間でも，分野が異なると，なかなか共通の土俵での議論ができないほどである。そのような中で，本書は政治に関する全体的な視野をもつことの重要性を打ち出している。つまり，本書において，政治について考えるとは，①既存の政治について妥当な記述や説明を行う，②その現在進行中の変化のありようを理解する，③その変化の先にどのような政治がありうるのか，ま

た，望ましいのかを考える，という3つの作業を含むものである。前章までの内容は，①を中心に②も含んでいる。これに対して本章では，②を踏まえつつ，③を中心に扱っていくことになる。

以下では，既存の政治を「近代政治」としてとらえ，その特徴（第1節）と変容の諸相（第2節）を描く。そこでは，近代政治のあり方が，それなりの「望ましさ」の反映でもあったこと，つまり一つの規範的な構想であったことにも注意する。そのうえで，「ポスト近代」の政治として，どのような政治がありうるか，また，規範的に望ましいかを述べる（第3節，第4節）。

1 近代政治の特徴

近代政治を超える政治の姿（をめぐるさまざまな規範的構想）について考えるためには，その前提として，そもそも「近代政治」とは何であったのかを理解しておくことが必要である。その際，できる限り「近代政治」のマクロな特徴を把握することを試みたい。

ギデンズの近代論

このような試みにおいて参考になるのは，社会学者の**ギデンズ**の議論である（ギデンズ 1993）。ギデンズは，近代という時代の基礎にあるメカニズムとして，第1に時間と空間の分離（目の前にいない他者との関係が発展すること），第2に社会関係の脱埋め込みメカニズムの発展（人々を既存のローカルな関係からいったん引き離し，より広い関係性の中に位置づけ直すこと。たとえば，貨幣とは，個別的な取引を超えて，より一般的な取引を可能にする仕組みである），第3に（伝統ではなく）知識を通じた社会の再帰的な再生産（社会の営みが，「今までこ

うだった」からではなく，新たに得た情報に照らして吟味されることによって変化していくこと。その結果，社会は，常に変化に晒されていることになる），を挙げている（ギデンズ 1993: 第1章）。

ギデンズはさらに，これら3つのメカニズムを基礎として成立する近代の「制度特性」として，①資本主義，②産業主義，③（国家による）監視，④軍事力（暴力手段の管理），の4つを挙げている（ギデンズ 1993: 第2章）。これらの制度特性は単なる特徴ではなく，それぞれがその帰結において重要なリスクをもっていると見なければならない。すなわち，①資本主義は経済成長メカニズムの破綻，②産業主義は生態系の破壊，③監視は全体主義的権力の増大，④軍事力は核戦争や大規模戦争の勃発，というリスクをそれぞれ有している（ギデンズ 1993: 212）。このようなリスクの顕在化に抗して未来を変えていくために，それぞれの次元に対応した社会運動が一定の役割を果たすとされる。すなわち，①資本主義に対しては労働運動，②産業主義に対してはエコロジー運動，③監視に対しては，言論の自由・民主化を求める運動，④軍事力に対しては平和運動が対抗する。ただし，社会運動のみに期待をかけるべきではなく，「特権的地位にいる人々が保有する」権力を活用する「現実主義」も重要である（ギデンズ 1993: 192-193, 200-202）。

本章における「近代政治」

ギデンズの議論は，近代という時代の特徴を，その基礎となるメカニズムと（そのメカニズムの下で存立した）複数の制度とによって把握したうえで，その複数の制度について，それぞれが抱えるリスクとそれぞれに対抗的な社会運動までをも位置づけるという，大変包括的なものである。また，特に制度の把握の仕方に表れているように，複数の次元で「近代」をとらえようとする姿勢は重要である。

1 近代政治の特徴　233

しかし，本章では，ギデンズの議論と部分的に重なりつつも，それとは異なる形で「近代政治」の特徴を把握することにしたい。その理由は，2つある。第1に，ギデンズの議論では，「近代」について社会学的に理解することと政治学的に理解することとの違いがわかりにくいからである。確かに彼の議論は，近代「社会」の全体的な特徴を押さえたものではある。しかし，近代「政治」について理解するためには，より「政治」に焦点を絞った理解を提示する必要がある。もちろん，政治以外の要素も「政治」の理解にとって不可欠ということはありうる。その場合に政治学として大事なことは，政治ではない要素を，それが政治とどのように関連しているのかという観点から理解することである。あるいは，「社会」の中での「政治」の位置づけを考えることである（川崎 2010）。第2に，本書のこれまでの章の記述において，すでに本書なりの「近代政治」の輪郭が浮かび上がっているからである。

したがって，以下では本書の議論を踏まえた形で，「近代政治」の特徴を描き出すことにする。その際，近代政治の諸要素の規範的側面，つまりその「望ましさ」についても注意する。

国民国家　ここでいう「近代政治」は，以下で述べる4つの要素によって特徴づけられる。第1に，ネイション・ステイト（国民国家）である。他の3つの要素との関係では，国民国家が，近代政治の最も基本的かつ包括的な枠組みであるといえる。国民国家は「ネイション（国民）」と「ステイト（国家）」という2つの要素から成っている（→第1章 **4**）。

まず，「国民」については，それが何であるかについて，いくつかの考え方が存在する。しかし，どのように理解しようとも，それが何らかの意味での同質性を想定していることは確かである。このような同質性の想定は，その裏で同質ではないとみなされた人々の

排除をもたらすという批判にも晒されてきた。しかし，国民に同質性を求めることは，だからこそ，人々を「国民」として等しく処遇することをも意味した。義務教育や年金制度などの成立は，このような観点から理解することができる。つまり，「国民」とは，平等の実現という意味で規範的に望ましいものでもあった。

　次に，「国家」とは，その内部において並び立つもののない権力をもつとともに，外部からの介入を排除する権力をもつという意味で，「主権」を有するものである。このような主権を保持することで，国家は，その内部における内戦・内乱を克服するとともに，国家間で互いの存在を承認することで，対内的・対外的な秩序の安定を確保することができると考えられた。つまり，主権を有する国家は，内戦や戦争を回避し安定的な秩序を確立するために望ましい機構であると考えられてきた。

　自由民主主義　近代政治の第2の要素は，**自由民主主義**である。近代政治においては，古代ギリシアとは異なり，選挙を通じて選出された代表による意思決定が行われる。つまり，自由民主主義の政治体制とは，代議制民主主義の政治体制でもある（→第2章*1*，第3章*1*）。代表による意思決定は，国家からの自由の獲得という意味でも（→第2章*1*の「自由民主主義論」）また，複数の政治勢力（政党）による自由な競争を通じた代表選出という意味でも（マクファーソン 1967），自由主義化した民主主義の考え方といえる。したがって，この側面からの「脱近代政治」を考えるとは，自由主義的ないし代議制的ではない民主主義をどのように構想できるか，ということである。

　民主主義の自由主義化には，それが望ましいとされる理由があった。自由民主主義によって，私的領域における個人の自由の確保と政治的負担の軽減とが可能となるとともに，妥協や合意形成を行い

やすくなり，多数者による政治が衆愚政治に陥る可能性を低減させることができると考えられたのである（→第2章1の「自由民主主義論」）。これらの理由こそ，自由民主主義ないし代議制民主主義が望ましいとされた理由であった。

福祉国家　近代政治の第3の要素は，**福祉国家**である。福祉国家は，民主主義的政治体制の重要な構成要素であり，20世紀に発展した（→第2章）。それは単なる社会保障・福祉政策の束のことではなく，社会権（社会的シティズンシップ）獲得をめざす民主主義的な政治を通じて資本主義の生み出す社会的不平等を是正し，社会改良を実現するためのシステムないしプロジェクトであった（新川 2014）。ゆえに，福祉国家とは，社会権という規範的価値の実現という意味で望ましいものであった。同時に，福祉国家は，生産の拡大を通じた豊かな社会の実現という意味での「生産主義」（ギデンズの議論では，「産業主義」がこれに近い）を前提としていた（新川 2014: 214）。

公私二元論　近代政治の最後の要素は，**公私二元論**である。これまで述べた，国民国家，自由民主主義，そして福祉国家のすべては，「公的領域」と「私的領域」とを厳然と区別し「政治」を公的領域に限定する，公私二元論の発想を前提としたものであった。自由民主主義のところで述べたように，公私二元論は，個人の（私的な）自由を擁護する点で望ましいと考えられた。私的領域を公的領域から区別することで，国家権力による個人の私的な自由への介入を抑止できると考えられたのである。

しかし，公私二元論が，政治と経済を含む公的領域を男性の領域，家族を典型とする私的領域を女性の領域として観念するものであったことは，フェミニズムによる批判を通じて，今日ではよく知られるようになっている。フェミニズムは，近代政治を考える際の重要

な概念である「社会契約」も，自由な「男性」たちによるものとして考えられており，女性は能力差ゆえに，家族内において男性に従うことが当然とみなされていたことを明らかにしてきた（オーキン 2010; 水田 1973）。つまり，近代政治とは，公的領域における男性による政治という側面を有していたのである。

2 近代政治の変容

前節で述べた近代政治の4つの特徴は，現在変容しつつある。本節では，近代政治のこの変容を，それぞれの特徴ごとに見ていく。

国民国家の変容

国民国家という制度形態は，もちろん消滅してはいない。しかし，世界を見渡してみれば，その特徴が揺らいでいる場合も見られる。以下では，国家の側面と国民の側面に分けて，その揺らぎ・変容について見ていこう。

まず，国家の側面についてである。一方には，グローバル化・国家を超える地域化による主権の相対化がある。ヒト，モノ，カネが国境を越えて移動する度合いが高まるにつれて，一国レベルでは対応できない問題が増大する。たとえば，いったん金融危機が発生すると，その影響は世界中に及ぶ。地球環境の問題も，一国レベルだけではない規制政策が必要となる。その中で，国境を越えつつも一定の範囲内で統治を行う試みは存在する。代表的な例は，欧州連合（EU）である。もちろん，EUとともに各国家も依然として存在している。しかし，貨幣を筆頭にいくつかの政策形成において，EUという超国家的な単位での政治が行われるようになっていることも

2 近代政治の変容 237

事実である。国家の主権に属すると考えられてきた事柄のいくつかは，今では，超国家的な水準に移行しているのである。

　他方には，ローカル化という現象も見られる。いくつかの国家では，地域主義が復興しているといわれる。たとえば，近年のベルギーでは，北部のフランデルンと南部のワロンとの間の地域間対立が激化しており，その中でより地域分権的な政治制度が導入されている（松尾 2015）。このような状況の中で，国家を超える地域，国家，そして国家より下位の地方といった多層的な水準でのガバナンス，つまりマルチレベル・ガバナンスが注目されるようになっている。

　次に，国民の側面についてである。何らかの原基があったとしても，特定の国境の中に単一の「国民」がもともと存在していたとまではいえない（→第1章4の「ネイション（国民）」）。だからこそ，国民とは，政治的な単位と民族的な単位とを一致させようとするナショナリズムを通じて，国境の中で「形成」されるものであった（国民形成）。今日では，そのような「国民」の単一性が再検討されるようになっている。私たちが日常生活において特段の意識なく用いる「○○人」「××国民」といった表現の「○○」や「××」は本当に「○○」や「××」なのか，が問われているのである。

　「国民」の単一性が問われる際にも，いくつかのパターンがありうる。第1は，地域的な区別が比較的はっきりしており，地域的ないし数的に比較的同等な複数の「民族」の差異が顕在化する場合である。ベルギーの地域間の対立の場合は，これに当てはまる。すでに別々の国家となったが，チェコとスロヴァキアなどもこの事例に当てはまる。第2は，地域的な区別がはっきりしており，そのうえで地域的ないし数的に，比較的非対照的な「民族」間の差異が顕在化する場合である。カナダ・ケベック州の場合がこれに当てはまる。第3は，地域的な区別は明確ではなく比較的混住しており，かつ，

数的に非対称な「民族」間の差異が顕在化する場合である。移民の場合がこれに当たる。これらの「国民」の「違い」は，しばしば深刻な対立・紛争を引き起こす。地域的な境界が比較的はっきりしている場合には，分離独立をめざす動きが生じやすい。また，地域的な境界がはっきりしていない場合には，マジョリティ（多数派）によるニューカマー（新参者）としての移民の排斥運動が生じやすい。たとえば，ヨーロッパでは，既存の社会保障制度を守るためにこそ移民を制限すべきだとする「福祉ショーヴィニズム（排外主義）」の発生と，それを掲げて「国民」から支持を獲得する極右政党の台頭が指摘されている（古賀 2015; 水島 2012; 宮本 2013: 第6章）。

自由民主主義の変容

　自由民主主義については近年，その「危機」が語られるようになっている。何をもって「危機」とするのか，また，それが本当に「危機」であるのかについては，さまざまな見解がある。ここでは，本当に危機なのかどうかを確定するのではなく，「危機」がいわれる場合に，どのような状況が想定されているかについて，2つの観点から説明しておこう。

　危機が語られる理由の一つは，社会と代表とのつながりの希薄化である。クラウチは，市民の利益・要求が代議制を通じて適切に表出・媒介されていないことを問題視し，**ポスト・デモクラシー**と呼んだ（クラウチ 2007）。クラウチの議論においても，選挙とそれを通じた政権交代がありうることは認められている。しかし，そこで代表されるのは，一部の強力な影響力・交渉力をもつ集団，特に大企業の利益のみであり，その他の多くの人々は，政治エリートによる巧みな世論・争点操作に対して受動的に反応するだけになっているとされる。

人々の利益や要求が代議制を通じて適切に表出・媒介されていないという指摘の背景には，代表あるいは政党と社会との関係の変容がある。一般に代表・政党は，社会との関係で，つまり，それが社会とどのような形でリンケージ（つながり）をもつのかという観点から考えられてきた。具体的なリンケージのあり方については，いくつかの考え方がある。リンケージの一般的な類型として，特定のリーダーのカリスマを通じたリンケージ，政党の綱領（政策のパッケージ）を通じたリンケージ，そして支持者に対する物質的利益の供与（クライエンテリズム）を通じたリンケージ，という３つが提起されている（Kitschelt 2000）。また，特に20世紀前半のヨーロッパの政党の配置状況を念頭に置いて，政党間対立は社会的亀裂（クリーヴィッジ）のあり方によって決まるとする議論がある（Lipset and Rokkan 1967）。これも，政党・代表を社会とのリンケージという観点から見るものである。いずれにせよ，その前提には，政党は社会とつながっているものであり，かつ，それが政党の望ましい姿なのだ，という想定が存在する。

　しかし，「ポスト・デモクラシー」をはじめとする政党政治・自由民主主義の危機が論じられるようになったことの背景には，このような代表・政党と社会とのリンケージという想定が自明視できなくなっているという認識がある（→第3章2）。すでに1966年には，**包括政党**という概念が提示されていた。これは，政党がその得票を最大化するために特定の社会集団に依存せず，できるだけ広範囲の人々から支持を獲得しようとしていることを概念化したものであった（Kirchheimer 1966）。

　その後，このような政党と社会との距離の拡大は，さまざまな形で指摘されるようになる。たとえば，**選挙プロフェッショナル政党**は，政党が世論調査や広報の専門家の意見を基にして，メディアを

通じて，その時々の状況に応じて巧みに有権者にアピールする様子を把握するための概念である（パーネビアンコ 2005）。政党組織としては，選挙プロフェッショナル政党では，政党内での統制が強まり，政党指導部の権限強化とリーダーシップの発揮が見られる点が特徴とされる。このような特徴は，**政治の人格化**と呼ばれる現象ともつながる。そこでは，政党のリーダーの個人的属性や振る舞いこそが，広範な有権者に広くアピールし，支持を獲得するための重要な資源であるとみなされる。あるいは，政党は社会の代理人である度合いを弱めるとともに，ますます国家の代理人として，国家が推進する政策の擁護者として振る舞うようになっているという指摘もある。この場合，政党をもっぱら社会とのリンケージのみによって見ることは適切ではない（Katz and Mair 1995）。

　以上のような政党のあり方の変化は，その社会との関係を不確実なものとする。もちろん，政党と社会とのリンケージが全くなくなるというわけではない。しかし，そのリンケージが固定的で確立したものではなく，その都度形成される不安定なものである程度は高まるだろう。その結果，社会の側から見れば，代表が本当に「私たち」の代表であるのかについての疑いも，生じやすくなる。

　ポピュリズムと呼ばれる現象が注目を集めていることも，以上のような政党と社会とのつながりの不確実化と関係があると考えてよい。なぜなら，ポピュリズム的なスタイルが支持を得る背景には，社会における「普通の人々」の意思が既存の政治に十分に表出・媒介されていないとの感覚が存在すると思われるからである。これに対して，ポピュリズム的な政治行動は，自分たちこそが「普通の人々」の意思を体現しているとする（野田 2013; 吉田 2011）。ポピュリズムがはたして民主主義と相反するものなのかどうかについては，慎重な検討が必要である。しかし，少なくともそれが既存の自

2 近代政治の変容　　241

由民主主義に対する，ある種の脅威として受け止められがちであることは事実であろう。そして，その理由は，ポピュリズムが，既存の政党が失いつつある社会とのリンケージを体現している，と見えるところに求められるのである。

　最後に，自由民主主義の「危機」が語られるもう一つの理由として，経済のグローバル化の進展を挙げておきたい。資本主義のグローバル化，とりわけ金融化としてのグローバル化の進展に，一国レベルの自由民主主義が十分に対応できなくなっているとされる。このようなグローバル化の中で，国家はますます国際的な金融市場の動向に，具体的なアクターとしては，銀行，ヘッジ・ファンド，大規模投資家などの動向に，注意を払わざるをえなくなっている。その結果，国民としての市民は，自由民主主義を，自らの利害や意見を表出・媒介する場としてみなしにくくなっているのである（シュトレーク　2014）。

福祉国家の変容

　福祉国家とその基礎にある生産主義の変容については，第2章第3節で，民主的階級闘争の衰退（「労働者」の階級意識の低下と組織労働の政治的影響力の低下），経済のグローバル化による一国主義的な規制の困難，高齢化（に伴う財政的圧迫と年金制度の再検討），新自由主義思想の台頭などの現象を指摘した。したがって，ここでは，これらとは異なる角度からの福祉国家に対する批判を説明していく。

　ここでは特に「福祉国家には問題がある」とするタイプの批判を中心に見ていく。第2章第3節で述べた諸現象の中では，新自由主義思想の台頭が，このタイプの批判である。他方，民主的階級闘争の衰退，一国主義的な規制の困難，高齢化は，福祉国家それ自体が問題であるというよりも，福祉国家が直面するようになった困難

を指し示している。この場合には、私たちが「それでも福祉国家は望ましい」と考えるならば、「現実的な困難にもかかわらず、福祉国家は望ましい」と論じることもできる。これに対して、福祉国家自体が問題だとする批判は、福祉国家を「望ましくない」とする議論である。もっといえば、それは、仮に民主的階級闘争が衰退せず、一国主義的な規制も可能であり、かつ、高齢化も進展していなくても、福祉国家は問題だとするタイプの議論である。

　以下では、そのようなタイプの議論として、福祉国家の、①労働中心性への批判、②経済成長優先性への批判、そして、③監視性への批判を説明する。これらの批判は、異なる福祉国家における共通の問題性を指摘するものである。第2章第3節では、福祉国家の類型論を説明し、一口に「福祉国家」といっても、そこにはいくつかのタイプがあるのだと述べた。それにもかかわらず、さまざまな福祉国家にはいくつかの共通点がある。そして、今日の福祉国家をめぐる議論においては、これらの共通点も問われているのである。

　①労働中心性への批判　福祉国家は、労働者階級を中心的アクターとする民主主義的階級闘争によって発展した。このことを裏返していうと、福祉国家とは、資本主義経済の下において資本家・雇用者に対して相対的に脆弱な地位に置かれがちな「労働者」を守るための仕組みとして発展したものということになる。実際、**エスピング-アンダーセン**が提起した、福祉国家の類型化のための指標である**脱商品化**概念（→第2章2）は、人々が労働者として就業していること（労働力の「商品化」）を前提としたものであった。「脱商品化」とは、あくまで「商品化」を前提としたうえで、人々が労働市場から「自立」して生活できるかどうか（これが「脱商品化」の意味である）、ということだったのである。そして、あらかじめ「商品

2　近代政治の変容　　243

化」された人々とは，フルタイム労働を通じて家族を養う義務を負う男性（男性稼得者）であった。しばしば福祉国家において「完全雇用」が実現したとされるが，それは「男性の」完全雇用であった。

このような福祉国家の労働中心性には，次のような批判がなされる。第1に，福祉国家とは「労働しない人々」を労働者に対して劣位に位置づけるメカニズムである，とする批判である。福祉国家は，労働する人々の利益を実現し，労働する人々の権利を保障する。そのことは，（意図的であろうとそうでなかろうと）福祉国家とは，「労働」という活動を社会におけるさまざまな活動の中で最も重要な活動として認定するメカニズムだ，ということを意味する。

社会には，労働以外にも私たちが生活を営んでいくうえで大切な活動がいくつも存在する。しかし，福祉国家による社会保障を通じて，私たちは，労働こそが最も重要な活動だとする認識を深めてしまう。さらには，福祉国家を通じて，「労働しない者」を労働する人々よりも「劣った者」あるいは「怠け者」とする社会通念も生み出されうる。このことは，とりわけ生活保護などの公的扶助政策に当てはまる。生活保護は，単に「困っている人を助ける」ものではない。生活保護を受給する人々は，怠けていながら政府に生活を支えてもらっている「問題のある」人々として観念される可能性がある。

第2に，福祉国家は，「男性」労働者を女性に対して特権化し，男性に対する女性の地位をますます非対称的なものにしていく。先に述べたように，福祉国家の下で「商品化」された人々とは男性稼得者であった。福祉国家は，男性稼得者の存在を前提として形成されることによって，ますます男性の稼得者としての地位を強化していくメカニズムだとされるのである。実際，エスピング-アンダーセンの脱商品化指標に対しても，ジェンダー研究者からの，労働をめぐる男女の非対称性を考慮に入れないものだとする批判が存在す

る（→第2章**2**の「福祉国家の類型」）。女性は主に，有償労働ではなく家事や育児などの「無償」労働に従事しており，「商品化」さえされていない。ところが，脱商品化指標では，このような女性の状態も高い「脱商品化」を示すものとなりかねない。しかし，問題は，男性を労働者＝稼得者とし，女性を無償労働従事者＝稼ぎのない者とするような社会構造と規範のはずである。

②経済成長優先性への批判　福祉国家は単に社会保障を手厚く行う国家ではない。それは，経済成長を通じて社会保障財源と雇用を確保することを前提としていた。福祉国家を推進する政治勢力，とりわけ社会民主主義政党と労働運動も，経済成長志向であった。福祉国家はまた，雇用の実現への関心，すなわち「経済の生産的な部門への，労働力の円滑な供給の確保」に関心をもっており，このことは**生産主義**と呼ばれる（Goodin 2001）。

　しかし，このような福祉国家の経済成長優先性に対しては，地球環境保護・エコロジーの立場から批判がなされるようになった（小野 2012; 賀来・丸山 2010）。すでに1970年代には，経済成長への疑問は登場していた。たとえば，1972年のローマ・クラブによる有名な「成長の限界」報告は，このまま経済成長と人口増加が続けば，資源の枯渇や環境汚染などによって百年以内に成長の限界に達する，というものであった。この時期以降，特にヨーロッパでは，環境問題を争点化するエコロジー政党が登場し始めた。その中で有名なものは，ドイツ（旧西ドイツ）の緑の党である（小野 2014; 坪郷 1989）。経済成長がなくては社会保障の充実もままならないはずであるにもかかわらず，その経済成長がそもそも地球環境の存立を危機に晒すとすれば，どうすればよいのか。福祉国家の経済成長優先性には，このような問題が突き付けられているのである。

③監視性への批判　福祉国家による福祉給付は，それを実施す

2　近代政治の変容　　245

る国家・官僚制による人々の日常生活への規制・介入であると批判されてきた。先に公的扶助・生活保護の例を挙げたが，この種の資力調査（ミーンズ・テスト）が付された社会保障プログラムには，このことが特に当てはまりやすい。ある給付を受けるためには，国家による詳細な調査を経て，「給付を受けるにふさわしい人物」とみなされる必要がある。その結果，福祉国家は，福祉給付を通じて人々の日常生活に侵入し，これを管理するメカニズムとなる。福祉国家のこのような側面は，哲学者フーコーの概念を用いて，福祉国家における規律訓練の権力，あるいは人々の生の統治の問題として把握されることもある（金田 2000）（→第1章 *2*）。

公私二元論の変容

　公私二元論の変容については，次の2点を指摘できる。第1に，「私的領域」の変容である。たとえば，「家族」という単位について，その存立が当該個人間の純粋な感情と選択に委ねられるようになっていることが指摘されている。つまり，家族という集合的な単位がその構成員の言動を規定するのではなくて，家族の個々の構成員の言動が家族の形成あるいは解消を決めるようになる，というのである。このことを，ギデンズは「個人生活の民主化」と呼ぶ（ギデンズ 1995）。家族構成員の間の関係性のあり方が，相手との関係そのものを重視する「純粋な関係性」となるにつれて，人々が自分たちの関係性を自分たちで決められるようになるという意味で家族の「民主化」が実現する，というわけである。このような議論は，現代社会が全体として，個人に自らの判断による選択や決定を求める社会に変容しつつあるという社会認識に基づいている。現代社会のこうした変容は，**個人化**や「再帰的近代化」と呼ばれる（ベック＝ギデンズ＝ラッシュ 1997）。こうしてマクロな次元で個人化・再帰的

近代化が進行するにつれて，私的領域においても個人による選択が重要性をもつようになり，「民主化」が進む，とされるのである。

　第2に，福祉国家の変容を通じた公私二元論の変容が挙げられる。まず確認しておくべきことは，福祉国家の理解の仕方である。フェミニズムから見れば，福祉国家とは決して，社会的平等や連帯を達成するためのメカニズムではなかった。むしろ福祉国家とは，公私二元論的な構造を再生産するメカニズムである。なぜなら，そこでは，男性が雇用を通じて「労働する市民」かつ家族の「稼ぎ手」としての地位を与えられる一方で，女性は，男性稼ぎ手の妻として，家事や育児を担う存在として位置づけられてきたからである。すなわち，福祉国家とは，一方で男性を，公的領域における労働者であり，かつ市民であるような存在として，他方で女性を，私的領域における家事・育児の担い手であり，かつ男性に依存する存在として，それぞれ別の領域に組み込むものである。**ペイトマン**のいう**家父長制的福祉国家**である（ペイトマン 2014: 第8章）。

　もっとも，福祉国家のこのような性格は変容しつつあるといわれる。遅くとも1990年代の終わりから，福祉国家をめぐる政治は再編期に入ったといわれる（宮本 2012）。福祉国家の再編において重要なテーマの一つとなっているのが，女性の就労促進である。たとえば，この時期に提唱されるようになった**社会的投資**論を見てみよう。この議論によれば，これからの社会保障は，何か問題が起こった場合に事後的に救済するのではなく，事前に，人々が人生において求められる能力の獲得を支援するものでなければならない。この意味で，社会保障とは，人々（の能力）に対する社会的投資なのである。この社会的投資の重要な対象の一つが女性である。女性に対する家事・育児と就業との両立支援と，男女間の平等の達成とが鍵となるとされる（Esping-Andersen et al. 2002）。このようにして，女

2　近代政治の変容　　247

性の就労を促進する形での福祉国家改革が進めば，福祉国家の家父長制的性格が変容し，男性＝就労＝公的領域，女性＝家事・育児＝私的領域という二元論も変容していく可能性がある。

3 ポスト近代政治の規範的構想（1）
——ポスト国民国家とポスト自由民主主義

　近代政治の4つの要素とその変容を踏まえたうえで，本節では，それぞれの要素に即して，どのような「別の可能性」があるのかを説明する。ここでの説明は，政治学の中でも規範的政治理論ないし政治哲学と呼ばれる分野における議論を参照しながら行われる。本節では，近代政治の4つの特徴のうち，国民国家と自由民主主義とに対する「別の可能性」について述べる。福祉国家と公私二元論については，第4節で扱う。

　その際，「どのような政治が望ましいか」は，一義的には決まらないことに注意したい。すなわち，近代政治を超える規範的構想として，常に複数のものを考えることができる。重要なことは，それぞれの規範的構想がどのような論拠に基づいて，どのような政治のあり方を「望ましい」としているのかを理解することである。

ポスト国民国家の規範的構想

　第2節では，近代政治における「国民国家」の変容を，「国家」の側面と「国民」の側面とに分けて確認した（→237頁）。ここではまず，国民の側面の再検討に取り組む議論として，リベラルな多文化主義論を取り上げる。その構想は，「国民」を再定義するという意味ではポスト国民国家的である。しかし，リベラルな多文化主義

248　**6　近代政治の限界**

は，最終的には国民国家を前提とした構想である。そこで次に，グローバル民主主義論を取り上げる。グローバル民主主義論こそ，主権国家の見直しに最も直接的に取り組んでおり，それゆえ最もポスト国民国家的な規範的構想だと考えられるからである。

　　リベラルな多文化主義　　近代国家においては，その構成員として，一つの「国民」が想定されていた。しかし，すでに見たように，国家内部における文化的に異なる「国民」の発見によって，このような想定は再考を求められている。はたして，差異ある人々をどのような原理に基づいて統合していくべきなのだろうか。

　一つの考え方は，異なる人々を個人として尊重しつつ，しかし同時にそれぞれの違いの源泉となっている文化的差異をも尊重していくことである。このような考え方に基づく政治体制では，人々は個人として尊重されつつも，その異なる文化への帰属をも認められる形で共存することができるだろう。

　このような考え方は，**キムリッカ**によって提案されている（キムリッカ 1998）。彼は，個人の権利や自由は，**社会構成的文化**の下で保障されると主張する。社会構成的文化とは，社会生活，教育，宗教，余暇，経済生活（就業）を含む人間の活動のすべての範囲にわたって，さまざまな有意味な生き方を提供するような文化のことであり，一定の地理的な空間にまとまって存在し，共有された言語に基づいて成り立っている場合が多いとされる。このような社会構成的文化こそが，各個人にさまざまな選択肢を用意するとともに，その選択肢を各個人にとって有意味なものにしている。したがって，各個人が自由であるためには，それぞれの社会構成的文化へのアクセスが保障されなければならないのである（キムリッカ 1998: 122–124）。

　しかし，それぞれの社会構成的文化を認めることが，必然的に国家レベルの統合につながるといえるだろうか。キムリッカは，特定

3 ポスト近代政治の規範的構想（1）　249

の民族的マイノリティがどうしても当該国家の下での統合に合意しない場合（移民の場合を除く）には，分離独立も認められるべきだとする（キムリッカ 1998: 279–280）。彼が支持するリベラリズムの立場から見た場合，リベラリズムが関心をもつのは，国家の命運ではなく，各個人の自由と幸福である。そうだとすれば，分離独立が，個人の権利に危害を及ぼすという意味で反リベラリズム的とは限らないことを認めるべきなのである。

しかし，キムリッカは同時に，分離独立が常に可能なわけでも，また，望ましいわけでもないことも認める。そのときに，多民族・多文化国家において，民族的・文化的差異を肯定しつつ，「社会の統一性の源泉」となりうるものは何だろうか。キムリッカは，正直にも，この問題に対する決定的な答えを持ち合わせていないと述べる。個々の民族的なアイデンティティや民族の権利を制度化しても，内戦に至ってしまった事例は数多い。そこまで至らなくとも，国家レベルでの統合が危うくなってしまう事例も存在する。そうだとすれば，はたして何が多民族・多文化国家における安定性をもたらすのだろうか。彼は，残念ながらその明確な答えは出ていないというのである（キムリッカ 1998: 280）。

とはいえ，キムリッカは，方向性は示唆している。それは，「民族的アイデンティティを従属させるのではなく，それを包容する」ような，哲学者のテイラーのいう「深い多様性」が実現されることである（キムリッカ 1998: 284–287）。そのような「深い多様性」はどのようにして実現されるのだろうか。ここで完全な答えを用意することはできないが，それでも一つの方策として考えられるのは，後で述べる熟議民主主義である（→ 256–262 頁）。オフリンは，異なる民族的・文化的アイデンティティに引き裂かれた社会において必要なものは，「すべてを包摂する市民的ナショナリティ」であるとい

250　**6**　近代政治の限界

う（O'Flynn 2006）。熟議民主主義は，そのようなアイデンティティ形成に寄与する。いったん熟議を行うことに同意したならば，各民族集団は，自分自身の利益に訴える形で自己の立場を正当化することはできなくなる。熟議においては，他者にも受け入れ可能な理由の提示が求められるからである。したがって，各民族集団は，「自分たちの主張が他の集団にとってどのような影響を与えるか」について考え始めることになる。このとき，各民族集団のメンバーたちは，自分が属する集団の一員としてではなく，より一般的な市民として行動し始めることになるだろう。その結果として，「すべてを包摂する市民的アイデンティティ」の形成が期待されるのである。

しかし，最終的に多文化主義の構想を「ポスト国民国家」といえるかという問題は残っている。キムリッカの多文化主義論も，分離独立の可能性を認めるとはいえ，基本的には既存の国民国家における国民統合をめざすものである。それはリベラルな多文化主義とはいえ，ナショナリズムを前提としている（新川 2014: 180）。オフリンも，「市民的ナショナリティ」形成の重要性を説いている。つまり，たとえ「国民」の考え方がより多文化的ないし多元的なものになったとしても，リベラルな多文化主義は，依然として「国民国家」の枠組みを前提とした構想なのである。したがって，リベラルな多文化主義は，次に述べるグローバル民主主義と対立する。後者は，「国民国家」を必ずしも前提としないからである。もしも両者が両立するとすれば，それはリベラルな多文化主義が，「国民」の枠組みを完全に超える形で多文化性を擁護する場合であろう。

グローバル民主主義　グローバル民主主義論は，ポスト国民国家の程度において最も徹底した規範的構想である。それが取り組むのは，国家の主権が揺らぐ中で，いかにして国家に主権を帰属させるのではない形で統治を行っていくのか，という課題である。

さまざまなグローバル民主主義論の中で，この課題に，最も一貫して取り組んできた論者の一人が，**ヘルド**である。彼のコスモポリタン民主主義論は，国家の次元ではなくグローバルな次元で新たな「法の支配」を確立し，そのことによってポスト主権国家における統治の形態を構想しようとするものである。

ヘルドがまず指摘するのは，現在の世界におけるグローバル化と，その下での統治形態の多層化・多次元化・多アクター化という現象である。そのような状況の下で，国民国家を主たる場としていた民主主義のあり方も，再考を求められている。なぜなら，国家を基礎としたこれまでの民主主義のあり方と，それが直面する社会的・経済的・政治的実態との間に，いくつかの乖離（disjuncture）が発生しているからである（ヘルド 2002, 2011）。そのような乖離の実態として，たとえば，国際法の発展によって，それがますます国内法を超えた規制力を有するようになっていることが挙げられる（ヘルド 2002）。また，政治的意思決定が，国際的な組織やアクターによってますます国際的な次元で行われるようになり，その結果，政治権力が国家に集中するのではなく，ますますローカルからグローバルまで複数の次元で共有されるようになっていることも，乖離の一例である。さらに，グローバル化の進展によって，社会に発生する諸問題を，国内問題と国外問題とに明確に区別できなくなっていることも挙げられる（ヘルド 2011）。

これらの乖離を乗り越えるには，どうしたらよいのだろうか。ヘルドの答えは，国民国家の下位レベル（ローカル）と上位レベル（リージョナル・グローバル）に多元化・多層化している統治のさまざまな実践を，一つの新たな法によって規制することである。言い換えれば，それぞれの統治の場や実践は，この一つの法の一部分として位置づけられる。この法秩序は，統治のさまざまなレベルにおい

て民主主義を実現するためのものであり，そのための理念を規定したものでなければならない。したがって，それは「コスモポリタン民主主義法」と呼ばれる。この法において規定される民主主義のために必要な理念は，「民主主義的自律性（democratic autonomy）」である。ここで自律性とは，各個人が自己決定できる存在であることを意味する。「民主的」とは，この自律性を担保するのはコスモポリタン民主主義法であること，そして，そうであるがゆえに各個人に，各自の私的な事柄だけでなく，人々に共通する公的な事柄についても，熟議や判断への積極的な関与が求められることを指す（ヘルド 2002）。コスモポリタン民主主義法は，このような民主主義的自律性の実現を妨げる，ローカル・ナショナル・リージョナル・グローバルといった地理的な区分を横断して存在する，さまざまな権力の場を規制するものでなければならない（ヘルド 2002: 第 8 章）。

　以上のように，ヘルドのグローバル民主主義論は，ローカルからグローバルまで（これには国家レベルも含まれる），権力が発生するさまざまな場において民主主義を実現するために，コスモポリタン民主主義法という新たな法の形成を構想するものである。したがって，彼の構想は，グローバルなレベルで民主主義を実現するためのグローバルな「法の支配」を唱えるものといってもよい。

　しかし，彼の議論に対しては，「民主主義」といいつつも，制度的な次元での議論に焦点を当てすぎているという批判も考えられる。確かに，「法の支配」を重視するヘルドの議論は，民主主義というよりもむしろ新たな立憲主義の構想にも見えかねない。

　これに対して，民主主義を，国境にとらわれない形での人々の「下から」の世論の形成や行動，そしてそれらを通じた意思決定プロセスへの影響力行使や監視の重視を意味するものとして理解するような，グローバル民主主義の構想も存在する。たとえば，国境を

横断して形成される公共圏が正しく「公共圏」であるための条件とは何かを検討する．**フレイザー**の議論は，その一例である（フレイザー 2013）。フレイザーは，国境を越えて形成される「公共圏」については，国境内で形成される公共圏とは異なり，2つのことが問題になるという。第1に，その正統な参加者は（国民ではない）誰なのかという問題である。第2に，そこで形成される世論は（国家ではない）どこに向けて発せられるものと考えるべきなのかという問題である。

フレイザーは，第1の問題に対しては，国民に限られず，当該問題に関連する統治構造に従っている人々であると答え，第2の問題に対しては，国境横断的な公的な権力を作り出すとともに，それに国境横断的な公共圏に対する説明責任を負わせることだと答える。特に第2の問題に対する答えについては，それを具体的にどのように実現するかは，なお不明確である。とはいえ，フレイザーの議論は，グローバル民主主義を，公共圏という非制度的な次元から考えるときの一つの典型であるといえる。

キーンによる**モニタリング民主主義**論も，非制度的な次元を重視するタイプのグローバル民主主義論である（キーン 2013）。それは，意思決定を行う立法府・議会や組織を監視（モニタリング）する多種多様な仕組みが，国内および国境を越えて張りめぐらされるような民主主義の形態である。モニタリングを行う機関・組織・アクターとしては，社会運動や公共圏における討論グループから司法積極主義的な裁判所まで，実に多様なものが想定される。こうしたさまざまな機関・組織・活動が，さまざまな次元での意思決定における不適切な振る舞いを監視することが，民主主義の新たな形態であると考えられるのである。

ここまで説明してきたグローバル民主主義論に対して，近代政治

を擁護する立場からは，次のような疑問が提起されるかもしれない。すなわち，国家とその主権を相対化した場合に，政治における集合的決定の拘束性は確保されるのか，という疑問である。この疑問に対してグローバル民主主義論は，国家レベルでの意思決定の拘束性がすでに確保できなくなっているからこそ，グローバル民主主義が求められるのだ，と答えるだろう。もちろん，この場合には意思決定の場が拡散することになると予想される。そのため，かつて国家レベルでの意思決定が有していた拘束性のレベルを全体として維持できるかどうか，また，いずれにせよ各次元における集合的決定の拘束性をどのようにして確保していくのかということが，今後も検討されるべき問題として残されている。

ポスト自由民主主義の規範的構想

参加民主主義からの批判　次に，ポスト自由民主主義の規範的構想についてである。自由民主主義への批判として，最初に想起されるのは，**参加民主主義**である。参加民主主義論から見れば，現代の自由民主主義は，資本主義における自由競争の考え方を，得票最大化のための競争的な政党システムという形で民主主義に結び付けたものに過ぎない（マクファーソン 1967）。これに対して参加民主主義論が強調するのは，社会のあらゆる「権威構造」が民主的にコントロールされることである（ペイトマン 1977）。したがって，参加民主主義の対象は，国政への参加や自治体行政への参加にとどまらない。職場や企業経営も，民主化の重要な対象である（ペイトマン 1977; ダール 1988）。

参加民主主義論のもう一つのポイントは，その正当化根拠として，参加を通じた人間的発展が掲げられることである。たとえば，**マクファーソン**は，自由民主主義における「自由」の再解釈を試みてい

3　ポスト近代政治の規範的構想（1）　255

る（マクファーソン 1978）。現代の自由民主主義では，自由は「自由競争」の意味で理解され，民主主義に接続されている。しかし，自由の規範的意味は，J. S. ミルなどの思想に由来する自己の人格的発展という点に求められるべきである（→第 2 章 *1*）。マクファーソンは，参加によってこそ人格的発展という意味での「自由」主義的な価値は実現されると考えたのである。

　参加民主主義論が盛んに議論されたのは，1960 年代後半から 80 年代にかけてであった。その後，社会主義体制の崩壊とともに，職場や企業の民主化という参加民主主義論の主要な主張は，あまり顧みられなくなっていった。しかし，自由民主主義への批判は，1990 年代以降に盛んになった民主主義論にも共有されている。それらの民主主義論の中から，以下では熟議民主主義論と闘技民主主義論を見ておこう。

　熟議民主主義　　まず，**熟議民主主義**は，話し合い（talk）を民主主義にとって最も重要な要素とみなす考え方である。この民主主義論では，人々が話し合いの中で自らの意見や選好を変化させ，合意を形成することが期待されている。熟議の基本的なイメージは，理由の相互提示とその妥当性の相互検討である。そのため，特に次に述べる闘技民主主義との対比で，熟議民主主義は，理性中心的な民主主義論とみなされることが多い。ただし，その理性中心性を克服しようとする試みも，多く存在する。

　熟議民主主義論から見た自由民主主義の問題点は，そこでは投票と多数決が民主主義の核心的な要素となることである。そのような民主主義では，各自の選好や意見が十分に検討されないままに「集計」され，個別的・私的な利益の総和が「公共的」なものとみなされる。その結果，政治とは私的な利益の実現をめざす争いであるとする考えが浸透し，私的なものと区別された公共的なものが見失わ

256　　**6　近代政治の限界**

れる（田村 2008）。政治のスタイルとしては，たとえば，強力な利益団体による圧力行使活動や，政治家が印象的なフレーズやスローガンで支持者の拡大をめざすことが中心的なスタイルとなる。これに対して，熟議民主主義論は，公共圏における人々の熟議の機会や場を作り出し，そこで形成される「練られた世論」（フィシュキン 2011）に基づく政治を構想するのである。

闘技民主主義　次に，**闘技民主主義**は，互いに一定の敬意を払った対立関係の形成こそが民主主義にとって重要とする考え方である（ムフ 2008）。闘技民主主義論は，社会を支える確実な基盤は存在しないと考え，このことを社会の「決定不可能性」あるいは「偶然性」と呼ぶ。政治とは，この決定不可能性ないし偶然性の中で秩序を形成してゆくことであり，それは「ヘゲモニー実践」と呼ばれる。しかし，このヘゲモニー実践は完全なものではありえない。それは，社会が偶然的であることに加えて，そもそも政治とは，「われわれ（友）」と「やつら（敵）」との「敵対性」によって特徴づけられるものだからである。闘技民主主義論は，和解不能な対立として敵対性が表れる可能性が常にあることを指摘しつつ，それをいかにして，なおも対立的だが和解不可能とまではいえないような関係，すなわち闘技的な関係へと再構成するかが重要であると主張する。端的にいえば，闘技民主主義の課題は，「敵対者」を闘技的な「対抗者」へと転換することである。

　闘技民主主義論は，自由民主主義だけではなく，熟議民主主義論をも批判する（ムフ 2006, 2008）。それは，両者ともに政治とは何かを理解していないからである。闘技民主主義論から見れば，一方の自由民主主義は政治を経済的利害の集計に，他方の熟議民主主義論は政治を道徳的な正しさに，それぞれ還元してしまっている。いずれも，政治の本質が敵対性であることを理解していない。自由民主

主義についていえば，それが敵対性を適切に表現する場となっていないがために，それに対する不満が代議制の外部で表現されることになってしまっているのである。

　　自由民主主義のオルタナティヴか　　ただし，ここで述べた熟議民主主義論と闘技民主主義論も，その標準的な考え方においては，自由民主主義を完全に否定し，それに取って代わろうとしているわけではない。まず，熟議民主主義論は，公共圏における熟議によって形成された「練られた意見」が国家へと媒介されることで，代議制民主主義が人々の意見をよりよく反映した意思決定を行うことを期待している。このような公共圏・市民社会における熟議を通じた「意見形成」と，国家における「意思決定」の関係は，**2回路モデル**と呼ばれる（ハーバーマス 2002-03; 篠原 2004）。

　次に，闘技民主主義論は，代議制外部の社会運動を通じた異議申し立てに闘技の具体的な姿を見出すこともあるが（コノリー 1998），他方で，代議制の内部で闘技的敬意をもった対抗者間の対立が表現されることも期待している。したがって，熟議民主主義や闘技民主主義の立場からの自由民主主義批判が，必然的に代議制の否定に結び付くわけではない。

　むしろ，熟議民主主義論も闘技民主主義論も，自由民主主義の再解釈を伴いつつ，その意義を再検討しようとする議論と結び付く。たとえば，代表を，単に人々の意思を委任される存在（命令委任）でも，かといって，人々の意思から独立して判断する存在（信託）でもなく，何が人々の意思なのかを代表される人々とともに見出していくような存在としてとらえなおす考え方は，熟議民主主義と親和的である。現代社会が人々の意思が何であるかが不明確な時代であるとすれば，代表に委任されるべき意思を，熟議を通じて構成してゆくことは重要な課題となるはずである（三浦 2015）。実際，熟

議民主主義の2回路モデルが想定しているのは，このような形での代表と市民との関係であろう。

代議制の再検討　しかし，規範的な議論の意義の一つが現実を相対化できることにあるとすれば，自由民主主義をめぐる思考を，それをより相対化する形で展開することにも目を向ける必要がある。そもそも，私たちは「代議制」を私たちが知っているような意味での代議制に限定して考えるしかないのだろうか。

　たとえば，**市民代表**という概念がある（Urbinati and Warren 2008）。これは，**ミニ・パブリックス**と呼ばれる熟議のための市民参加のフォーラムに集められる人々を，ある種の「代表」として定義しようとする試みである。その選出方法は選挙ではなく，無作為抽出である。無作為抽出で選ばれた人々は「代表」とはいえないのではないかという疑問が生じるかもしれない。しかし，民主主義発祥の地といわれる古代ギリシアのアテネでは，重要な役職は市民の間の籤引き（くじ）で決められていた（→第2章**1**）。そうだとすれば，籤引き・無作為抽出が，民主主義において選挙よりも不適切な選出方法だと決め付けるのは早計である。

　また，**言説代表**という概念もある（Dryzek 2010）。これは，代表されるべきものを，「人」や「利益」ではなく，「言説」だとする考え方である。言説とは，人々が世の中を理解するための言語的な枠組みのことである。それは，人々がさまざまな個別的・断片的な事実・情報を，統一的な見解へとまとめ上げることを助ける。言説代表という考えに依拠することで，次のことが可能になる。第1に，ある提案がさまざまな角度から検討される機会を確保することである。第2に，民主主義を「一人一票」ではなく，異なる言説がその中で交差する多面的な存在としての個人からなるものとしてとらえることである。そして第3に，「人民（デモス）」の単位が明確で

3　ポスト近代政治の規範的構想（1）　259

はないような場面，たとえば超国家的な機関や非政府組織（NGO）などによって構成される国際的ネットワークにおける政策形成において，「代議制」を構想することである。

以上のような考え方によれば，代議制民主主義は，私たちがよく知っているようなそれであるとは限らないのである。

自由民主主義の相対化　そうだとすれば，熟議民主主義論や闘技民主主義論を，自由民主主義の下での構想としてのみとらえる必要はないだろう。実際，熟議民主主義論の中には，自由民主主義の相対化をめざす議論がある。たとえば，**ドライゼク**は，**熟議システム**の概念を用いることで，自由民主主義的な熟議システムと，そうではない熟議システムがありうることを理論的に明確にしている（Dryzek 2010）。

ある政治体制が熟議システムであるためには，「公共空間」，「決定のための空間」，公共空間から決定のための空間への「伝導」，「アカウンタビリティ」，熟議システムが「熟議」システムであるかどうかを点検する「メタ熟議」などの要素が必要である。しかし，これらの要素は，自由民主主義的なものもあれば，そうでないものもありうる。たとえば，「決定のための空間」は，自由民主主義の下では，私たちがよく知っているような代議制であろう。しかし，そうではない「決定のための空間」もありうる。「アカウンタビリティ」も，自由民主主義の下では，選挙時のキャンペーンとその評価を通じて果たされるであろうが，それが唯一のあり方というわけではない。もしそうだとすれば，少なくとも現時点では自由民主主義的な代議制が存在しない超国家的なレベルにおいても，あるいは，自由民主主義的な代議制以外の伝統的な意思決定システムが依然として実質的な効力を有しているような非西洋地域においても，ある種の「熟議システム」を見出したり，展望したりすることが可能に

なる。

闘技民主主義論についても，それが自由民主主義を前提とするものでよいのかという問題提起は存在する。たとえば，**ムフ**は，さまざまなグローバル民主主義論の問題点を，敵対性と「**政治的なるもの**」の観点から次のように批判する（ムフ 2008: 第5章）。第1に，グローバル民主主義論は，自由民主主義という「単一のモデルを世界全体に押しつける」構想であり，その結果，「西洋」に反発する人々の強力な抵抗を呼び覚まし，敵対性の危険な形での表れをもたらしてしまう。第2に，グローバル民主主義論は，「政治的なるもの」やそれに基づく紛争・対立を超越した「合意型のガバナンス」を実現可能なものだと見ている。しかし，このようなガバナンスの考え方は，「政治的なるもの」としての敵対性の存在を軽視し，「政治のヘゲモニー的な次元」を否定するものである。つまり，少なくともグローバルな次元においては，闘技民主主義論は，自由民主主義によって一元化される世界に反対し，世界レベルでの対立や敵対性を踏まえた形での「多極的な世界秩序（multipolar world order）」の確立をめざすべきとされるのである。

以上のことを踏まえれば，参加民主主義論の今日的意義について考えることもできるようになる。参加民主主義論がめざしたのは，社会のあらゆる「権威構造」が民主的にコントロールされるようになることであった。この目標は，私たちがよく知っているような代議制が存在しない場所も含めた，さまざまな権威構造の民主的コントロールの達成という形で考えることができる。たとえば，国家を超えるさまざまなレベルでの参加民主主義とともに，次節で述べるような親密圏における「参加民主主義」を考えることもできる（→270頁）。職場・経営レベルでの参加民主主義についても，近年，その再評価が試みられるようになっている（Landemore and Ferreras 2016)。代議制民主主義＋福祉国家という意味での自由社会民主主義（リベラル・ソーシャル・デモクラシー）の成立が困難となった今日だからこそ（新川 2014），「あらゆる権威構造の民主化」という命題は再検討に値するといえる。

　本項で取り上げたポスト自由民主主義の諸構想についても，先にグローバル民主主義について指摘したのと同じ問題を指摘することができる（→255頁）。すなわち，ポスト自由民主主義的な民主主義における集合的決定の拘束性をどのように考えるか，という問題である。自由民主主義の相対化を真剣に考えれば考えるほど，集合的決定の場の分散を認めることになる。そのとき，それぞれの場における拘束性の程度は――全く失われることはなくても――弱まる可能性が高い。この問題にどのように答えていくかは，ポスト自由民主主義的な民主主義の構想にとっての課題である。

4 ポスト近代政治の規範的構想（2）
──ポスト福祉国家とポスト公私二元論

ポスト福祉国家の規範的構想

　本章第*2*節では，福祉国家について，その①労働中心性への批判，②経済成長優先性への批判，③監視性への批判を挙げた。そこで，以下ではまず，これらの批判に最も根本的に応えうるポスト福祉国家的な福祉構想として，ベーシック・インカムを取り上げる。その次に，ポスト福祉国家をポスト国民国家と結び付ける構想，すなわちグローバル正義論を取り上げる。

ベーシック・インカム　ベーシック・インカム（BI）は，無条件の個人単位の現金給付制度・原理である。無条件での給付とは，

原則として就労の有無や社会的属性（性別，年齢，民族など）を問わず一律に給付される，ということである（なお，子どもは減額するといった提案はある）。個人単位ということは，家族を単位として給付されるのではないということである。

　BIがなぜポスト福祉国家的であるのかを，上記の3つの批判に照らして説明しよう。第1に，労働中心性と経済成長優先性との関係では，就労の有無とは関係なく給付されるという，BIの特徴が大きな意味をもつ。確かにエスピン-アンデルセンは，福祉国家を特徴づける際に「脱商品化」概念を用い，労働に依拠しなくとも生活できる程度が高いほど，福祉国家の水準も高くなると考えた。しかし，脱商品化の程度が最も高いとされた社会民主主義的な福祉国家においてでさえ，社会保障と労働との関係が切り離されていたわけではない。社会民主主義的な福祉国家においても，その市民は「生産的な貢献」を行うことができる場合には，それを行う責任を有するとされた。北欧の福祉国家において，普遍的な社会保障とともに積極的労働市場政策が実施されていたのも，そのためである（Goodin 2001）。つまり，福祉を受け取ることができるのは，「労働できない」場合である。要するに，福祉国家において所得とは，給与等として労働を通じて受け取るか，労働できない場合に社会保障の給付を通じて受け取るかのどちらかであった。このことは，福祉国家における社会保障も，依然として労働の有無と結び付いていたことを意味する。

　これに対してBIは，その給付において就労の有無を考慮しないため，労働と所得との関係を切り離す。BIを受け取る人には，労働していない／できない人だけでなく，労働している人も含まれる。その結果として，次のような効果が期待できる。第1に，「労働」という活動がもつ社会的価値を低減することである。労働の価値が

4　ポスト近代政治の規範的構想（2）　　263

どこから生まれるかについては諸説ありうる。しかし，少なくとも近代以降の社会において，それが有償であり所得を生み出すがゆえに社会的に重要な活動とみなされていることについては疑えない。したがって，もしも所得の源泉が労働と無関係になれば，労働がもつ社会的価値も低減すると予想できる。第2に，近代社会がその労働中心性とともに人類史上最も急速な経済成長を達成した時代であることを考えると，労働の相対化は，そのまま経済成長の相対化にもつながる。環境保護を重視する論者の中に，しばしばBIを支持する論者が見られるのは，偶然ではない（Little 1998）。

　また，BIの特徴は，そのシンプルな給付方式にもある。BIは，無条件での給付であるため，資力調査（ミーンズ・テスト）を必要としない。福祉国家の監視性という問題との関係で，このことは次の2つの意義をもつ。第1に，BI受給者は，官僚制に監視されないということである。資力調査のないBIは，「困っている人」ではなく，誰に対しても給付されるものである。したがって，その受給にあたって，「誰が給付に相当するか」を審査・監視されることはない。第2に，BIのこのような特徴は，福祉国家の官僚制の簡素化・効率化にも貢献する。このこともまた，福祉国家の監視性の低減につながる可能性がある。

　規範理論的に見た場合，BIを基礎づけるのはどのような価値であろうか。ここでは，「真の自由（real freedom）」という価値を挙げておこう。この概念の提唱者である**ヴァン・パリース**によれば，次の3つの条件が保障されたときに，私たちは「真の自由」をいうことができる（ヴァン-パリース 2009: 37-38, 42）。第1に「保障」，すなわち，きちんと施行される諸権利の構造が存在していなければならない。第2に「自己所有権」，すなわち，その諸権利の構造は，各自が自分自身を所有できるものでなければならない。そして，第3

に「機会」，すなわち，その諸権利の構造は，各自が何でも自分が
やりたいことを行う最大限の機会を与えることができるものでなけ
ればならない。この第3の条件は，「レキシミンな機会」とされる。
つまり，当該の自由な社会で最も機会に恵まれない人でも，他の実
現可能な制度配置の下で最も機会に恵まれない人よりは，機会に恵
まれていなければならない。BIは，この「真の自由」という価値
に適うがゆえに望ましいと考えれられるのである。

　グローバル正義論　　福祉国家が国民国家という単位の下で成立
したものだとすれば，ポスト福祉国家の規範的構想は，ポスト国民
国家という文脈の下でも考えられる必要がある。このとき，一国レ
ベルでの財の再配分や社会保障をはたして国境を越えて実現するこ
とができるのか，という問題に答えることも，ポスト福祉国家の規
範的構想の重要な課題となる。

　この課題を考えているのが，**グローバル正義論**である。ここで
「正義」とは，人々の間での何らかの公平な取扱いを定める規範の
ことである（伊藤 2014: 224）。グローバル正義論が問題にするのは，
国境を超えた地球全体という次元での，人々の間の富や生活水準の
巨大な格差，そして，それをもたらす財の不平等な分配の問題であ
る。したがって，グローバル正義論は，しばしばグローバルな分配
的正義論とも呼ばれる。このようなグローバルな次元での巨大な格
差がはたして正義に適うものなのかどうか。もし正義の原理に適わ
ないとすれば，どのような理由によってそのようにいえるのか。そ
して究極的には，国境を超える正義の原理は存在するのか。こうし
たことが，グローバル正義論の基本的な問題関心である。

　グローバル正義論の代表的論者の一人である**ポッゲ**の議論を見て
みよう（ポッゲ 2010）。ポッゲが問題にするのは，世界の富裕国と
貧窮国との間に存在する不平等である。その原因は2つある。一つ

は，現在のそのような不平等をもたらした，植民地支配を典型とする過去の不正義の存在である。もう一つは，国境を越えて形成されているグローバルな制度的秩序を通じて，不平等が形成・維持されていることである。富裕国は，このグローバルな制度的秩序を通じて，貧窮国に対して貧困や人権侵害という形で危害を加えている。彼がいう「グローバルな制度的秩序」とは，国際諸機関が形成する政策・協定群や，貧窮国の支配層に認められた国際的な借入特権と資源管理特権を指す。富裕国の政府と市民は，この不平等なグローバルな制度秩序の形成・維持に関与している。したがって，富裕国の政府と市民は，グローバルな不正義の発生に対する責任とともに，それを改善するための義務を負っているとされるのである。

　このように書くと，ポッゲが主張するグローバルな（不）正義論は，私たちに相当に強いタイプの責任や義務を負わせようとするものであるように見えるかもしれない。しかし，ポッゲは，グローバルな不正義に関する義務を「消極的義務」と呼び，積極的な援助や慈善活動を行うことを求める「積極的義務」から区別している。消極的義務とは，私たちが他者に危害を加えないこと，傷つけないことを求められる，ということである。ポッゲの考えでは，グローバルな不正義をもたらしているのは，上記のグローバルな制度的秩序であるから，私たちが負う消極的義務とは，その制度的秩序をできるだけ貧窮国の人々に危害をもたらさないような形へと改革していくことである（ポッゲ 2010: 第5章）。

　それでは，グローバルな正義を実現するための具体的な方策とは，どのようなものだろうか。グローバル正義論において挙げられる具体的な方策としては，政府開発援助（ODA）政策の改革，トービン税や国際連帯税などのグローバルな税制の創案，企業に対する制裁を伴った規制の実施，そして，自然資源の利用に対して課金するグ

ローバル資源配当などがある（伊藤 2010; ポッゲ 2010: 第8章）。これらの提案は，確かに福祉国家における各種所得保障や福祉サービスの制度とは異なっている。しかし，グローバルな次元でも財の再配分をめざすという点は，福祉国家と共通している。

　グローバル正義論に対しては，国境を越える形で正義を構想することはできないとする立場からの批判が存在する。その立場には，第1章第4節で取り上げた，**リベラル・ナショナリズム**も含まれる（ミラー 2007）。これは，正義論におけるコスモポリタニズムとステイティズムとの間の論争である（伊藤 2014; 古賀 2014）。近年では，この二者間の対立を乗り越えるために，正義の成立を可能にするような何らかの「関係」焦点を当てるべきとする，関係論的アプローチも提唱されている（山田 2015-16）。ただし，グローバル正義の実現は，第3節で述べたような，グローバルな次元での民主主義を構想できるかどうかにもかかっている（→251頁）。いかなる正義の原理も，最終的には政治によって決定・実現される他はなく，そうだとすれば，そのような正義を実現できるような政治の仕組みをどのように構想するかが，重要な課題となるはずだからである。

ポスト公私二元論の規範的構想

　公私二元論は，近代政治の他の諸要素（国民国家，自由民主主義，福祉国家）の基礎にあるものであった。したがって，公私二元論をどのように克服するのかが，ポスト近代政治を展望する際の，最終的な問題となる。

　性別分業の見直しか，「私的領域」の再評価か　その際には，公私二元論の下で，主に女性によって担われてきたケア役割についてどのように考えるかが論点となる。これについては，2つの議論の仕方がある（田村 2011）。

第1は，ケアの再配分論である。これは，男女間でのケアの担当の仕方を見直し，労働者／稼ぎ手であった男性をケアの担い手にしていくことで公私二元論が克服される，という考え方である。

この議論でしばしば参照されるのは，フレイザーによる男女間の公平についての3つのモデルである（フレイザー 2003）。フレイザーは，現状の「男性稼ぎ手モデル」よりも公平になりうる男女の関係として，次の3つのモデルを提示した。第1は，女性も男性並みの「稼ぎ手」になることをめざす「普遍的稼ぎ手モデル」である。第2は，男女の性別分業はそのままに，女性のケア提供者としての役割が男性の稼ぎ手としての役割と同程度に評価されるようになることをめざす「ケア提供者等価モデル」である。第3は，男性が女性並みの「ケア提供者」になることをめざす**普遍的ケア提供者モデル**である。これらのうち，フレイザー自身は，普遍的ケア提供者のみが男性の側の変化を求めるモデルであることから，最も男女平等的なモデルであるとしている。

第2は，**ケアの共同性論**である。これは，ケアを行うこと自体に，より積極的な意味を与えていく考え方である（岡野 2012; キティ 2010）。この構想では，まず近代的な政治思想の人間像が見直される。人々を「平等な個人」とみなすだけでは，真に自由で平等な社会を作ることはできない。なぜなら，女性は私的領域においてケアの役割を担っているため，公的領域における仕事において男性と対等の評価を得ようとしても，自分のケアを求めている人々（子どもや高齢者）を家に置き去りにするわけにはいかないからである。

そこで見直されるのは，人間像である。ケアの共同性論では，人々はそもそも，個人として自立しているのではなく，**依存関係に**ある存在とみなされる。人々は，人生のある時期（典型的には幼年期と老年期）には，自分以外の誰かに世話をされるという意味で，依

存している。他方，別の時期には，典型的には子育てや介護という形で，自分以外の誰かをケアをしている（その多くは実態としては女性であると考えられる）。このような，依存関係にある人々によって構成される人間関係が，それが「家族」であろうとなかろうと，正当なものとして承認され，この関係に対して，政策的な支援がなされることが，重要である。

　ケアの共同性論では，男女間の性別分業が見直されるかどうかは，必ずしも定かではない。そこでめざされているのは，普遍的ケア提供者モデルのように，男性にいかにしてケアの役割を担わせるかではなく，すでに現実にケアを通じた依存関係にある人々の生活がいかにして正当なものとして保障されるか，ということだからである。つまり，この構想では，公私二元論の見直しは，性別分業の見直しではなく，「私的領域」のある種の再評価を通じて行われるといえる。

　「政治」への注目　ポスト公私二元論の規範的構想については，もう一つの考え方も存在する。それは，私的領域における「政治」を擁護することである。フェミニズムが公私二元論を批判するときに鍵となる概念の一つが，政治である。すなわち，フェミニズムによる近代政治批判は，政治が公的領域だけではなく私的領域にも存在するという形でもなされてきた。1960 年代以降のラディカル・フェミニズムと呼ばれる理論潮流の中で唱えられた，「**個人的なことは政治的である**」という命題は，このことをよく表している。たとえば，**ミレット**は，いくつかの著名な小説の分析を通して，一般に「私的なこと」とされがちな男女の性愛関係の中に，男性による女性の支配という意味での政治を見出した（ミレット 1985）。ここでミレットが依拠しているのは，ウェーバーによる政治理解である。ウェーバーは，政治の本質を権力とその行使による支配に見出した。

4　ポスト近代政治の規範的構想（2）　269

ミレットは，ウェーバーの政治定義を応用することで，男女の性愛関係の中にも，権力行使に基づく支配の関係を見出すことができると考えたのである。

このようにして，フェミニズムにおける公私二元論批判は，政治の再検討という作業を伴っていた。しかし，政治学から見た場合には，もっぱら権力，支配，暴力などの要素によってのみ特徴づけられる政治の理解は，政治を狭くとらえすぎているともいえる。なぜなら，政治学において政治とは，上記の要素を含みつつも，最終的には人々を集合的に拘束する決定を作成する営みとして理解されるものだからである。そして，そのような意味での「政治」は，現状が「自然」や「運命」ではないということ，つまり，別の可能性や選択肢があり，それに従って秩序を作り直すことができる，ということを示すものと考えられてきた（ギャンブル 2002; ストーカー 2013; ヘイ 2012; 丸山 1983）。このような「政治」自体が，特定の望ましい未来を実現する保証はない。しかし，少なくとも秩序を作り直す可能性を担保するという点に，ある種の規範性を見出すことができる。

実はフェミニズムにおいても，このような政治理解は，暴力や支配と同一視されるものとは異なる政治概念を求める理論家たちによって探究されてきた。たとえば，ペイトマンによる，「政治的なるものは，共有された価値と共通の関心を伴うのであり，そこでは権力は一つの局面に過ぎない」という言明は，このようなフェミニズムの関心をよく示している（ペイトマン 2014）。ディーツも，フェミニズムが取り組むべき問題は，家族，学校，労働，ポルノグラフィ，中絶，虐待などの社会経済問題ではなく，政治の問題であるべきだと主張した。その際の「政治」とは，私的領域に「正義」をもたらすような国家でも，男性によって支配された「公的領域」でもなく，自分の属するコミュニティにおける決定に参加することである（Dietz 1998）。ここでの「政治」とは，集合的な問題解決のための決定を行う活動という意味での政治であり，政治学が想定する政治と同じものである。

このような意味での「政治」が私的領域にも存在しうると主張することを通じて，公私二元論の克服を展望することができる。実際，ディーツは，「コミュニティ」の中に，「隣人関係」も含めていた。この方向性をさらに突き詰めるならば，友人関係，家族関係などの親密圏と呼ばれる空間における「私的な」関係も，「コミュニティ」の一つであり，したがってそこにも，集合的決定のための「政治」が存在しうる，と考えることができる。これらの関係においても，日常生活の中で意見や立場の違いに由来する紛争が発生し，それゆえ，関係者の間で「政治」を行うことによって，集合的に問題解決を図る必要があるのである。その意味では，「私的な」関係性の中で生じる「政治」も，国家レベルで行われる「政治」と同じだということも，不可能ではない（田村 2017）。

もしもこのような意味での政治が行われるならば，そのとき，これまでは自明と思われていた男女の不平等な関係がその自明性を失い，見直される可能性が生じていると考えられる。たとえば，妻が夫婦間での家事の分担のあり方について見直しを求める声を上げたとしよう。そのことで，夫婦間に対立が起こるかもしれない。しかし，家事分担の見直しを求める妻の声は，これまでの家事分担のあり方が自明ではないということ，したがって別の分担の可能性があるということを明らかにする。もちろん，このような「政治」がどのような結果をもたらすかについて，確実なことはいえない。場合によっては，家事分担のあり方は，元のままになってしまうかもしれない。それでも，現在の状態がすべてではないと知ることは，現在とは異なる，将来の望ましい社会を形成するための前提条件なの

である（盛山 2011）。

　以上のような，私的領域における政治の再定義論に対しては，大きく分けて2つの疑問がありうる。第1に，私的領域にまで「政治」が侵入することで，個人の（私的な）自由が損なわれるのではないだろうか，という疑問である。この疑問に対しては，集合的決定としての「政治」が行われることで，自由もむしろ確保されうると答えることができる。たとえば，男女間の不平等な家事分担のあり方が当然のようにみなされている場合，そのことによって奪われているのは，女性の行動の自由あるいは，既存の分担に「おかしい」と声を上げる自由である。「政治」が行われることで，私的領域における女性の自由は，むしろ確保される可能性がある。

　第2に，実現可能性の問題である。つまり，人々は私的領域において実際に「政治」にかかわることができるのだろうか。親密圏で行われる「政治」においては，ラディカル・フェミニズムが指摘したような暴力や支配が浸透する可能性がある。また，男女間のコミュニケーションのあり方が，男女間の非対称的な関係を作り出すこともありうる（江原 2001）。したがって，規範的構想として私的領域における「政治」を考える場合には，「政治」の実現を阻害するこれらの要因を見定めるとともに，「政治」を実現するための条件についても，あわせて探ってゆく必要がある。

　たとえば，本節で取り上げたベーシック・インカム（BI）を，私的領域における「政治」を実現するための条件として位置づけることができる。なぜなら，私的領域における「政治」の実現を妨げる要因の一つとして男女間の経済的資源の格差があり，そうだとすれば，BI の保障がそのような格差を是正し，私的領域における「政治」の実現のために必要な，平等の達成に貢献する可能性があるからである（Pateman 2006; 田村 2011）。このように，「政治」の実現

のための条件について考えていくことも，大切なことなのである。

▼ 引用・参考文献

アリストテレス 1961『政治学』（山本光雄訳）岩波文庫。

伊藤恭彦 2010『貧困の放置は罪なのか――グローバルな正義とコスモ
　ポリタニズム』人文書院。

伊藤恭彦 2014「グローバル・ジャスティス――公正な地球社会をめざ
　す規範」川崎修編『政治哲学と現代』（岩波講座政治哲学6）岩波書
　店。

ヴァン-パリース，フィリップ 2009『ベーシック・インカムの哲学――
　すべての人にリアルな自由を』（後藤玲子監訳，齊藤拓訳）勁草書房。

江原由美子 2001『ジェンダー秩序』勁草書房。

岡野八代 2012『フェミニズムの政治学――ケアの倫理をグローバル社
　会へ』みすず書房。

オーキン，スーザン・モラー 2010『政治思想のなかの女――その西洋
　的伝統』（田林葉・重森臣広訳）晃洋書房。

小野一 2012「エコロジー的福祉国家の可能性――『ゆらぎ』を超える
　思考実験の諸相」宮本太郎編著『福祉＋α　福祉政治』ミネルヴァ書
　房。

小野一 2014『緑の党――運動・思想・政党の歴史』講談社選書メチエ。

賀来健輔・丸山仁編 2010『政治変容のパースペクティブ〔第2版〕』
　（ニュー・ポリティクスの政治学Ⅱ）ミネルヴァ書房。

金田耕一 2000『現代福祉国家と自由――ポスト・リベラリズムの展望』
　（シリーズ政治思想の現在10）新評論。

川崎修 2010『「政治的なるもの」の行方』岩波書店。

キテイ，エヴァ・フェダー 2010『愛の労働あるいは依存とケアの正義
　論』（岡野八代・牟田和恵監訳）白澤社。

ギデンズ，アンソニー 1993『近代とはいかなる時代か？――モダニテ
　ィの帰結』（松尾精文・小幡正敏訳）而立書房。

ギデンズ，アンソニー 1995『親密性の変容――近代社会におけるセク
　シュアリティ，愛情，エロティシズム』（松尾精文・松川昭子訳）而

立書房。

キムリッカ，ウィル 1998『多文化時代の市民権——マイノリティの権利と自由主義』（角田猛之・石山文彦・山崎康仕監訳）晃洋書房。

ギャンブル，アンドリュー 2002『政治が終わるとき？——グローバル化と国民国家の運命』（内山秀夫訳）新曜社。

キーン，ジョン 2013『デモクラシーの生と死』上・下（森本醇訳）みすず書房。

クラウチ，コリン 2007『ポスト・デモクラシー——格差拡大の政策を生む政治構造』（山口二郎監修・近藤隆文訳）青灯社。

古賀敬太 2014『コスモポリタニズムの挑戦——その思想史的考察』風行社。

古賀光生 2015「欧州における右翼ポピュリスト政党の台頭」山崎望編『奇妙なナショナリズムの時代——排外主義に抗して』岩波書店。

コノリー，ウィリアム・E. 1998『アイデンティティ＼差異——他者性の政治』（杉田敦・齋藤純一・権左武志訳）岩波書店。

篠原一 2004『市民の政治学——討議デモクラシーとは何か』岩波新書。

シュトレーク，ヴォルフガング 2014『時間かせぎの資本主義——いつまで危機を先送りできるか』（鈴木直訳）みすず書房。

新川敏光 2014『福祉国家変革の理路——労働・自由・福祉』ミネルヴァ書房。

ストーカー，ジェリー 2013『政治をあきらめない理由——民主主義で世の中を変えるいくつかの方法』（山口二郎訳）岩波書店。

盛山和夫 2011『社会学とは何か——意味世界への探究』（叢書・現代社会学 3）ミネルヴァ書房。

田村哲樹 2008『熟議の理由——民主主義の政治理論』勁草書房。

田村哲樹 2009『政治理論とフェミニズムの間——国家・社会・家族』昭和堂。

田村哲樹 2011「男性稼ぎ手型家族を基礎とした福祉国家からどのように脱却するのか？——ベーシック・インカム，性別分業，民主主義」田村哲樹・堀江孝司編『模索する政治——代表制民主主義と福祉国家のゆくえ』ナカニシヤ出版。

田村哲樹 2017『熟議民主主義の困難——その乗り越え方の政治理論的考察』ナカニシヤ出版。

ダール，ロバート・A. 1988『経済デモクラシー序説』（内山秀夫訳）三嶺書房。

坪郷實 1989『新しい社会運動と緑の党——福祉国家のゆらぎの中で』九州大学出版会。

野田昌吾 2013「デモクラシーの現在とポピュリズム」高橋進・石田徹編『ポピュリズム時代のデモクラシー——ヨーロッパからの考察』法律文化社。

パーネビアンコ，アンジェロ 2005『政党——組織と権力』（村上信一郎訳）ミネルヴァ書房。

ハーバーマス，ユルゲン 2002-03『事実性と妥当性——法と民主的法治国家の討議理論にかんする研究』上・下（河上倫逸・耳野健二訳）未來社。

早川誠 2014『代表制という思想』（選書〈風のビブリオ〉1）風行社。

フィシュキン，ジェイムズ・S. 2011『人々の声が響き合うとき——熟議空間と民主主義』（曽根泰教監修，岩木貴子訳）早川書房。

フレイザー，ナンシー 2003『中断された正義——「ポスト社会主義的」条件をめぐる批判的省察』（仲正昌樹監訳）御茶の水書房。

フレイザー，ナンシー 2013『正義の秤——グローバル化する世界で政治空間を再想像すること』（向山恭一訳）法政大学出版局。

ヘイ，コリン 2012『政治はなぜ嫌われるのか——民主主義の取り戻し方』（吉田徹訳）岩波書店。

ペイトマン，キャロル 1977『参加と民主主義理論』（寄本勝美訳）早稲田大学出版部。

ペイトマン，キャロル 2014『秩序を乱す女たち？——政治理論とフェミニズム』（山田竜作訳）法政大学出版局。

ベック，ウルリッヒ＝アンソニー・ギデンズ＝スコット・ラッシュ 1997『再帰的近代化——近現代における政治，伝統，美的原理』（松尾精文・小幡正敏・叶堂隆三訳）而立書房。

ヘルド，デヴィッド 2002『デモクラシーと世界秩序——地球市民の政

治学』（佐々木寛・遠藤誠治・小林誠・土井美徳・山田竜作訳）NTT
出版。

ヘルド，デヴィッド 2011『コスモポリタニズム——民主政の再構築』
（中谷義和訳）法律文化社。

ポッゲ，トマス 2010『なぜ遠くの貧しい人への義務があるのか——世
界的貧困と人権』（立岩真也監訳）生活書院。

マクファーソン，クロフォード・B 1967『現代世界の民主主義』（粟田
賢三訳）岩波新書。

マクファーソン，クロフォード・B 1978『自由民主主義は生き残れる
か』（田口富久治訳）岩波新書。

松尾秀哉 2015『連邦国家ベルギー——繰り返される分裂危機』吉田書
店。

丸山眞男 1983『日本政治思想史研究〔新装版〕』東京大学出版会。

三浦まり 2015『私たちの声を議会へ——代表制民主主義の再生』岩波
現代選書。

水島治郎 2012『反転する福祉国家——オランダモデルの光と影』岩波
書店。

水田珠枝 1973『女性解放思想の歩み』岩波新書。

宮本太郎 2012「福祉政治の展開——三つの言説の対抗」宮本太郎編
『福祉＋α　福祉政治』ミネルヴァ書房。

宮本太郎 2013『社会的包摂の政治学——自立と承認をめぐる政治対抗』
ミネルヴァ書房。

ミラー，デイヴィッド 2007『ナショナリティについて』（富沢克・長谷
川一年・施光恒・竹島博之訳）風行社。

ミレット，ケイト 1985『性の政治学』（藤枝澪子・加地永都子・滝沢海
南子・横山貞子訳）ドメス出版。

ムフ，シャンタル 2006『民主主義の逆説』（葛西弘隆訳）以文社。

ムフ，シャンタル 2008『政治的なものについて——闘技的民主主義と
多元主義的グローバル秩序の構築』（酒井隆史監訳，篠原雅武訳）明
石書店。

山田祥子 2015-16「グローバルな正義論における『現実』の意味——制

度主義を中心に」1〜3・完『法政論集』（名古屋大学）第 264 号，第
265 号，第 266 号。

吉田徹 2011『ポピュリズムを考える——民主主義への再入門』NHK
ブックス。

Dietz, Mary 1998, "Context Is All: Feminism and Theories of Citizen-
ship," in Anne Phillips ed., *Feminism and Politics*, Oxford University
Press.

Dryzek, John S. 2010, *Foundations and Frontiers of Deliberative Gover-
nance*, Oxford University Press.

Esping-Andersen, Gøsta, Duncan Gallie, Anton Hemerijck and John
Myles 2002, *Why We Need a New Welfare State*, Oxford University
Press.

Goodin, Robert E. 2001, "Work and Welfare: Towards a Post-produc-
tivist Welfare Regime," *British Journal of Political Science*, 31(1).

Katz, Richard S. and Peter Mair 1995, "Changing Models of Party Or-
ganization and Party Democracy: The Emergence of the Cartel Par-
ty," *Party Politics*, 1(1).

Kirchheimer, Otto 1966, "The Transformation of the Western Europe-
an Party Systems," in Joseph La Palombara and Myron Weiner eds.,
Political Parties and Political Development, Princeton University
Press.

Kitschelt, Herbert 2000, "Linkages between Citizens and Politicians in
Democratic Politics," *Comparative Political Studies*, 33(6/7).

Landemore, Hélène and Isabelle Ferreras 2016, "In Defense of Work-
place Democracy: Towards a Justification of the Firm-State Analo-
gy," *Political Theory*, 44(1).

Lipset, Seymour M. and Stein Rokkan 1967, "Cleavage Structures,
Party Systems, and Voter Alignments," Seymour M. Lipset and
Stein Rokkan eds., *Party Systems and Voter Alignments: Cross-Na-
tional Perspectives*, Free Press.

Little, Adrian 1998, *Post-industrial Socialism: Towards a New Politics of Welfare*, Routledge.

O'Flynn, Ian 2006, *Deliberative Democracy and Divided Society*, Palgrave Macmillan.

Pateman, Carole 2006, "Democratizing Citizenship: Some Advantages of a Basic Income," Erik Olin Wright ed., *Redesigning Distribution: Basic Income and Stakeholder Grants as Cornerstones for a Egalitarian Capitalism*, Verso.

Urbinati, Nadia and Mark E. Warren 2008, "The Concept of Representation in Contemporary Democratic Theory," *Annual Review of Political Science*, 11.

7 政治学への招待

　前章までさまざまな角度から政治を理解する手掛かりを探ってきた。そのために政治学で得られた知見を用いてきたが，正面から政治学を論じることはなかった。本書の主たる目的は政治を考えることであり，政治学を理解することではないからである。しかし政治というものをより深く，体系的に知ろうとすれば，どうしても政治学の世界へと足を踏み入れる必要が出てくる。そこで本書では最後に，政治学の基本的な考え方を紹介し，それに基づいて現代政治学の二大潮流ともいうべき実証的研究と規範的研究について考えてみたい。

　第1節で取り上げるのは，すでに馴染みの理想主義と現実主義である。理想主義の代表としてプラトン，現実主義の代表としてマキアヴェリを取り上げた後，実証的政治学（とりわけ政治科学）の確立に大きく寄与したとされるダールを紹介し，政治学における理想主義と現実主義の緊張関係の重要性を指摘する。

　第2節では政治学における科学的推論の重要性を確認する。記述的推論と因果的推論の違いを説明し，推論を下す観察方法として実験，統計分析，比較事例分析，単一事例分析の長短を検討し，推

論における思考パターンを3つの見解（社会学的，心理学的，経済学的）にまとめる。政治科学に限定してもこのように多様な方法や思考が見られ，しばしば鋭い対立が生じるが，科学的手続きへの合意によって不毛な神学論争が避けられる。

第3節では，理想主義の流れを汲む規範的政治学を中心に検討するが，より広く実証主義とは区別される経験的研究についても紹介する。各々は固有の問題関心と方法をもち，一見すると違いや対立ばかりが目立つが，そのような違いは実は推論形式の違いである。今日ではとりわけ規範的研究と実証的研究の乖離が目立つが，各々は異なるパートを担当し，政治学という一つの協奏曲を奏でているといえる。

1 政治学的思考

距離の問題

政治学は，古代ギリシア時代まで遡ることができる古い学問であるといわれる一方，新しい学問であるともいわれる。近代において自然科学が飛躍的な進歩を遂げ，それに触発されて社会科学が生まれるが，社会科学の中でも政治学は独立した学問分野として確立するのが遅れた。

経済学の誕生は18世紀に活躍した古典派経済学の父ともいえるアダム・スミスの研究の中に認められるし，社会学を見れば，19世紀に実証主義哲学を提唱したコント，さらにはデュルケムやウェーバーの活躍によってその基礎が固められている。これに対して社会科学としての政治学が登場するのは20世紀に入ってから，メリアムやラスウェルに率いられた**シカゴ学派**が活発な研究活動を始め

280　　**7　政治学への招待**

てからのことである。

もとより経済学や社会学の中で，政治について語られてこなかったわけではない。コントの提唱した社会学は，今日から見れば社会科学全般を意味するものであり，その構想の中で政治学は重要な位置を占めていた。ウェーバーの社会学の中で繰り広げられた支配，権力，階級，官僚制，資本主義経済の発展に関する議論や方法論的考察は，政治学の発展にも多大な影響を与えた。

にもかかわらず政治学が社会科学の中で一個の学問分野として自立するまでに時間がかかった背景には，政治が，ごく限られた統治エリートの独占物であった時代が終わり，広く社会の一構成要素であると認識されるようになるには，民主主義政治の浸透が必要であったという事情がある。普通選挙が一般的になるのは，20世紀に入ってからのことである。

また政治というもののとらえ難さも，政治科学の発展を遅らせた。たとえば経済と比べると政治は，はるかにその輪郭が曖昧であり，政治が何かを確定する作業は，それ自体が政治的選択となる（→第1章）。政治について考え，語ること，それ自体が政治的行為なのである。

観察者が観察対象の中に包摂されるのは，なにも政治学に限らず社会科学一般に認められる問題であるが，政治はとりわけ他の社会現象と切り離し，それが何であるかを確定することが難しい。また，政治の中で注目される現象は，非日常的な一度限りの決断や行動であることが多いため，科学的な一般化が困難である。

しかし20世紀に入って，状況はかなり改善された。自由民主主義体制が定着すると政治が日常化（非政治化）され，政治の中で繰り返される行動（投票や議決）の重要性が高まった。そして政治活動を広く伝達するマス・メディアの発達・普及によって，政治に関

1 政治学的思考　281

する情報量が格段に増えた。さらに社会科学における統計的な手法を含むさまざまな一般化の方法が開発・改善され，政治科学の確立・発展を促した。

　もちろん今日においてもなお政治において日常化されない，あるいは実証的に検証されない部分が少なからず存在する。しかし実証的研究に適さないからといって政治の核心にかかわる現象・テーマを無視することはできない。政治科学であるか否か，実証的か規範的かを問わず，**学問的認識**にとって重要なのは，対象との距離感である。研究者が研究対象に完全に包摂されてしまっては，学問的認識は不可能になる。学問的認識をめざす限り，研究者は研究対象から距離をとる術を身に着けなくてはならない。研究者自身の関心の高い現象や問題であればあるほど，研究者は対象との距離を見失い，それに巻き込まれてしまう危険性が高くなる。そのような罠を避け，対象との適度な距離を保つために，理論や方法を自覚的に取り入れる必要がある。

　研究対象と距離をとるということは，端的にいえば，対象の選択と分析が第三者に理解可能な形で説明されているということである。研究対象の選択や視座，解釈から価値観を一切排除することは不可能であるが，自らの理論的前提を明らかにし，それに従って論理的一貫性をもった分析がなされていれば，少なくとも個人の勝手な思い込みや印象であるという批判を免れることができる。

　研究者が対象とどの程度の距離をとるべきかについて，あらかじめ正解が用意されているわけではない。一般的に**巨視的分析**において距離は遠く，**微視的分析**では近い。ただし対象との距離が近くなりすぎれば，考察は現場報告や時評になってしまう。他方，対象からあまりに遠いと，考察が現実に対していかなる有意性をもつのかがわからなくなってしまう。たとえば，あまりに高邁な理念や理想

から直接的に現実を批判しても紋切り型になるだけで，現実の問題の理解や解決に資するところは少ない。したがって研究目的に合わせ，適度な距離をとる理論や方法を選択する必要がある。構造に着目するのか，行動に着目するのか，歴史に着目するのか，思想に着目するのか，それぞれの立場によって，理論的視座や用いる方法も変わってくる。

理想主義 vs. 現実主義

それぞれの理論には固有の視座があり，距離感があるが，ここでは政治学の中で繰り返し見られる2つのアプローチについて検討しよう。第1章第1節でもふれた理想主義と現実主義である。

プラトンの現想主義　理想主義といえば，ただちにプラトンの名前が浮かぶ。プラトンは，永遠不変の**イデア**を想定し，善のイデアを希求する哲学者が支配する理想国家を提唱したことで知られる。プラトンのイデア論を単純に理想主義とみなすことには異論もあろうが，プラトンが性善説に立ち，正義が実現される国制を模索したことは間違いない。

プラトンは，単に理想を説いただけではなく，民主主義の難点を鋭く指摘している。そこでは自由が放縦に至り，人々は快楽へと身を委ね，指導者はそれに媚びへつらう結果，無政府状態が生じ，結局は僭主制に道を譲ってしまうというのである。このようなプラトンの民主制論は，「ギリシアにおける民主制の経験を踏まえた，素材の豊かさによって裏づけられているのみならず，自由と平等とをシンボルとする体制がどのような脆弱性を内蔵しているかについての極めて鋭い認識によって支えられている」（佐々木 2000: 24-25）。

確かにプラトンの民主主義批判は深く，鋭いのだが，今日哲人支

1 政治学的思考　283

配という彼の理想に同調する向きは少ないだろう。その最大の問題は，プラトンの理想が，イデアという，現実（仮象の世界）とは切り離された不変不滅の真理から，いわば天空から地上へと舞い降りてくることにある。イデアは現実がどのように変わろうとも，それに影響されず，現実はイデアから一方的にその逸脱（堕落）を責められるのである。そこには現実から理想を批判する回路が開かれていない。したがってそれは独善的であり，全体主義的でさえあるという批判すら受けることがある。

　だからといって，理想を放棄せよということではない。理想は，時には現実変革の大きな力になるし，また現状分析の助けにもなる。たとえば社会契約論においては，自然状態という理想（現実には存在しない状態）を仮構点とすることで，市民という主権を担う存在を発見することができた。自由主義であれ，民主主義であれ，それを一つの理念型として論理的に構築することで，現実の自由主義や民主主義を理解し，その問題点を照射する視点を獲得することができる。理想をイデアではなく，文脈依存的なものとして構築することで，理想主義は現実への有意性を獲得することができる。

マキアヴェッリの現実主義

プラトンが理想主義の代表であるとすれば，マキアヴェッリは現実主義の代名詞となっている。ルネッサンス期のフィレンツェで書記官として諸国の興亡をつぶさに観察したマキアヴェッリは『君主論』を著し，新しい君主が権力を奪取し，支配を安定させるためにはあらゆる手段を駆使する必要があることを，具体例をふんだんに用いて説いた（マキアヴェッリ 1998）。

　マキアヴェッリは，政治の目的として公共善や正義を想定せず，政治の動態を倫理とは切り離し，あたかも自然現象のように考察した。政治から倫理を排除した冷徹な現実主義によって，マキアヴェッリは政治の負のイメージの一切を負わされる羽目に陥った。『君主

284　　**7　政治学への招待**

論』が広く知られるようになると，目的のためには手段を選ばす，
権謀 術 数を用いることをマキアヴェリズムと呼ぶことが定着して
しまったのである。

　しかし今日ではマキアヴェッリの共和主義者としての側面が評価
されるようになり，それによって『君主論』にも新たな光が当てら
れるようになった。マキアヴェッリは，自らの価値観によって君主
制を否定するのではなく，それをカッコにいれ，君主制をあるがま
まに観察しようとしたのである。マキアヴェッリの議論が時に手段
を選ばない権謀術数の勧めに見えるとすれば，それは彼が現実主義
的考察を理論的に体系化する努力を怠ったからである。もっとも現
実政治の中で地位を求めていた彼にとって，そのような作業は意味
のないことであったろう。

　マキアヴェッリの現実主義の切れ味を，少しだけ見てみよう。彼
は，貴族の支持によって君主となる場合と，民衆の支持によって君
主となる場合を分け，後者がより安定を得やすく，自由であるとい
う。君主は，いかに公正であっても他人を傷つけることなしに貴族
を満足させることはできないが，民衆を満足させるために他人を傷
つける必要はない。民衆の目的は貴族のそれよりも公正であり，貴
族が抑圧しようとするのに対して民衆は抑圧されまいとするからで
ある。したがって君主にとって，貴族よりも民衆を味方にすること
が重要なのである。民衆の支持がなければ，君主は逆境にあってな
す術がない（佐々木 1994: 226-228）。

　しかしマキアヴェッリは，支配を維持するために，邪悪な行為が
必要であれば，悪徳の評判を気にせず，断行すべきであるともいう。
慈悲深さや寛大さは時には混乱をもたらす。なぜなら人は自由であ
れば，放縦に走るからである。人間は恩知らずで気が変わりやすく，
偽善的で，臆病で貪欲である。君主は愛されるよりも，恐れられる

ほうがよい。ただし憎まれないように恐れられなければならない。愛と恐れは，愛と憎悪よりも両立しやすいとマキアヴェッリはいう（佐々木 1994: 264–265）。

ダールの政治科学　　現実主義的な政治の考察は，ウェーバーやシュミット，さらにアメリカの政治科学の中に引き継がれる。第二次世界大戦後の行動主義革命の波に乗ることで，政治科学は広く社会的認知を得るようになる。そのような流れの牽引者の一人が，ダールである。ダールは，CPS論争で観察可能な具体的争点をめぐる影響力を分析することを提唱し，行動主義の旗手となった（→第1章）。

　ただし，ダールは単純な現実主義の継承者ではなかった。CPS論争は実はアメリカ都市政治が民主的かどうかという評価にかかわるものであり，ダールはエリートの多様性と競合によって都市政治の権力構造を否定し，翻ってその民主性を擁護したのである（ダール 1988）。確かにダールの政治観は，ラスウェル流のエリート主義やシュムペーターの手続き民主主義論から，すなわち現実主義的政治観から大きな影響を受けている。彼の多元主義理論は，基本的にエリート間の競合に関心を置くものであり，一般市民（民衆）の政治的役割はきわめて限定的にとらえられている。

　しかしダールの多元主義論においては，一般市民は選挙以外においてはエリートに服従するだけの消極的存在であると考えられていたわけではない。ダールは，一般市民がエリートを抑制する潜在的影響力をもつと考えていた。一般市民は「予想される反応」によって統治者を牽制するし，いざとなれば署名活動や街頭での抗議行動，圧力団体活動などを通じて異議申し立てを行い，政治に影響力を行使しうる存在である。

　ダールが政治科学の推進者であったことは間違いないが，彼自身

の研究はその枠内に納まるものではない。ダールは後年，自ら社会党員であったことを告白している。若きダールは，社会変革をめざす理想主義者であった。しかしソヴィエト連邦が社会主義であっても民主主義ではないという結論に達すると，ダールは社会党を離れる。ダールにとって，民主主義は社会主義に優先する価値だったのである。ダールは，終生にわたって民主主義の擁護者であった。

彼が当初構想した民主主義は，社会的経済的不平等が存在する中で，それが政治的不平等へと直結しないメカニズムを説く多元主義理論として結実した。しかし権力資源の分散的不平等という仮説が現実の甚だしい経済的不平等を前に妥当性がないという結論に達すると，彼は経済民主主義，熟議民主主義，さらにはアメリカ憲法を考察することによって政治的平等を実現する可能性を模索するようになる。結果として，彼の研究は規範色を強めることになったが，それをもって彼が現実主義から理想主義に転向したとみなすのは妥当ではない。彼にとって，政治科学も規範論も，現実主義も理想主義も，民主主義の可能性を模索する一貫した営為の中に位置づけられる。

以上プラトン，マキアヴェッリ，ダールを例にとって，理想主義と現実主義について見てきたが，学問的認識において必要なのは，一方をとり他方を捨てることではなく，両者の緊張関係を維持することである。理想主義が強すぎると，現実を無視した夢物語，あるいは教条主義に陥ってしまう。他方，現実との距離感を失うと，現実に飲み込まれ，理想を失った現実追随，あるいは冷笑主義に陥ってしまう。政治を分析する手法はさまざまであり，実証的でも規範的でもありうるが，どのようなアプローチをとるにせよ，異なる視点からそれを批判的に検討する可能性を留保すること，理想主義と現実主義の複眼的視点をもつことが肝要なのである。

1 政治学的思考

2 現代政治分析

記述と因果関係

推論するということ　第1節で説明したように，政治学は，20世紀の後半に入ってアメリカを中心に急速に科学化した。科学化とは，一つには，政治がどうあるべきか，私たちが政治にどう取り組むべきなのかという規範論とは一定の距離を置いたうえで，政治現象を，一定の限界はあるものの可能な限り客観的にとらえ，認識することである（なお，本節で扱う「政治現象」には国内的なものも国際的なものも含む）。しかし，科学化にはもう一つ重要な側面がある。科学とは，観察されたものから直接的には観察されない，より広範囲の何かを推論することである。政治学の科学化とは，政治現象についても同様の推論をするようになることを意味する。

　科学とは推論である，といわれて違和感がある人は少なくないであろう。私たちは，小学校時代以来，科学とは真理の探究であると教えられてきている。それ自体は誤りではない。ポイントは，真理の「探究」だというところにある。科学者は真理を明らかにしたいと願うが，真理を明らかにすることは根本的には無理である。物理学において，ニュートンの法則がアインシュタインの一般相対性理論によって乗り越えられ，そしてその理論もまた，説明できない事象の観察を前に乗り越えられる必要性が説かれていることを見ればわかるように，科学は真理を探究することはできても，真理そのものを明らかにすることはできない。そして，自然科学を含め科学者が行っていることは，真理の探究としての推論なのである。

　ただし，科学における推論が宗教やエセ科学と異なるのは，観察されたものから推論がなされるということと，推論を行うための手

288　　**7**　政治学への招待

続きが公開されており，誰もが同意できるという点である。液体は一定の熱量を加えると気体になるという，よく知られた物理に関する法則は，実験室において，1気圧のもとで水を100℃で熱すれば沸騰することで確認される。このような手続きが公開され，誰もが確認できなければ，法則であることに同意できないであろう。

　科学が真理そのものを明らかにするわけではないということは，言い換えれば科学的推論は誤りうるということである。こういう証拠が出れば，その推論は誤りであるということがわかりうる（反証可能性という）のでなければ，科学ではない。

　科学とは推論することであるということに同意したとして，ここまで述べたことは自然科学に当てはまることであって，政治学が属する社会科学は異なるのではないか，とも考えられる。政治現象を含めた社会現象には，人間の思考が必ず関与している。思考は直接的には観察不可能であり，解釈が必要となる。たとえば，現代人は片目を閉じれば，それは他人への好意を示す「ウィンク」という表徴を発したのだと理解するが，現代人でなければそうは理解しないだろう。片目を閉じればウィンクだという解釈こそが重要なのだが，それは自然科学に当てはまるような科学とは異なる。

　あるいは，社会科学の目的は，より個別的な事実を明らかにすることである。たとえば，革命はなぜ発生するのかも重要な問いかもしれないが，明治維新はなぜ起こったのかを明らかにすることも政治学においては重要である。

　社会科学における推論は自然科学と同じではないとする前者の立場は，解釈主義者の議論として知られているものであり，個別性の重要性を主張する立場は，歴史学者によく見られる。社会科学も，自然科学に見られるのと同様の推論をすべきであるという政治科学の考え方は，これら2つを否定するわけではない。政治現象におけ

2 現代政治分析　　289

る思考の重要性はその通りであり，個別性を明らかにする問いもまたきわめて重要である。しかし，いずれの主張も，その推論の妥当性を確保するためには，科学的推論の作法に従うしかない。片目を閉じるのが本当にウィンクなのかどうかは，実験であれ何であれ，人々が同意できる適切な方法を用いて観察して，妥当な推論を行わなければ主張することができない（キング＝コヘイン＝ヴァーバ2004）。個別的な因果関係を示すためには，他の事例と比較するなどして，より一般的な規則性との相違を示さなければならないのである。

　　政治科学における推論　　政治科学が推論の対象とするのは，次の2つである（キング＝コヘイン＝ヴァーバ 2004）。一つは，どのような政治現象が発生しているのかを推論することである。これを**記述的推論**という。政治学でしばしばなされる問いの一つに，その社会における支配者は誰か，という問いがあるが，これなどはその例で，日本では以前，官僚優位論，政党優位論として論争があった。もう一つは，なぜそうした現象が生じるのかを推論することで，**因果的推論**という。日本で投票率が低下傾向にあるのはなぜか，経済が豊かになると民主化する傾向が生じるのはなぜか，という問いに答えるための推論である。言い換えれば，政治科学における推論の対象は，政治現象の記述と因果関係である。これらの推論を行うことで，政治科学は現代政治を理解するうえで多くの貢献をなしてきた。

　しかし，適切に推論を行うことは，なかなか難しい。大学か会社で友人たちに尋ねたところ，自民党支持者が多かったから，現在日本人は平均的に自民党支持者が多い，とはいえないことは皆さんも直感的にわかるであろう。公務員の汚職事件が報道されたからといって，公務員の間に汚職がはびこっているとはいえない。適切に推

論を行うためには，適切に対象を観察することが重要である。政治学で用いられる観察方法は，大きく分けて4つある（久米 2013; 高根 1979）。第1に，**実験**である。実験は，「人為的に作り出した一定の条件下で理論や仮説をテストする方法」である（肥前 2016）。すなわち，同質的な被験者のグループを人為的に作り出し，特定の刺激を与えるグループと与えないグループの結果を比較することで，その刺激の因果効果を測定する。何が原因で何がその結果であるのかを観察するには最も適した方法である。それゆえに自然科学で最も標準的に用いられる観察方法である。ただし，対象となる被験者以外に，同様の因果関係の存在を認められるとは限らない（外的妥当性の問題）などの短所があるうえ，政治学においては，倫理上の問題が存在するために，あるいは革命など実験室では再現不可能な現象を対象とすることが多いために，実験によっての観察が困難なことが多い。もっとも，社会科学における実験アプローチが近年になって急速に発展しており，実験で観察可能なことは増えてきている。

　第2に，**統計的手法の利用**である。実験が困難な状況下において，大量の標本を観察し，それらを統計的に処理することで有効な推論を得ようとする方法である。アンケート調査による有権者の意識調査や，政治家や官僚たち政治エリートに対するサーベイ・リサーチ（調査・研究）などによる観察がそれで，大量に観察可能な場合に可能となる。政党支持の程度などの記述的推論に適しており，因果的推論にも威力を発揮する観察方法である。

　第3に，**比較事例分析**である。比較的少数の事例を詳細に記述する。政治に多い，実験による再現も大量分析も不可能な現象を，歴史的資料などを用いて観察する。たとえば，1930年代に，ドイツはファシズムに陥ったのにイギリスはそうならなかったのはなぜか，

といった問いに対し，中産階級の凝集度の違いを原因として見出すなどである。しかし，この方法は対象が限られているため，事例がもつ個別的性格などのバイアスが入り込みやすく，妥当な推論を行いにくい。原因と考えられる要因と，結果と考えられる要因双方に影響を与えている要因の影響を取り除くことが難しく，因果関係を特定するのに限界がある。しかし，実験や統計的手法では観察困難な因果メカニズムの解明に長けている。

第4に，**単一事例の観察**である。その最も典型的なものは，参与観察である。単一事例の観察は，推論を行ううえで重大な問題を抱えている。事例が一つであるため，その現象の何が特徴的なのかを客観的に示すことはできない。因果関係についていえば，比較事例分析が抱えるのと同様の問題に加えて，結果といえる現象は一つだけしか生じないので，比較事例研究のように，結果の異なる複数の事例から原因を推論するということはできない。参与観察の場合，そもそも何が起こっているのかを客観的に示すことも難しい。しかし，参与観察でないと観察できないことも多い。政治家が選挙キャンペーンをどのように展開しているのかは，選挙陣営内に深く入り込んで，そのメンバーの一員としての待遇を受けることで初めて発見できることが多い。政治現象ではないが，暴力団などの外部との関係が見えにくいグループ内部で生じている現象についても同様である。

4つの方法は，推論を行ううえでいずれも長所と短所がある。これらの方法を適切に使いながら，観察し推論することが政治現象の解明につながるといえる。

神 学 論 争
前項では，政治科学における推論の重要性について説明した。何

を素材にして推論するのかは，言い換えれば方法論の問題である。政治科学も科学である以上，方法論は重要であるが，方法論とも密接に関係しながら推論を行ううえで，政治学においてもう一つ重要な論争点がある。それは，前節でも解釈主義者の議論と関連してふれた，思考という要素である。政治現象を説明するのに，人々が何を考えて行動しているのかを抜きにすることはできない。しかし，その思考をどう扱うかについては，大きく分けて3つの見方があり，どの立場に立つかによって全く異なる解釈が与えられうる。思考の扱いをめぐる論争は，政治科学の成立以来続いている。

　その見方を，行政改革を例に説明してみよう。行政改革は，世界のどの国においても生じている，重要性が高く，かつ人々の注目を集める政治現象の一つである。近年の日本でも，1980年代の中曽根行革，1990年代の橋本行革，2000年代の小泉行革をただちに挙げることができる。なぜ行政改革が生じるのであろうか。その原因については大きく3つの説明がなされうる。

　第1に，社会経済環境の変化である。たとえば，経済成長率が低下し，産業構造も第2次産業（建設業，製造業など）から第3次産業（卸売業，小売業など）へと軸が移るなど過去四半世紀の間に日本の行政を取り巻く環境は大きく変わった。それにあわせて社会が政府に与えうる資源も減ってきており，公務員の仕事のあり方も変わってきている。それらのことが，政治家の考え方や政治と行政の関係を変え，行政改革を引き起こしているとする。

　第2に，アイデアの重要性である。政治家は，政策実施を担当する官僚制に対し，実施にあたって公平性や平等性などの基本的な価値観の実現を求める。1980年代以降，それが効率性に重きを置くよう変化した。その変化を最も体現しているのが，行政に民間の経営手法を導入するNPMというアイデアである。新たに登場したア

2　現代政治分析　293

イデアが政治家の考え方を変え，官僚制に求める価値観も変えてしまったので，行政改革がなされるのだとする。

第3に，官僚制の応答性の問題である。官僚制が政治家の期待に応えていなければ，政治家は期待に応えられるよう，行政改革を行う動機をもつ。官僚制の機能が低下し続ければ，その害を被る有権者が，そのような官僚制を放置した政治家を落選させることになる。それを恐れた政治家が行政改革をするのだとする。

これら3つの見方に分かれるのは，私たちが行政改革に関する思考の何が重要だと判断するかに関係している。第1の見方は，全体としての社会構造を重視している。その社会に属する個人は社会構造の中で考え行動するので，その影響を受けないわけにはいかない。言い換えれば，個人を取り巻くマクロな構造要因が人々の政治的思考を規定していると考える。第2の見方と第3の見方は，よりミクロな個人の選択を重視している。しかし，重視の仕方は異なる。第2の見方は，価値や文化が，人々の心理に作用し思考に影響を与えることを重視している。人々が何を重視し，何を好むのかは，一意的には決まらない。個人がなぜそのような選好をもつようになるのかということこそが，重要だと考える。第3の見方は，そういった選好形成には立ち入らない。人々が特定の選好をもつことを所与とし，その選好から導かれる目的を達成するために行動するという，合理的思考を前提としている。

3つの見方をどう表現するかはさまざまであるが，ここでは，第1の見方を**社会学的見解**，第2の見方を**心理学的見解**，第3の見方を**経済学的見解**としておこう。このような3つの見方をめぐる論争は，政治科学におけるほぼすべての領域に見られる。本書で紹介したものでいえば，民主化の条件における，社会構造的な説明と，政治文化的な説明，合理的選択に基づく説明がそうである（→第2章）。

投票行動でいえば，社会的属性に基づく投票，政治心理に依拠した投票，経済合理的な投票がそれである。

思考をめぐる3つの見方の間の論争は決着がつきそうになく，神学論争の様相を呈しているともいえる。しかし，これらの間に繰り広げられる論争は，現代政治学が政治現象に対する理解を深め，より透徹した議論を展開することに寄与している。政治科学における神学論争が，宗教においてしばしば生じてきた不毛な神学論争にならないのは，ある主張をするためには，方法論と証拠に基づく推論が求められるという，政治科学の科学たる性格によるといえるであろう。

3 政治理論

政治理論とは何か

第2節では，20世紀の後半以降，政治学の科学化が進んだことについて述べた。第1節の言葉でいえば，これは，政治学がより現実主義の色彩を強めたことを意味する。これに対して，今日「政治理論」と呼ばれる分野は，政治学の中で理想主義の思考のパターンをより引き継ぐものと，ひとまずはいうことができる。

つまり，今日では，次のような2つのタイプの政治学があると考えられることが多い。一方には，実際に生じた政治現象の記述（その中には歴史的叙述や，タイプやパターンの分類が含まれる）や，その原因の説明あるいはある要因が及ぼす効果の測定に取り組む政治学がある。これは，政治の経験的研究ないし経験的政治学（なかんずく政治科学）と呼ばれる。他方には，政治に関する望ましいもの，あるべきものの考察に取り組む政治学がある。これは，経験的研究と

3 政治理論　295

の対比で規範理論（規範的政治理論）と呼ばれるものである。理想主義は，主に後者に引き継がれている。

政治理論のバリエーション

規範的政治哲学と政治の政治理論　　一口に政治理論といっても，その中にはいくつかのタイプがある。一つは，まさに政治に関する価値や規範を考察するものである。ここでは，このタイプの政治理論を，**規範的政治哲学**と呼ぼう。価値や規範として，よく取り上げられるのは，自由，平等，正義などの概念である。規範的政治哲学では，これらの概念について，それは何を意味するのか，それはなぜ望ましいといえるのか，を検討する。

　たとえば，分配的正義論と呼ばれる分野であれば，人々にどのような財をどのような基準で配分するのがより正義に適った取り扱いであるか，という問題を検討する。この問題について，ある論者は，当該個人の主体的な選択の結果とはいえない不平等については是正されるべきである（逆に，当該個人の主体的な選択の結果と判断される「不平等」については，本人の責任とされるべきである）と説く（運の平等主義）。別の論者は，不運な人々への財の補償だけでは不平等を是正することはできず，人々を不平等な状況に置く社会的・経済的な諸要因を改善していくことが必要であると説く（関係論的平等主義）（齋藤 2017）。

　政治理論のもう一つのタイプは，政治そのものについて考えるものである。これを，狭義の政治理論または**政治の政治理論**と呼ぼう。この政治理論の課題は，まさに「政治とは何か？」について考えることである。ある論者は，政治とは和解不可能な敵対的対立のことであると主張し，別の論者は，政治とは異なる人々の意見や利害を調停する営みであるという。また，政治の場について考えることも，

296　　**7**　政治学への招待

このタイプの政治理論のテーマの一つである。一般的には，政治の場は国家・政府（および，そこに利益や意見が媒介されるプロセス）である，と考えられている。しかし，はたして，政治とは，国家・政府と同一視されるようなものだろうか。このタイプの政治理論では，たとえば，グローバルな次元の政治をどのように構想するのか，あるいは，社会や家族の中に「政治」を見出すことはできるか，もしできるとすればどのようにしてかということも，重要な研究テーマとなる。

　2つのタイプの政治理論の関係　この2つのタイプの政治理論は，しばしば対立関係にあるともいわれる。政治の政治理論からは，規範的政治哲学に対して，それは本当に「政治」学なのかという疑問が提起される。規範的政治哲学が扱っているのは，政治ではなく，倫理や道徳ではないか，というわけである。政治の政治理論は，「政治」には倫理や道徳に還元できない固有の特徴や意義がある，と主張する。他方，規範的政治哲学からすれば，望ましい政治の姿を考えることは，政治理論の当然の役割である。また，規範的原理を明確にすることがなければ，政治とは，単に力の強い者が支配することと同義になってしまう，ということになる。そもそも，政治の政治理論が提示する「政治」も，何らかの規範的原理を伴っているのではないだろうか。

　実際には，2つのタイプの政治理論を，常に明確に区別できるわけではない。たとえば，**熟議民主主義**論を取り上げてみよう。同じ熟議民主主義の研究であっても，規範的政治哲学的な観点から行われる場合もあれば，政治の政治理論的な観点から行われる場合もある。

　規範的政治哲学的な立場からの熟議民主主義研究では，熟議を正しく「熟議」とするような規範的要素や手続きについての考察が行

3 政治理論　　297

われる。また，しばしば熟議民主主義論においては，熟議が「正し
い」決定をもたらすことが期待されるが，その場合の「正しさ」と
は何かについて考察することも，規範的政治哲学的な熟議民主主義
研究といえる。他方，政治の政治理論的な立場からの熟議民主主義
研究としては，たとえば，熟議の場をどのように拡大して考えるこ
とができるかについての検討を挙げることができる。あるいは，
「熟議」と称されるコミュニケーション様式はしばしば「理性的」
なものとされているが，これに，情念に基づくコミュニケーション
様式を含めていくことも，政治の政治理論的な方向性であるといえ
る。このように，熟議民主主義という共通のテーマの下でも，規範
的政治哲学的な研究もあれば，政治の政治理論的な研究もある。

　以上のように，今日では政治学の中で「規範的な」部分を扱うと
される政治理論ではあるが，その中に立ち入ってみると，規範的な
要素に焦点を当てるタイプと，規範的な要素に還元されない政治の
独自性に注目するタイプという，異なるタイプの政治理論研究を見
出すことができるのである。

経験的政治学との関係

　政治理論は政治学の「規範的な」部分を扱うと述べた。そうだと
すると，政治理論は，政治学の中で「経験的な」部分を扱う分野，
つまり経験的政治学とは，全く関係のない作業を行っている分野と
いうことになるのだろうか。実際，政治理論と経験的政治学とは別
個の分野であって，政治学についての考え方はもちろんのこと，使
用する方法，さらには語彙に至るまで異なっており，両方の分野の
研究者が会話を行うことさえも難しい，という状況は，今日の政治
学研究者にとっては，比較的想像しやすい状況であろう。

　しかし，政治理論と経験的政治学とが，全く別の分野に属すると

いう見方は，必ずしも妥当ではない。両者は，共有している部分があるし，また，違いを認識しつつ協働して研究を行うこともできる。

政治理論と経験的政治学の共通性　第1に，政治理論と経験的政治学は，推論という方法を共有している。本章第2節では，既知のものから未知のものを知ろうとするという意味での推論は科学の特徴であると述べた。しかし，推論は，哲学ないし理論的な営為の特徴でもある。たとえば，「正義」についての規範的政治哲学は，正義に関して人々が抱いている「正義とはこういうものだ」という価値に関する素朴な判断や確信から，より一般的な正義の原理を推論し，定式化しようとする（松元 2015）。あるいは，政治の場を再考する政治の政治理論が，政治とは集合的意思決定であるという一般に共有された定義から出発して，それを国家・政府のみならず，社会や家族にまで適用できないかを考察する際にも，推論が行われる。

第2に，政治理論と経験的政治学は，命題の検証においても共通点を有する場合がある。経験的政治学においては，推論だけではなく，推論を通じて形成される仮説の検証もまた，重要な作業となる。その検証は，一般に観察可能なデータによって行われる。

政治理論もまた，提示した規範命題の検証を重視する場合がある。かつ，その際に，経験的な要因に依拠することがある。たとえば，規範的政治哲学における**正義論**の場合，先に述べたような，価値に関する人々の素朴な諸判断から帰納的に定式化された正義の原理の妥当性は，今度はそれを演繹的に人々の判断と突き合わせることによって確かめられる。ここでの人々の判断は，多分に経験的なものである。ただし，規範的政治哲学の正義論の場合，この突き合わせによって，正義の原理と人々の判断との間に齟齬があることが判明した場合，原理に合わせて人々の判断を修正するべきという立場を

3 政治理論　299

とることができると考えられている（松元 2015: 93-95）。だからこ
そ，正義論はたとえ経験的な事象を踏まえたとしても，「規範的」
なのである。とはいえ，経験的な事象を踏まえるからこそ，後述す
るように，このような検証方法を採用する政治理論が経験的政治学
と協働することも可能になる。

　第3に，経験的政治学と政治理論との間に，「観察」のみによっ
ては把握できないものへの関心という点で，共通性を見出すことが
できる場合もある。

　経験的な研究の中で観察を重視するのは，実証主義と呼ばれる認
識論的立場に基づくものである。**実証主義**の立場において，経験的
な研究とは，客観的に実在しており，それゆえに観察可能な出来事
や現象を取り扱うものである。研究の課題は，観察された出来事の
規則性を発見することや，観察された複数の出来事の間に共変性を
見出すことである。実証主義に基づく経験的な研究でも，未知のも
のに対する推論は行われる。しかし，その推論の妥当性は，観察可
能なデータによって検証されるべきものとされる。

　しかし，実証主義とは異なる認識論的立場に基づく，経験的な研
究も存在する。その代表的なものは，**解釈主義**と**批判的実在論**であ
る（野村 2017; Furlong and Marsh 2010）。これらの立場に基づく経験
的研究では，実証主義的な意味での「観察」のみによっては把握で
きない要素が重視される。

　もちろん，解釈主義と批判的実在論との間にも違いは存在する。
まず，両者は，客観的な実在（リアリティ）の存在を認めるか（批判
的実在論），否か（解釈主義）という点で異なっている。また，それ
ぞれにおける「観察」によっては把握できない要素との関係も，異
なっている。一方の批判的実在論が注目するのは，客観的に実在す
るけれども「観察不可能なもの」の存在である。そこでは，実在は，

観察可能な表層の次元だけではなく，より深層の直接的に観察できない力やメカニズムをも含む，階層的なものとして考えられる。批判的実在論では，そのような観察不可能ではあるが，社会秩序を構成し観察可能な表層の出来事のあり方を規定するメカニズムが実在すると想定したうえで理論構築が行われ，アブダクションと呼ばれる推論方法を通じて，そうしたメカニズムの存在を解明していくことが提唱される（ダナーマークほか 2015）。これに対して，他方の解釈主義が注目するのは，個々の観察可能な出来事の背後にあって，それをそのものとして成り立たせているものである。それは，しばしば「意味」と呼ばれる。意味を，客観的に実在するものとして観察することはできない。そうではなく，その解明は研究者の解釈を通じて行われる。その解釈の妥当性は，観察可能なデータによって検証されるものではないとされる（田村 2015）。このように，解釈主義と批判的実在論との間にも相違は存在する。しかし，両者は，「観察のみによっては把握できないもの」への関心という点で実証主義と異なっている，という点では共通している。

　他方，政治理論の中にも，「観察のみによっては把握できないもの」に注目するものがある。それは，**「政治的なるもの」**を論じるタイプの政治理論である。「政治的なるもの」とは，私たちが通常想定する意味での「政治」とは区別されるもので，社会秩序の基礎に存在するものである（ムフ 2008）。「政治的なるもの」は，しばしば敵対性や偶然性などの用語によって特徴づけられる。それを通常の意味で観察することはできない。政治理論研究者は，このような「政治的なるもの」の探究が，「政治とは何か？」という問題を扱う政治理論の独自性を示すことになると考える。政治理論内部においては，「政治的なるもの」とは何か，「政治」との関係はどのようなものか，といったことが論点となる。ただし，ここでは，政治理論

における「政治的なるもの」への関心が，「観察のみによっては把握できないもの」への関心という点で，経験的政治学の中の特定のタイプのものと共通性をもつ，ということを確認しておこう。

協働の可能性　以上のような共通性を踏まえたうえでの，政治理論と経験的政治学との協働の可能性について述べよう。

第1に，共通性の2点目で述べたような，命題の検証における政治理論と経験的政治学との共通点は，それを活かした両者の共同研究遂行を導くだろう。つまり，社会調査あるいは実験という経験的な研究方法と，政治理論とが協働する可能性が存在する。たとえば，正義という規範的概念について，政治理論が行っていることは，先に述べたように，人々の実際の価値判断から帰納的に正義の原理を定式化し，その定式化された正義の原理を人々の実際の価値判断と突き合わせていく作業であった。そうだとすれば，「人々の実際の価値判断」について，それをより信頼できるデータとするために経験的に調査していくことや，定式化された正義の原理を実際の人々の言動に，どの程度どのように見出すことができるかを，実験によって確かめることは可能である（河野・三村 2015）。また，熟議民主主義研究においても，規範理念としての熟議のメカニズムや効果を，調査や実験によって検証する研究は，多く行われている（Grönlund, Bächtiger and Setälä 2014; Steiner et al. 2017）。

第2に，共通性の3点目として述べた，「観察のみによっては把握できないもの」に注目するという点での共通性も，政治理論と経験的政治学との協働につながりうる。たとえば，「政治的なるもの」に関する政治の政治理論の概念を用いて，経験的な政治現象を分析することも，すでに行われている（田村 2015）。このように，政治理論と経験的政治学との違いを踏まえたうえでの，両者の協働は可能なのである。

理想主義と現実主義の協奏

　最後に，理想主義と現実主義の話に戻ろう。政治理論は，今日の政治学において「規範」パートを担当する。そのような政治理論の中にも，より理想主義的な旋律を奏でる者（規範的政治哲学）と，より現実主義的な旋律を奏でる者（政治の政治理論）とが存在する。両者は一方で対立しつつも，他方で，緊張関係をもちつつ政治理論としてのハーモニーを奏でることも模索している。さらに，全体としての政治理論は「規範」パート担当だからといって，「経験」パートの政治学と全く切り離された場所で，独奏しているばかりではない。本節で見たように，両者は協奏し，よりよいハーモニーを響かせることもできるのである。専門分化がますます進展する今日の政治学においても，理想主義と現実主義の緊張関係を意識しつつ，両者のバランスを追い求めることは――政治学を志す者がその気にさえなれば――なおも可能なのである。

▼ 引用・参考文献

キング，G. = R. O. コヘイン = S. ヴァーバ 2004『社会科学のリサーチ・デザイン――定性的研究における科学的推論』（真渕勝監訳）勁草書房。

久米郁男 2013『原因を推論する――政治分析方法論のすゝめ』有斐閣。

河野勝・三村憲弘 2015「他者への支援を動機づける同情と憐れみ――サーベイ実験による道徳的直観の検証」日本政治学会編『年報政治学 2015-I 政治理論と実証研究の対話』木鐸社。

齋藤純一 2017『不平等を考える――政治理論入門』ちくま新書。

佐々木毅 1994『マキアヴェッリと『君主論』』講談社学術文庫。

佐々木毅 2000『プラトンの呪縛――二十世紀の哲学と政治』講談社学術文庫。

高根正昭 1979『創造の方法学』講談社現代新書。

ダナーマーク，バース = マッツ・エクストローム = リセロッテ・ヤコブ

セン゠ジャン・Ch. カールソン 2015『社会を説明する——批判的実在論による社会科学論』(佐藤春吉監訳) ナカニシヤ出版。

田村哲樹 2015「観察可能なものと観察不可能なもの——規範・経験の区別の再検討」日本政治学会編『年報政治学 2015-I 政治理論と実証研究の対話』木鐸社。

ダール, ロバート 1988『統治するのはだれか——アメリカの一都市における民主主義と権力』(河村望・高橋和宏監訳) 行人社。

野村康 2017『社会科学の考え方——認識論, リサーチ・デザイン, 手法』名古屋大学出版会。

肥前洋一編 2016『実験政治学』(フロンティア実験社会科学 3) 勁草書房。

マキアヴェッリ 1998『君主論』(河島英昭訳) 岩波文庫。

松元雅和 2015『応用政治哲学——方法論の探究』風行社。

ムフ, シャンタル 2008『政治的なものについて——闘技的民主主義と多元主義的グローバル秩序の構築』(酒井隆史監訳, 篠原雅武訳) 明石書店。

Furlong, Paul and David Marsh 2010, "A Skin Not a Sweater: Ontology and Epistemology in Political Science," in David Marsh and Gerry Stoker eds., *Theory and Methods in Political Science*, 3rd Edition, Palgrave Macmillan.

Grönlund, Kimmo, André Bächtiger, and Maija Setälä eds. 2014, *Deliberative Mini-Publics: Involving Citizens in the Democratic Process*, ECPR Press.

Steiner, Jürg, Maria Clara Jaramillo, Rousiley C. M. Maia, and Simona Mameli 2017, *Deliberation across Deeply Divided Societies: Transformative Moments*, Cambridge University Press.

事 項 索 引

◆ アルファベット

BI →ベーシック・インカム

CPS（community power structure）論争
9, 12, 287

EU →欧州連合

FF論争 **167**

GATT →関税及び貿易に関する一般
協定

IMF →国際通貨基金

MDGs →ミレニアム開発目標

NGO →非政府組織

NPM（ニュー・パブリック・マネジメン
ト） **176**

NPO →非営利組織

PFI（民間資金等活用事業） 176

PPP（官民パートナーシップ） 176

WTO →世界貿易機関

◆ ア 行

アイディア 3

アカウンタビリティ →説明責任

アクティヴェーション **69**

アジェンダ（議題）設定過程 13

アジェンダ（議題）設定研究 127

アジェンダ・ルール **95**

足による投票 **155**, 158

圧力団体 3, 109

アナーキー **182**, 191

安心の供与 **195**

安全保障のジレンマ **194**, 207

委員会制 **96**

依存関係 **268**

一部事務組合 149

一般意志 26

イデア **283**, 284

イデオロギー 210

ウィーン体制 **206**

ウェストファリア講和条約 32, 183

ウェストファリア体制 **183**

運の平等主義 296

エージェンシー・スラック **163**, 164,
172, 176

エリート 8-10, 34, 105, 281, 287

──の周流 **8**

──理論 **8**

王権神授説 **23**, 24

欧州連合（EU） 216

大きな政府 67

オーケストレーション（調和的編成）
217

オンブズマン 176

◆ カ 行

解釈主義 **300**

階層（ヒエラルキー） **159**

外部構成員 102

科学 288, 289

革命権 25

革命理論 **121**

学問的認識 **282**

火災報知器型 **164**

家族主義 56

過大多数内閣 143

寡頭制 72, 75

──の鉄則 **45**

カリスマ支配 **27**

関係論的平等主義 296

観察 300, 301

単一事例の── **292**

関税及び貿易に関する一般協定
　（GATT）　63, 187, 188, 216, 221
間接的影響力　14, 16, 22
官民パートナーシップ　→PPP
官僚　163, 164
官僚制　27, **159**, 164–168, 170, 172, 173,
　175, 294
　現代——　160
　ストリート・レベルの——　**172**
議院内閣制　99, **139**–144
議会　89, 94, 97, 146
　アリーナ型——　**96**
　変換型——　**96**
議会統治型　141
企業　102, 108, 157, 176, 215, 217
疑似環境　**124**
規制的作用　200, 214
規範起業家　**214**
規範的政治哲学　**296**, 297, 299, 303
規範理論　296
行政苦情相談　176
行政責任のジレンマ　**168**
共和主義（republicanism）　**51**
虚偽意識　14
巨視的分析　**282**
拒否権　**142**
均衡化　**207**
近代政治　232, 234, 248, 254
　脱——　235
キンバリー・プロセス承認制度　215
クラブ財　6
グローバル・ガバナンス　216, **217**
グローバル市民社会　39
ケア提供者等価モデル　268
ケアの共同性論　**268**
ケアの再配分論　268
経験の政治学　295, 298–300, 302
経済学の見解　**294**
形式的合理性　**159**
ケインズ主義　62, 68

権威　**23**
権威主義　**74**
　競争的／選挙——　**75**
現実主義　3, 4, 48, 49, 284–287, 303
現状維持勢力（status quo power）
　196
現状変更勢力（revisionist power）
　196
言説　259
　——代表（discursive representation）
　259
限定効果説　**126**, 127
現場知　**169**, 170, 172, 177
権力（power）　10–14, 16–18, 22, 23,
　148
　規律——　17
　構造的——　**19**, 20
　三次元——　14, 15
　システム——　20–22
　生——　**20**, 21
　第4の——　**123**, 125
権力政治　→パワー・ポリティクス
権力分立　135, **137**
公益　→公共の利益
抗議（voice）　**114**
公共圏（public sphere）　254, 258
公共財　**5**, 7, 203
　準——　6
公共性（publicness）　**7**, 51
公共政策の実現　100, 161
公共の利益（公益）　2, 5, 165
高次元の政策　→ハイ・ポリシー
公私二元論（public-private distinction）
　236, 246, 247, 267, 269–271
構成的作用　200, 214
公的領域（public realm）　271
行動主義革命　287
合法的参加　119
合法的支配　27, 159
功利主義　48

合理的主体モデル　**211**

コーカス　**104**

国際規範　**213**–215, 219

国際協調　212

国際制度(国際レジーム)　**212**

国際秩序　197, 209, 211, 219, 220

国際通貨基金(IMF)　63, 187, 209, 221, 225

国際連合　187

国民(nation)　35–38, 234, 235, 237, 238, 248, 251

国民国家(nation state)　32, 48, **234**, 237, 248, 248, 251

　　ポスト——　251

国民主権論　47

国民投票　119

国民発案　119

個人化(individualization)　**246**

個人的なことは政治的である　**269**

コースの定理　213

コスモポリタニズム　39, 267

コスモポリタン民主主義法　253

コスモポリタン民主主義論　252

国家(state)　35, 108, 234, 235, 237, 248

　　エリート主義——　**34**

　　階級——　**33**

　　多元主義——　**34**

　　単一制——　**152**

国家主権　36

国家秩序　203, 224

コーポラティズム　60, 69

コールテイル効果　**145**

コンストラクティヴィズム(構成主義)　**191**, 192, 213

コンセンサス・モデル　**144**

コーン・ダイコトミー(コーンの二分法)　38, 40

◆ サ　行

再帰的近代化　246

採決ルール　**95**

財政に関する囚人のジレンマ　100

再選　99, 161

最底辺への競争　**157**

三権分立　137

三十年戦争　183

参政権　29, 30, 46–49, 94

シカゴ学派　**280**

資源動員論　122

事後コントロール　**163**

事後的立法関与　**141**

市場原理主義　**67**

市場保全的連邦制　**157**

市政担当官(city manager)制度　141

事前コントロール　**163**

自然状態　23, 24, 284

事前的立法関与　**141**

持続可能な開発目標(SDGs)　226

市町村合併　**148**

実験　291

実証主義　**300**

執政　137

　　——権　137, 139–141, 150

　　——制度　142

　　——長官　**138**, 139, 146

シティズンシップ　29, 32, 46

私的制度(プライベート・レジーム)　**215**

私的領域(private realm)　269 272

支配の正統性　26, 28

支部　**104**

市民　25, 88, 89, 103, 104, 106, 107, 110, 112, 125, 126, 140, 147, 161, 165, 176, 259, 284

　　——の政治参加　118, 120, 121

市民社会団体の噴出　117

市民代表(citizen representative)

259

社会運動　121
　新しい——　**122**
社会学的見解　**294**
社会関係資本（ソーシャル・キャピタル）
　83, **120**
社会契約　24, 25
　——論　**23**, 26, 284
社会権　29, 52, 53, 236
社会構成的文化　**249**
社会主義　30, 32, 52, 289
　——革命　**74**
社会状態　24
社会的亀裂　240
社会的選択　100
社会的投資　**247**
社会民主主義　55–57, 59, 71
自由化　77, 78
衆愚政治　46, 48, 236
自由権　29–31, 46
集合行為のジレンマ　**110**
集合行為問題　**203**, 205
集合財　110–112
私有財　**5**, 6
自由裁量　**167**
自由社会民主主義（リベラル・ソーシャ
　ル・デモクラシー）　262
自由主義　32, 47, **54**
　管理された——　64
集中‐分散　**152**
自由貿易体制　63
自由民主主義（liberal democracy）　46,
　47, 49–52, 60, 77, 88, **235**, 239, 242,
　248, 256–259
　ポスト——　255
熟議システム（deliberative system）
　260
主催（sovereignty）　**23**, 24, 235
主権国家（sovereign state）　**32**
　準——（quasi-state）　223

消極的義務　266
消極的自由権　**30**
昇進　161
少数派内閣　143
小選挙区制　**91–93**
小選挙区比例代表並立制　**93**
情報の非対称性　**163**
新自由主義　67, 68, 71, 242
　——改革　**177**
人道的介入　**224**
真の自由（real freedom）　264
真の利益　**14**
親密圏　272
臣民　25
人民主権　35
　——論　25, 47
心理学的見解　**294**
慎慮　**211**
推論　288–290, 292, 299, 300
　因果的——（causal inference）　**290**
　記述的——（descriptive inference）
　　290
スターリニズム　**74**
ステイト　→国家
正義（justice）　**218**, 220, 221, 265, 270,
　299, 302
　移行期——　**222**
　大国の——　**220**
　紛争後——　**223**
正義論　**299**
　グローバル——　**265–267**
政策アウトカム　166
政策アウトプット　169
政策実施　169, 170
生産主義（poductivism）　236, **245**
政治　1, 2, 4, 7, 10, 269–272, 281, 296,
　297, 301
　——の人格化（personalization of poli-
　tics）　**241**
政治家　3, 88, 89, 161, 163, 165

政治科学　　287, 289, 290, 293, 295
政治権力　　16
政治参加　　118
政治的機会構造　　122
政治的企業家　　111
政治的なるもの　　261, 301
政治的有効性感覚　　120
脆弱国家　　223
脆弱性　　198
政治理論（political theory）　　298-302
　　規範的──　　295
　　政治の──　　296, 297, 303
政党（party）　　98, 101, 106, 145, 158,
　　240
　　──の「個人化」　　107
　　幹部──（cadre party）　　104, 107
　　公的組織における──（party in
　　public office）　　103
　　選挙プロフェッショナル──　　106,
　　107, 240
　　大衆──　　105-107
　　大衆官僚──　　106
　　党本部としての──（party in central
　　office）　　103
　　土台としての──（party on the
　　ground）　　103
　　包括──（catch-all party）　　106, 240
制度的参加　　118, 122
政府内政治モデル　　211
勢力均衡　　204, 205, 207, 209
勢力交替論（パワー・トランジション論）
　　209, 210
世界銀行　　209, 225
世界貿易機関（WTO）　　209, 216
積極的義務　　266
積極的労働市場政策　　60
説明責任（アカウンタビリティ）　　89,
　　90-95, 97, 106, 110, 114, 118, 139, 140,
　　142, 143, 145, 153, 158, 167, 260
選挙　　89

　　──サイクル　　145
　　──制度　　91
専決処分　　141
僭主（独裁）制　　44, 45, 72
全体主義　　72, 74
選択的誘因　　111
専門性　　136, 159, 165, 168
相互依存　　198, 201
総合性　　149
相対的価値剥奪論　　121
組織行動モデル　　211
ソーシャル・キャピタル→　社会関係資
　　本
ソーシャル・メディア　　129, 130
ソフトな予算制約問題　　157
ソフト・バランシング　　208

◆ タ 行

第一線公務員　　172-174, 176
代議制　　47, 240, 258
第3次集団（メンバーシップなき団体）
　　117
退出（exit）　　114
大選挙区制　　91
大統領制　　139-142, 144
　　──化　　146
大都市圏域政府（Metropolitan Govern-
　　ment）　　149
大都市問題　　148
代表性　　89-91, 93-95, 97, 106, 110, 113,
　　118, 138-140, 142, 143, 145, 153, 156,
　　158
多元主義理論　　9, 49, 50, 126, 286, 287
多国籍企業　　184
多数派支配　　94
脱家族化　　54-56
脱商品化　　52-55, 243, 244, 263
多党制　　92
多頭制　　→ポリアーキー
弾丸効果　　127

事項索引　　309

——説　**125**, 126

男性稼ぎ手モデル　268

小さな政府　59

地方自治　147

地方政府間競争　155, 157

地方分権　136, **147**, 150, 151, 158

中央集権　150

中間団体　**107**–110, 112–117, 123

忠誠心（loyalty）　114

中選挙区制　**91**

中東戦争　199

調整問題　203

超党派的合意　58

調和的編成　→オーケストレーション

直接的影響力　11, 12, 14, 16, 22

創られた伝統　37

低次元の政策　→ロー・ポリシー

テクノクラシー　162

出先機関　171

デモクラティア　→民主制

デモス（民衆）　45

デュアリズム　69

デュベルジェの法則　92

伝統的支配　26

統計的手法の利用　291

統合政府　144

投票のパラドックス　101

同盟　195

——のジレンマ　**195**

徳　51

独裁制　→僭主制

トランスナショナル・リレーションズ
（脱国家的関係）　**201**

◆ ナ 行

内部構成員　102

ナショナリズム（nationalism）　37–40,
205, 210, 251

西の——（シビック・ナショナリズム）
38

東の——（エスニック・ナショナリズ
ム）　**38**

リベラル・——　40, 267

南北問題　**221**

2回路モデル　258, 259

二極安定　206, 207

二元代表制　**139**

二層ゲーム　218

——・モデル　217

二大政党制　92

ニュー・パブリック・マネジメント
→NPM

ニュー・リベラリズム　30

ニュー・リベラル　59

ネイション　→国民

ネイション・ステイト　→国民国家

◆ ハ 行

ハイ・ポリシー（高次元の政策）　201

覇権安定　**208**

覇権国　208, 209

バックパッシング（責任転嫁）　207

バッケリズム（Butskellism）　58

バート・ゴーデスベルク綱領　58

ハード・バランシング　208

パトロール型　**164**

パノプティコン　**17**

パブリックコメント　176

パワー（権力）　**193**, 199, 202, 204, 205,
207–209, 219, 220

軍事的——　193–195, 201

経済的——　193

構造的——　194

理念的——　193, 194

パワー・ポリティクス（権力政治）
193, 204, 226

バーンアウト（燃え尽き）現象　**174**

半大統領制　**140**

バンドワゴニング（大国追従）　207

非営利組織（NPO）　172, 176

比較事例分析　**291**
非決定作成　**13**
非合法的参加　119
微視的分析　**282**
非制度的参加　118, 122
非政府組織（NGO）　172, 176, 184, 191,
　201, 215, 217
批判的実在論　**300**
比例代表制　**91–93**
敏感性　**198**
ファシズム　**73**, 80
フェミニズム　236, 269, 270
　ラディカル・——　272
フォーディズム　**61**, 65
　——・モデル　62
福祉国家（welfare state）　30, 52, 53,
　57, 59, 60, 63, 65, **236**, 242–247, 262,
　263
　家父長制的——　**247**
福祉ショーヴィニズム（排外主義）　71,
　239
普遍的ケア提供者モデル　**268**
プライベート・レジーム　→私的制度
プライミング効果　**128**
フランス革命　26, 31, 35, 38, 47, 76,
　205
フリー・ライダー　**111**
フレクシキュリティ（flexicurity）　**70**
フレーミング　**128**, 129
分割政府　**144**, 145
分立性　149
分離　融合　152
平和構築　**223**
平和執行　**224**
ヘゲモニー実践　257
ベーシック・インカム（BI）　**262**–264,
　272
法化　216
法治国家論　**27**
法治主義　27, 28

法の支配　**28**, 29
暴力　18, 19, 22
保護する責任　**224**
保守主義　31, 32, **54**, 55, 57, 69
ポスト・デモクラシー　**239**, 240
ポピュリズム　**241**, 242
ポリアーキー（多頭制）　49, 76, 77
本会議制　**96**
本人–代理人理論　**162**

◆ マ　行

マジョリタリアン・モデル　**144**, 145
マスメディア　123–129
マルクス主義　**8**, 34, 58
ミニ・パブリックス　**259**
ミレニアム開発目標（MDGs）　225
民営化　176
民間委託　176
民間資金等活用事業　→PFI
民衆　→デモス
民主化　76–82
　——の第3の波　79
民主主義（democracy）　49, 51, 289
　議会制——　25
　グローバル——　**251**, 253, 254, 261
　参加——　**255**, 261
　熟議——　251, **256**, 258, **297**
　代議制——　46, 47, 50, 88–90, 118,
　　147, 153, 167, 175, 235, 262
　代表制——　97
　直接——　88
　闘技——　**267**, 258, 261
民主主義的自律性（democratic auto-
　nomy）　253
「民主主義の学校」論　**147**
民主制（デモクラティア）　44, **45**, 46,
　51
民主的階級闘争　**60**
民主的正統性　170, 172
名誉革命　81

事項索引　311

メディア・アジェンダ　127
メンバーシップなき団体　→第3次集団
モニタリング民主主義論　**254**

◆ ヤ 行

融合−分離　153
予算最大化官僚モデル　**164**
予想される反応　**14**, 16, 17, 21, 22

◆ ラ 行

リアリズム（realism）　**189**, 209, 220
　古典的――　192, 196, 209
　伝統的な――　202
　ネオ・――　**190**−192, 196, 202, 206,
　208, 209, 213
利益集団　**109**
理想主義（idealism）　**3**, 4, 48, 283, 284,
　287, 295, 303
立憲国家　**33**
立憲主義（constitutionalism）
　近代――　**28**
　中世――　**28**

立法権　139, 150
理念　3, 200, 201, 214, 224
　――の伝播　200
リベラリズム（liberalism）　**189**, 202,
　211, 220, 250
　ネオ・――　**190**, 191, 202, 211, 213
リベラル・ソーシャル・デモクラシー
　→自由社会民主主義
冷戦　39, 185, 186, 207, 225
レント・シーキング　**115**, 116
連邦制国家　**152**
レーン・メイドナー・モデル　**60**
労働　263, 264
　脱――　264
労働組合　60, 61
ロシア革命　74, 76
ロー・ポリシー（低次元の政策）　201

◆ ワ 行

ワーク・シェアリング　70
ワークフェア（workfare）　**68**
ワシントン・コンセンサス　**225**

人名索引

◆ ア 行

アトリー（Clement Attlee）　58
アリストテレス（Aristotelēs）　44, 46
アリソン（Graham T. Allison）　211
アーレント（Hannah Arendt）　18, 19
アロン（Raymond Aron）　211
アンダーソン（Benedict Anderson）
　37
ヴァン・パリース（Philippe Van Parijs）
　264
ウィレム 3 世（William III）　81
ウェーバー（Max Weber）　**11**, 12, 26,
　27, 32, **159**, 269, 270, 280, 281, 286
ウォルツ（Kenneth N. Waltz）　206
ウォルツァー（Michael Walzer）　221
エアハルト（Ludwig W. Erhard）　58
エスピング-アンダーセン（Gøsta
　Esping-Andersen）　53–55, **243**, 244,
　263
エンジェル（Norman Angell）　198
オーウェル（George Orwell）　20
オーガンスキー（A. F. K. Organski）
　209
オバマ（Barack H. Obama）　129
オフリン（Ian O'Flynn）　250
オルソン（Mancur Olson, Jr.）　**110**,
　112, 117

◆ カ 行

カー（Edward H. Carr）　194, 197, 220
カエサル（Gaius Iulius Caesar）　124
ギデンズ（Anthony Giddens）　**232**–
　234, 246
キムリッカ（Will Kymlicka）　**249**, 250

ギャディス（John Lewis Gaddis）　186
ギルピン（Robert Gilpin）　208
キーン（John Keane）　**254**
グーテンベルク（Johannes Gutenberg）
　124
クラウチ（Colin Crouch）　239
クラズナー（Stephen D. Krasner）
　208, 221, 222
クリントン（William〈Bill〉J. Clinton）
　68, 70
ゲイッケル（Hugh Gaitskell）　58
ケインズ（John M. Keynes）　62
ケネディ，J. F.（John F. Kennedy）
　126
ゲルナー（Ernest Gellner）　36, 39
小泉純一郎　70
コブデン（Richard Cobden）　198
コヘイン（Robert O. Keohane）　198,
　212
ゴールドウォーター（Barry M. Goldwa-
　ter）　59
コーン（Hans Kohn）　38, 39
コント（Auguste Comte）　280, 281

◆ サ 行

サッチャー（Margaret H. Thatcher）
　69–71
ジェームズ 2 世（James II）　81
ジャクソン（Andrew Jackson）　223
シュミット（Carl Schmitt）　50, 288
シュムペーター（Joseph A. Schum-
　peter）　49, 286
ジョンソン（Lyndon B. Johnson）　59
スターリン（Iosif V. Stalin）　74
スミス，アダム（Adam Smith）　198,

313

280

スミス，アントニー（Anthony D. Smith）
37

◆ タ 行

ダウンズ（Anthony Downs）　113
ダール（Robert Dahl）　**9**, 11–14, 16, 20,
49, 76, 77, 279, 286, 287
チャーチル（Winston Churchill）　46
ディーツ（Mary Dietz）　270, 271
テイラー（Charles Taylor）　250
テミストクレス（Themistocles）　88
デュルケム（Émile Durkheim）　280
トクヴィル（Alexis de Tocqueville）
82
ドライゼク（John S. Dryzek）　**260**

◆ ナ 行

ナイ（Joseph S. Nye, Jr.）　198
ナポレオン（Napoléon）　82
ニクソン（Richard M. Nixon）　126,
209
ニスカネン（Willam A. Niskanen Jr.）
164

◆ ハ 行

ハイエク（F. A. von Hayek）　67, 68
バーク（Edmund Burke）　31
バクラック（Peter Bachrach）　12
ハーシュマン（Albert O. Hirschman）
114
パーソンズ（Talcott Parsons）　18
パットナム（Robert D. Putnam）　83,
217
バトラー（R. A. Butler）　58
バラッツ（Morton S. Baratz）　12
ハル（Cordell Hull）　198
パレート（Vilfredo Pareto）　**8**
ハンチントン（Samuel P. Huntington）
79

ビスマルク（Otto von Bismarck）　54
ヒトラー（Adolf Hitler）　73
ファイナー（Herman Finer）　**167**, 168
フィアロン（James D. Fearon）　195
フィネモア（Martha Finnemore）
214
フィヒテ（Johann G. Fichte）　36
フーコー（Michel Foucault）　**17**, 18,
20, 21, 246
プシェボスキ（Adam Przeworski）
82
ブトロス-ガリ（Boutros Boutros-Ghali）
224
ブライス（Jams Bryce）　**147**
プラトン（Platōn）　3, 44, 45, 279, 283,
284, 287
プーランツァス（Nicos Poulantzas）
19
フリードマン（Milton Friedman）　67,
68
フリードリッヒ（Carl J. Friedrich）
167, 168
ブル（Hedley Bull）　205, 219
ブレア（Anthony Blair）　69, 71
フレイザー（Nancy Fraser）　**254**, 268
ペイトマン（Carole Pateman）　**247**,
270
ペリクレス（Periklēs）　88
ヘルド（David Held）　**252**, 253
ベンサム（Jeremy Bentham）　17, 48
ポッゲ（Thomas Pogge）　**265**, 266
ホッブズ（Thomas Hobbes）　23–25
ホフマン（Stanly Hoffmann）　184

◆ マ 行

マキアヴェッリ（Nicollò di Machiavelli）
3, 279, 284–287
マクファーソン（Crawford B. Macpher-
son）　**255**
マコームズ（Maxwell E. McCombs）

127

マーシャル（Thomas H. Marshall）
29

ミヘルス（Robert Michels）　**8**

ミル，J. S.（John Stuart Mill）　48, 49,
51, 256

ミル，ジェームス（James Mill）　48

ミレット（Kate Millett）　**269**, 270

ムーア（Barrington Moore, Jr.）　80,
81

ムッソリーニ（Benito Mussolini）　72,
73

ムフ（Chantal Mouffe）　**261**

メリアム（Charles E. Merriam）　280

モーゲンソー（Hans J. Morgenthau）
193, 205, 211

モスカ（Gaetano Mosca）　**8**

◆ ラ 行

ラスウェル（Harold D. Lasswell）　**9**,

10, 280, 286

リップマン（Walter Lippmann）　124

リンス（Juan Linz）　75

リンドブロム（Charles E. Lindblom）
20

ルークス（Steven Lukes）　14, 15

ルーズヴェルト，フランクリン
（Franklin D. Roosevelt）　59

ルソー（Jean-Jacques Rousseau）　25,
35, 47, **88**, 107

ルナン（Ernest Renan）　36

レーガン（Ronald W. Reagan）　59, 70

レーニン（Vladimir I. Lenin）　74

ロック（John Locke）　24, 25

◆ ワ 行

ワインガスト（Barry R. Weingast）
81

人名索引　315

政 治 学
Understanding Politics

2017 年 12 月 20 日　初版第 1 刷発行
2025 年 5 月 10 日　初版第 3 刷発行

著　　者	新　川　敏　光
	大　西　　　裕
	大　矢　根　　聡
	田　村　哲　樹
発 行 者	江　草　貞　治

郵便番号　101-0051
東京都千代田区神田神保町 2-17

発 行 所　株式会社　有　斐　閣
https://www.yuhikaku.co.jp/

印刷・株式会社理想社／製本・大口製本印刷株式会社
© 2017, Toshimitsu Shinkawa, Yutaka Onishi, Satoshi Oyane, and Tetsuki Tamura.
Printed in Japan
落丁・乱丁本はお取替えいたします。
★定価はカバーに表示してあります。

ISBN 978-4-641-14922-9

JCOPY　本書の無断複写（コピー）は、著作権法上での例外を除き、禁じられてい
ます。複写される場合は、そのつど事前に（一社）出版者著作権管理機構（電話03-
5244-5088、FAX03-5244-5089、e-mail：info@jcopy.or.jp）の許諾を得てください。